U0133393

焦点之再议

牟宗三儒学思想的几个有争议问题

杨泽波　著

华东师范大学出版社

·上海·

华东师范大学出版社六点分社　策划

关注中国问题
重铸中国故事

缘　　起

　　在思想史上,"犹太人"一直作为一个"问题"横贯在我们的面前,成为人们众多问题的思考线索。在当下三千年未有之大变局中,最突显的"中国人"也已成为一个"问题",摆在世界面前,成为众说纷纭的对象。随着中国的崛起强盛,这个问题将日趋突出、尖锐。无论你是什么立场,这是未来几代人必须承受且重负的。究其因,简言之:中国人站起来了!

　　百年来,中国人"落后挨打"的切肤经验,使我们许多人确信一个"普世神话":中国"东亚病夫"的身子骨只能从西方的"药铺"抓药,方可自信长大成人。于是,我们在技术进步中选择了"被奴役",我们在绝对的娱乐化中接受"民主",我们在大众的唾沫中享受"自由"。今日乃是技术图景之世

界 我们所拥有的东西比什任何一个时什里多，但我们丢失的东西也不会比任何一个时代少。我们站起来的身子结实了，但我们的头颅依旧无法昂起。

中国有个神话，叫《西游记》。说的是师徒四人，历尽劫波，赴西天"取经"之事。这个神话的"微言大义"：取经不易，一路上，妖魔鬼怪，层出不穷；取真经更难，征途中，真真假假，迷惑不绝。当下之中国实乃在"取经"之途，正所谓"敢问路在何方"？

取"经"自然为了念"经"，念经当然为了修成"正果"。问题是：我们渴望修成的"正果"是什么？我们需要什么"经"？从哪里"取经"？取什么"经"？念什么"经"？这自然攸关我们这个国家崛起之旅、我们这个民族复兴之路。

清理、辨析我们的思想食谱，在纷繁的思想光谱中，寻找中国人的"底色"，重铸中国的"故事"，关注中国的"问题"，这是我们所期待的，也是"六点评论"旨趣所在。

点　点

2011.8.10

前　言

　　2021 年,香港新亚研究所卢雪崑教授出版了《牟宗三哲学——二十一世纪启蒙哲学之先河》一书,在疏解牟宗三思想的同时,对学界的一些不同理解也提出了批评,其中对我的指摘尤为集中和激烈。我认真研究了她的意见,感叹同样是研究牟宗三,竟想不到理解会相差如此之大,不少地方可以说已经是南辕北辙了。针对她的批评,我按照《贡献与终结——牟宗三儒学思想研究》五卷本的顺序,选取前四卷的"坎陷""旁出""善相""圆善"问题(卢教授对第五卷合一论没有提出实质性的批评,不再讨论)重加梳理,补以"终结"问题,分列五章,作为回应。各章后面列有我发表的与这一主题有关的文章名录,方便读者检索查阅。

　　近些年来,牟宗三研究的气氛和缓了许多,正常的学术讨论已经没有大的障碍了。但在个别场合,护教的色彩仍然比较浓厚。护教没有问题,一个学派成立后,精心维护才能发展长远,后继者责无旁贷。问题在于怎样护教。护教最要紧的是尽最大可能准确理解和消化先生的思想,而不是以亲炙师门为由,唯我独尊,目空一切,趾高气昂,蔑视他人。以我的标准衡量,卢教授的不少诠释与牟宗三文本含义相距较远,一些观点甚至是对牟宗三学术立场的严重倒退,此间表现出来的治学态度也难称严肃,与其长期亲炙师门的背景似不相称。以这种方式维护师门,能在多大程度上达到继承牟宗三思想遗产的目的,很难不令人生疑。我从不敢保证自己的理解完全正确,如履薄冰,战战兢兢,不断自责反省,时时加以微调,但面对自己看来明显的失误,亮明态度,与之商榷,还是必要的。这也是我在出版了《贡献与终结——牟宗三儒学思想研究》和《〈心体与性体〉解读》以及它的两个副产品(即《焦点的澄明》和《走下神坛的牟宗三》),宣布相关研究已告一段落,将精力全部集中于建构儒家生生之学后,重新回过身来,参与这场讨论的原因。

本书取名为《焦点之再议——牟宗三儒学思想的几个有争议问题》,自然是为了凸显牟宗三研究难度很大,很多问题需要不断讨论,反复澄清,同时也是为了与此前出版的《焦点的澄明——牟宗三儒学思想的几个焦点问题》在名称上保持连贯,相互呼应。全书末尾有两篇附录,一是我新近发表的一篇文章,二是与他人的两封书信,以增加第四章"再议'圆善'"的理论厚度。牟宗三研究是一项长期工作,但我相关的理解都见诸文字了,再说也只能是重复。要做的事情还很多,争辩文字到此为止。

杨泽波

2022.10.22 初稿

2022.12.16 改定

各章内容提要

第一章　再议"坎陷"

坎陷是牟宗三的重要概念,有两个具体指向,一是"坎陷的外王指向",二是"坎陷的存有指向"。这两个指向虽然都离不开道德与认知的关系,但涉及的问题不同,可以分开处理。"坎陷的外王指向"内含"让开一步""下降凝聚""摄智归仁"三个要素。"让开一步"意指让开身段,以发展自己不擅长的方面,这项工作必须在"摄智归仁"的前提下展开,不是嫌弃"道德无力",更不是主张"道德无用"。"让开一步"之后的发展方向是"向下"的,此即为"下降凝聚",这一义理可以借助"多重三分法"得到合理说明。"多重三分法"是一种有益的尝试,有很大的潜力,代表着一个非常有前景的方向,不应轻易讥为"儿戏之论"。

第二章　再议"旁出"

朱子学理的真正问题不是道德他律,而是道德无力。如果对此没有准确把握,不仅不利于发现朱子学理的真正缺陷,而且势必造成低端的学术重复。在三分法视域下,完整的道德学说既有智性,又有仁性,由仁性提供动力,其学说才能有活动性,这就是"道德动力学"。朱子学理的问题正在于此,由于对仁性体悟不透,仁性不能充分发挥作用,致使整个学说缺少动能。虽然有此缺陷,但朱子所言格物致知蕴含着以智性对仁性加以再认识的内容,又有很强的合理性,在儒学"一源两流"的总体格局中有其独特的位置。判教应该以孔子仁智双全的学理规模为标准,不能仅以仁性为标准。缺乏这种总体观,继续为牟宗三"旁出说"作辩护,不仅学理格局偏小,结论也难以令人信服。

第三章　再议"善相"

在牟宗三学理中,存有论是指"就一物之存在而明其如何有其存在",而不是指"本心仁体或自由意志之真实存有性"。前者的重点在于说明道德之心如何影响天地万物,使之成为存在,后者的重点在于说明本心仁体或自由意志作为道德创造实体是真实的,不能以后者代替前者。牟宗三将道德之心创生的存有对象规定为"物自身",源于对于康德智的直觉这一概念的误解。智的直觉原指"本源的直观",意即不需要外部对象刺激即可形成质料的直观,牟宗三则将其理解为一种不需要时空和范畴的思维方式;因为本心仁体的自我体认以及创生道德存有,都不需要借助时空和范畴,所以牟宗三认定这种思维方式为智的直觉;又因为在康德那里智的直

觉是针对本体(物自身)的,所以牟宗三将道德之心创生的

存有对象称为"物自身"。道德之心创生道德存有,本质是以

道德之心影响天地万物,既如此,其对象即已经脱离了"物之

在其自己"的身份,无论如何不能被称为"物自身"。天地万

物受到道德之心的影响便有了道德之相,这种道德之相即为

"善相",与之相应,两层存有应是"善相"的存有和"识相"的

存有,而不应是"物自身"的存有和"现相"的存有。

第四章　再议"圆善"

"诡谲的即"和"纵贯纵讲"是牟宗三解决圆善问题的两

大步骤。这两个步骤内部都有瑕疵,所能达成的只是"道德

幸福",而非康德要求的"物质幸福",牟宗三"始得到圆善问

题之圆满而真实的解决"的自我评价并不准确。后人以牟宗

三是"圆教之圆善",康德是"德福一致之圆善"和"伦理共同

体之圆善"为由为其辩护,并不能改变牟宗三未能解决康德

意义上的圆善问题的基本事实。圆善有广义和狭义之分,广

义圆善包含社会制度问题,狭义圆善只属于伦理道德层面。

"伦理共同体之圆善"是其广义,牟宗三所论圆善则主要取其

狭义。广义圆善固然有意义,但不能认为据此便可完全解决

狭义的圆善问题。牟宗三以"无限智心"代上帝以解决圆善

问题,蕴含着从宗教解脱出来的良苦用心,如果不能正视其内

在价值,重新搬出"天"来作为实现圆善的终极保障,必然造

成学理上的极大倒退。

第五章 再议"终结"

牟宗三对中国哲学的发展作出了重要贡献,但其思想方法有两个明显的缺陷,一是对仁和良心的认识过于陈旧,二是对智的直觉的理解严重失误。这两个问题负面作用很大,已经没有进一步发展的空间,"牟宗三儒学思想方法的终结"这一命题所要凸显的就是这个道理。如果认识不到第一个方面的问题,容易将仁和良心比附于康德的自由意志,非但不能凸显儒学的特色,而且难以处理好心学与理学的关系。如果认识不到第二个方面的问题,容易将智的直觉限定在个人精神修养领域,忽视牟宗三对于外部对象的关注,窄化存有论的内涵,乃至将牟宗三思想人为分割成前后两个部分,似乎有一个牟宗三 I 和牟宗三 II。在牟宗三研究已大规模开展数十年的情况下,无人可以否认牟宗三思想的价值,但切不可将其视为哲学的"顶峰",否则无异于杀死了哲学,从事的不再是学术研究,而是神学崇拜了。

附录一:论杨祖汉教授对牟宗三圆善思想的理解

要正确评价牟宗三的圆善思想,首先要对幸福概念有准确的理解。这里的重点不是保证幸福概念尽可能周延,而是界定康德与圆善相关的幸福的性质。康德将上帝设定为信念保证以解决圆善问题,其幸福是物质性的,不是精神性的。"诡谲的即"("非分别说")是牟宗三解决圆善问题的第一个步骤,由此达成的幸福大致相当于儒学传统讲的"孔颜乐处",属于精神性的幸福,而非物质性的幸福,以此无法解决

"康德意义"的圆善问题。"纵用纵讲"是牟宗三解决圆善问题的第二个步骤,其核心是以存有论说明儒家意义幸福的生成原因。这里的"存有"与"存有论的圆"的"存有"所指不同,应加以区分,否则无法把握牟宗三"把圆满的善(圆善)套于无执的存有论中来处理"这一重要用心。以存有论说明幸福的生成原因可称为"赋予说",这种理论难称究竟之法,"满足说"可能更为根本,更为合理。

第一章　再议"坎陷"

一、坎陷有两种不同指向,分开处理并无过患

坎陷论是牟宗三最早形成自己特色的一种理论,至少在分别于 1947 年和 1948 年出版的《王阳明致良知教》(上)(下)中就有了这种说法,其后在 1949 年完成的《认识心之批判》中这方面的论述就更多了。① 卢教授在回顾牟宗三的相关论述后指出:

> 依以上所论可见,牟先生提出"认识心之坎陷说"旨在通过"认识心之坎陷"说明知识之可能与完成。"盖无辨解,则不能成知识也。"依牟先生之思路,知识之可能是由认识(理解)之创造性而陷落于辨解性。

---

① 参见杨泽波:《坎陷概念起于何时? ——关于牟宗三坎陷概念提出过程的考察》,《华南师范大学学报》(社会科学版)2011 年第 2 期。

> 依此可知,牟先生所论"认识心""理解"并非康德所论认识机能,并不等同于"知性",牟先生所意谓之"知性",是"认识心之坎陷"而成,故先生言"知性之曲屈性"。①

卢教授认为,在牟宗三学理中,知性是辨解的,这种辨解是一种曲屈性。认识必须由辨解而成,无辨解则不能成知识。而要有辨解,必须经由陷落,即所谓"知识之可能是由认识(理解)之创造性而陷落于辨解性"。这种陷落即为坎陷,通过这种方式而成就知性。

从这个意义上说,卢教授认为,牟宗三讲坎陷,根本目的是要解决道德和认知的关系问题。她说:

> 依以上所论,吾人当明白,牟先生之所以提出"坎陷说",实在是要回应形上实体与经验知识二者之关联问题。这一步有学理上的需要,尽管道德本身不必夹带自然概念领域的问题,故阳明言"致良知"不谈"格物穷理"不为少。然而,牟宗三"坎陷说",于形上实体与经验知识之关联问题作解答,亦不为多。②

---

① 卢雪崑:《牟宗三哲学——二十一世纪启蒙哲学之先河》,台北:万卷楼图书有限公司,2021 年,第418—419 页。以下凡引此书,仅注简要书名和页码。

② 卢雪崑:《牟宗三哲学》,第411 页。

这是说,牟宗三提出坎陷这一说法,旨在解决形上实体与经验知识的关系问题。形上实体不一定夹带自然知识,但由此讲自然知识亦不为多。形上实体为上,经验知识为下。形上实体要发展出经验知识,必须走坎陷的道路。这个话题在孔孟之时尚不存在,到宋明才正式开始为人关注。《传习录》中弟子多次问及致良知之外要不要格物穷理,王阳明都予以否定的回答,但这并不代表道德完全排斥格物穷理,完全与自然科学无关。牟宗三提出坎陷这一说法,目的就是要解决这个问题。

卢教授进一步指出,牟宗三论坎陷与其区分形上形下两个世界密切相关。她说:

> 依牟先生之思路,形上实体是超绝的,如此一来,先生就要解决实体于上界如何能对下界(现象界)起作用的问题。先生一再言良知、天心之"坎陷其自己",实在是面对着一个关于物的认识"如何能进入致良知教中"的哲学问题。①

> 吾人可见,牟先生提出坎陷说,旨在说明形上实体下落到现象界而起作用。这一层意思当该是牟先生"坎陷说"之根本义。②

---

① 卢雪崑:《牟宗三哲学》,第405页。
② 卢雪崑:《牟宗三哲学》,第406—407页。

这里讲到了形上实体和现相(象)界的关系。在卢教授看来,形上实体如何落到现相界,是牟宗三关注的重要话题。形上实体是超绝的,但它不能限于自身,还必须下降,以开出现相界。形上实体如何开出现相界是一个极有价值的问题,牟宗三提出坎陷这一说法,就是要解决这个问题,即所谓"说明形上实体下落到现象界而起作用",而这是坎陷说的"根本义"。

由此出发,卢教授批评我说:

> 杨泽波教授就以为"良知坎陷"只是牟先生借以"解决如何以传统为基础开出科学和民主的问题"所想到的办法而已。他认为牟先生坎陷论遇到许多困难,是因为牟先生将这一思想置于黑格尔及康德的学理背景之下。如吾人已论,此种种说法不过是主观意见,与牟先生本人的哲学问题意识不相应。①

按照卢教授的理解,我讨论坎陷论只讲到如何开出科学民主的问题,没有注意坎陷还有其他方向的内容,未能贴合牟宗三思想的主旨,与牟宗三问题意识不相应,应该检讨。

对卢教授的这种批评,我有不同的理解。如上所说,牟宗三早在写作《王阳明致良知教》和《认识心之批判》时就有了坎陷的想法,之后不久,便在这一思想指导下写作了《道德的

---

① 卢雪崑:《牟宗三哲学》,第419—420页。

理想主义》(1950 年)、《历史哲学》(1955 年)和《政道与治道》(1955 年)。学界一般将这三部著作统称为"外王三书"。牟宗三写作这三部著作,旨在解决传统文化如何开出科学民主的问题,由此形成了牟宗三最早具有自己特色的理论。后来,随着思想的深入,牟宗三又将这一思想用于存有问题,以说明物自身的存有如何开出现相的存有。这个时期最重要的著作是《智的直觉与中国哲学》(1971 年)、《现象与物自身》(1975 年)和《中国哲学十九讲》(1983 年)。此时牟宗三已经认识到,道德之心和认知之心都可以对天地万物发生影响,形成各自的存有。道德之心有智的直觉,形成的是物自身的存有,即无执的存有。认知之心没有智的直觉,形成的是现相的存有,即执的存有。这就是两层存有论。既然是两层存有,物自身的存有如何开出现相的存有,就成了一个核心问题。而他想到的办法仍然是坎陷,认为物自身的存有"下落"可以开出现相的存有,这种"下落"同样是坎陷。

因此,从历史的角度看,牟宗三讲坎陷其实有两个不同的指向。首先是就外王而言,旨在解决如何在传统基础上开出科学民主的问题,这可以叫作"坎陷的外王指向"。其次是就存有而言,旨在解决怎样在物自身存有的基础上开出现相存有的问题,这可以名为"坎陷的存有指向"。这两个方面的内容不能截然分割,但具体指向并不完全相同。这一特殊历史背景为我的写作带来了困难。按照计划,《贡献与终结——牟宗三儒学思想研究》第一卷是处理外王问题,第三卷处理存有问题。如果将"坎陷的存有指向"也置于第一卷之中,不仅一时很难讲清楚(因为存有的基本义理尚未阐明),而且必然造成第一卷和第三卷内容的重复。为了化解这个矛盾,我想到的办法是,第一卷集中处理"坎陷的外王指向",只是在这一卷第一章设立一个名为"两层存有:坎陷概念的另一层含义"的小节,对"坎陷的存有指向"作初步的交代。在这一小节的末尾有这样一个说明:

> 总起来说,坎陷概念有两种不同含义,既在如何开出科学和民主的意义上使用,又在如何开出现象的存有、执的存有的意义上使用。这两种含义不可相互替代,虽然第二种意义的坎陷远不及第一种意义的坎陷来得重要,而学界关于坎陷的争论也主要在第一种意义上展开。因为本卷的中心任务是处理如何开出科学和民主的问题,所以只关注坎陷的第一种含义,而将第二种含义的坎陷放在第三卷存有论中适当加以说明。希望这种安排不要造成错误的印象,好像牟宗三的坎陷概念只涉及开出科学民主,除此之外再无其他含义似的。①

只要稍微读一下这段文字,就不难明白,这里明确讲到了坎陷是针对两个不同问题而言的,有两种不同的指向,既指向外王问题,又指向存有问题。因为"外王三书"主要是解决如何开

---

① 杨泽波:《贡献与终结——牟宗三儒学思想研究》第一卷,第35页。此段原文校对有误,已据文意改正。

出科学和民主的问题,这方面混乱之处较多,是学界争议的重点,所以需要用《贡献与终结——牟宗三儒学思想研究》第一卷整卷的篇幅来处理。但切记不要忘了坎陷还有存有的指向,只是考虑到全书的结构,将这方面的内容置于第三卷处理罢了。

因为有此分工,"坎陷的存有指向"直到《贡献与终结——牟宗三儒学思想研究》第三卷才得到系统的说明。在这一卷中,我这样写道:

> 第一卷坎陷论部分讲过,牟宗三论坎陷主要是解决如何开出科学和民主的问题,这个话题也涉及了一般认知的问题。牟宗三在这方面的一个重要观点是,由道德之知产生见闻之知也是一个坎陷的过程。此处所说现相的存有与此相近。在他看来,由道德形上学自我坎陷可以开出识心之执。这种识心之执包含两个层面。首先,是识心之执的逻辑意义,以保证逻辑、数学、几何学的成立。这一层涵盖了《认识心之批判》的基本内容。其次,是识心之执的存有意义,以保证事物的现相界的存有。这一层涵盖了《智的直觉与中国哲学》对《认识心之批判》所修订的基本内容。将这两层合并为一,可以统称为现相(界)的存有论,执的存有论。[1]

---

[1] 杨泽波:《贡献与终结——牟宗三儒学思想研究》第三卷,第42页。

的格局就用户给讲得比较清楚了。坎陷有两种不同指向，首先是就如何开出科学和民主而言，这是"坎陷的外王指向"，其次是就道德之知如何开出见闻之知而言(其中既包含其逻辑意义，又包含其存有意义)，这是"坎陷的存有指向"。第一卷主要处理前一种指向，第三卷主要处理后一种指向。

要而言之，历史地看，坎陷既就外王问题而言，这是牟宗三早期思想关注的重点，又就存有问题而言，这是牟宗三后期思想关注的中心。这两方面内容的义理基础相近，都离不开道德与认知的关系，但具体指向毕竟不同。考虑到前者是牟宗三最早形成的具有自己特色的理论，学界的争论主要围绕这个问题展开，后者在牟宗三写"外王三书"时尚未进入其视野，严格说来还不构成一个问题，《贡献与终结——牟宗三儒学思想研究》在第一卷集中处理前者，而将后者置于第三卷单独处理。卢教授没有注意到我的这种安排，加上她对存有问题的理解与我几乎完全不同①，仅凭第一卷的内容，即批评我只在科学民主问题上讲坎陷，"实在未能深入牟先生哲学之特质，而流于浮光掠影，只从枝节点滴上议论"②。如果卢教授态度严谨一点，读书细致一点，了解《贡献与终结——牟宗三儒学思想研究》的整体结构，特别是第一卷和第三卷的分工安排，不是急于批评，这种误解是不难避免的。

---

① 如何理解牟宗三的存有论，与坎陷问题直接相关。在我看来，卢教授在这方面有诸多不足，从而影响了他对坎陷问题的理解。参见本书第三章《再议"善相"》第一小节"一个基础性问题：什么是'存有'"。

② 卢雪崑：《牟宗三哲学》，第426页。

二、"让开一步"不是嫌弃"道德无力"，
更不是主张"道德无用"

我在《贡献与终结——牟宗三儒学思想研究》第一卷处理"坎陷的外王指向"的时候注意到，牟宗三相关思想在学界一直有不同的理解，各种意见纷争不止。我将这些不同意见整理为九种，即"内圣实非可能论""内圣外王俱失论""无法直接开出论""反泛道德主义论""内圣取代外王论""良知不可坎陷论""坎陷须行两步论""坎陷或非必要论""实践理性优越论"。① 我详细分析了这些不同说法，认为它们都不足以准确表达坎陷思想的核心。为了更好地理解牟宗三这一思想，我从坎陷概念中分疏出三个要素，采用牟宗三的用语，分别称为"让开一步""下降凝聚""摄智归仁"。② "让开一步"意在强调暂

---

① 参见杨泽波：《坎陷开出民主不同理解九种——关于牟宗三坎陷开出民主论的不同理解的评论》，《天府新论》2014 年第 1 期；《贡献与终结——牟宗三儒学思想研究》第一卷，第 185—223 页。

② "让开一步""下降凝聚""摄智归仁"均是牟宗三的原话。"让开一步"出自《政道与治道》："道德理性不能不自其作用表现之形态中自我坎陷，让开一步，而转为观解理性之架构表现。"（《牟宗三先生全集》第 10 卷，第 65 页）"下降凝聚"出自《历史哲学》："仁且智的精神主体亦须从其上升而为道德的主体下降凝聚而为一'知性主体'，即思想主体。"（《牟宗三先生全集》第 9 卷，第 136 页）"摄智归仁"出自《道德的理想主义》："总之，由心以见仁义礼智之性。这一层是道德实践的心，不只是智的直觉之认识的心，而智的直觉亦含于其中。这就是摄智归仁，仁以养智。"（《牟宗三先生全集》第 9 卷，第 116 页）牟宗三著作中此类说法不胜枚举，不再举证。详见《贡献与终结——牟宗三儒学思想研究》第五卷附录一"牟宗三儒学思想辞典"相关各条，第 246、266、318 页。

削损了一下，不再发展自身，而是发展自己不擅长的方面。"下降凝聚"进一步指明发展的方向不是向上而是向下，是将力量向下引，发展下面的内容。"摄智归仁"是强调坎陷不能离开道德的指导，必须在其指导下展开。我坚信，"这三项内容综括性很强，就我读到的牟宗三的有关著作中，还没有哪一条材料可以超出这个范围。为了准确掌握坎陷概念，我把这三项内容概括为坎陷概念的三个基本要素。从自信的角度看，这种理解虽不中亦不远，应该不会有大的方向上的失误"。①

卢教授不赞成我的这种理解，提出了严厉批评。这种批评是由不赞成"让开一步"开始的：

> 杨教授就"坎陷说"多番解说，要害在其言"让开一步"，良知"不再发展自己"。他说："所谓'让开一步'是说道德要来一个自我否定，暂时退让一下，不再发展自己，而是发展自己之外的内容。'这种形上实体、道德心'让开一步'、'不再发展自己'之说，实在包含'道德无力论'之祸心。究其实，持此说的学者对道德心存成见，以为讲"道德"是无用的。②

> 牟先生"坎陷"说的问题意识既明，则吾人能肯定此"坎陷"说于牟宗三哲学体系中的导引作用为何，并能恰

---

① 杨泽波：《贡献与终结——牟宗三儒学思想研究》第一卷，第44—45页。

② 卢雪崑：《牟宗三哲学》，第413—414页。

当地裁定其作为牟先生本人独特的哲思而于哲学领域的贡献。则吾人不会误将牟先生"坎陷"说当作"道德无力"的补充,更不会斥之为多此一举、"矫揉造作"。①

在卢教授看来,我以"让开一步"诠释坎陷概念,强调坎陷是对道德来一个自我否定,暂时退让一下,不再发展自己,而是发展自己之外的内容,其本质是看不起道德,"包含'道德无力论'之祸心'","以为讲'道德'是无用的"。卢教授这方面的论述很多②,由此成为其对我批评的一个重要基础。

看到卢教授的这种批评,我心中有一种莫名其妙的感觉。前面讲过,我将坎陷概念分疏出"让开一步""下降凝聚""摄智归仁"三个要素,"让开一步"只是第一步,除此之外,还有"下降凝聚",还有"摄智归仁"。这里特别需要强调的是"摄智归仁"。所谓"摄智归仁"简单说就是坎陷在让开身段的过程中,必须始终保持道德的指导,不能丢弃了道德。我的这种理解贯穿《贡献与终结——牟宗三儒学思想研究》第一卷全书。③ 比

---

① 卢雪崑:《牟宗三哲学》,第 421 页。

② 在一个注中,卢教授说得更为直截了当了:杨泽波罗列的关于坎陷开出民主的九种不同理解,"表明的无非是'道德'无用论"。卢雪崑:《牟宗三哲学》,第 413 页。

③ 下面一段话可以为证:"因此,坎陷的'让开一步'逻辑上必然含着'摄智归仁'。坎陷必须'摄智归仁'的思想告诉我们这样一个道理:无论是科学还是民主,都不是最高层面的东西,都必须接受道德的监督和指导。没有道德的科学可以给社会带来方便,但也可能使世界走向灭亡;没有道德的民主可以一时有效,但也可能成为祸国殃民,使国家走上灾难之途的工具。"杨泽波:《贡献与终结——牟宗三儒学思想研究》第一卷"总序",第 15 页。

如在第四章第一节"坎陷开出民主的深层内涵"中,我特别强调开出民主不能抛弃儒家的道德传统:

> 由此说来,研究坎陷论一定要当心,牟宗三创立坎陷论一方面自然是要向下发展,以开出民主,另一方面又包含着不放弃道德理想主义,不放弃内圣外王的基本模式,以保证民主始终有道德力量提升的用意。用他的话说这叫做"外王不能背乎内圣":"夫既曰外王,则其不能背乎内圣亦明矣。并列言之,曰政道,曰事功,曰科学。总持言之,皆赅于外王。内圣之学即儒家之'心性之学'。其直接之本分乃在道德宗教之成立。然儒教之为教与普通宗教本不同。其以道德实践为中心,虽上达天德,成圣成贤,而亦必赅摄家国天下而为一,始能得其究极之圆满。故政道、事功与科学,亦必为其所肯定而要求其实现。反之,政道、事功与科学,亦必统摄于心性之实学,而不能背离此本源。"外王不可少,离了外王无法适应时代变化的要求,但讲外王又不能离开内圣的前提。内圣之学即是心性之学,这是外王的价值本源,离开了这个本源,外王也就成了无本之木,纵然可以一时在事功方面有所成就,但也很可能走到斜路上去。①

---

① 杨泽波:《贡献与终结——牟宗三儒学思想研究》第一卷,第169—170页。

这里讲得很明白,坎陷一方面是开出科学和民主,一方面是坚持道德理想主义,不放弃内圣外王的理想。离开外王无法适应时代的变化,离开内圣又会丢失本源,外王由此成了无本之木。牟宗三讲坎陷同时包含这两个方面的内容,我对坎陷的诠释同样包含这两个方面的内容。

这个问题还涉及如何评价一本旧著。该书讨论朱熹的历史世界,2004年在大陆出版后,在学界激起巨大反响的同时,也伴有很大的争论,其中一个核心问题便是内圣与外王的关系问题。按照该书作者的说法,儒学的最终理想是要"全面安排秩序",但从现实看,由于种种历史原因,儒学在这方面已经没有了多少话语权,失去了全面安排秩序的资格,"内圣外王"成了"已陈刍狗",仅可供"发思古之幽情",不再有现实的意义了。我不赞成这种看法,依据自己关于坎陷论的理解,对该书提出了批评:

> 牟宗三坎陷开出民主的思想有一些不够清晰的地方,围绕这一理论的争论很多,但其站在一个更高的角度,坚持道德理想主义立场,希望摸索一条新的路线,扬弃西方将道德与政治完全分离的做法,将政治引向一个新的方向的良好意图,则是清晰可辨的。这种努力在当下有着重要的意义。从现实的角度看,由于历史原因,儒学在"全面安排秩序"方面的确没有多少话语权。但只要不断努力,随着时间的发展,这种情况是可以改变的。我们不能因为社会发展了,现实就是这个样子,就认定儒

~~半度人这十"评价"晕点埋的，两惠两 从用举得做整个~~

圣外王的理想。从牟宗三坎陷论的立场来看,内圣外王,
不管是具体提法、实际举措,还是作为道德理想,都是丢
不得的,绝不是什么"已陈刍狗"。如果现在不能清晰看
到这一点,把握这个大的方向,一定会丧失巨大的历史机
遇,犯下严重的历史错误。①

牟宗三讲坎陷开出民主,除了"让开一步"外,还讲"摄智归
仁",意在强调,通过坎陷开出民主必须接受道德的指导,必
须坚持道德的理想主义,不能像近代西方那样完全将政治与
道德分开。这一主张蕴含着丰富的意义,告诫我们,一方面要
学习西方的民主经验,另一方面又不能丢掉自家的道德传统,
以创造一种既不完全同于西方民主,也与儒家政治传统有别
的新的政治形式。与之相比,前书作者将内圣外王视为"已
陈刍狗",其失误就不言自明了。②

沿着这一思路,我还将牟宗三与梁漱溟作了比较。政治问

---

① 杨泽波:《贡献与终结——牟宗三儒学思想研究》第一卷,第
236页。

② 我在《贡献与终结——牟宗三儒学思想研究》第一卷讲过我的
一段经历。2010年10月,我到台湾大学高等研究院作短期访问,其间参
加了"东亚经典与文化学术研讨会"。黄俊杰在会上谈到,台湾近些年来
民主有了很大的发展,但儒学在此过程中实际没有发挥多少作用。听到
这个说法后我十分震惊,因为当时我对坎陷论已有了一定程度的研究,
如何在开出民主的同时仍然保持道德的指导,避免台湾的这种局面,成
了我不得不认真思考的问题。事见杨泽波:《贡献与终结——牟宗三儒
学思想研究》第一卷,第182页。这再次证明了我以"让开一步"诠释坎
陷,绝不是嫌弃"道德无力",更不是主张"道德无用"。

题是二十世纪人们关注最多的问题。与一般人将希望寄托于民主不同，梁漱溟认为，中国是一个伦理型社会，不适合发展民主。牟宗三虽然对中国传统政治有深刻的观察，但不否认在中国发展民主制度的可能，对民主制度有很高的评价。在晚年《中国文化大动脉的现实关心问题》的讲演中，他特别强调，中国下一步要有所发展，必须走民主的道路，甚至强调民主制度是人类政治的"最后形态"。为此我有这样一段评论：

> 牟宗三建构坎陷论的时候，反复重申坎陷开出民主必须借鉴中国传统政治的优点，泛道德主义不正确，泛政治主义同样不可取，但细细分析其相关论述不难发现，他对西方的民主制度还是缺乏深刻的反思。坎陷"摄智归仁"这一重要思想只具有理论的意义，而缺乏实质的考量和建构。在其后期的一些文字中，这种思想倾向表现得尤为明显。认定民主制度是人类政治文明的"最后形态"是一个典型的例子。这一类说法大大地减损了坎陷论的理论价值，造成的影响不可小视。我之所以特别关注这个问题，是因为如果把我们的任务只规定为开出民主，那么"摄智归仁"的内容如何体现呢？如果"摄智归仁"的内容无法体现，那么这种新开出的民主与西方现行的民主又有什么不同呢？如果新开出的民主与西方现行的民主没有区别，那么如何谈得上继承儒家道德理想主义的传统呢？这些问题不解决，将民主视为人类政治文明的"最后形态"，不仅降低了儒学的高度，而且在

> 一定程度上从“外王三书”坎陷开出民主一定要“摄智归仁”的立场游离了出来。这一现象应该引起我们的足够重视，而这也是我对坎陷论最不满意的地方，认为是其最不应该有的一个短板。①

这是说，尽管坎陷论始终包含“摄智归仁”的内容，由这个内容可以在逻辑上引出我们的理想是建立一种既不同于中国传统政治，又与西方现行民主制度有异的更为合理的制度这样的结论。但至少牟宗三晚年没有将思想的重点放在这里，乃至有民主制度是人类政治“最后形态”这种不适当的说法。如果将牟宗三和梁漱溟相关的思想放在一起比较，以我个人来看，牟宗三的立场似乎不如梁漱溟高远，态度也不如梁漱溟坚决。正因于此，我曾明确讲过，在新的历史条件下，我们讲坎陷必须在三条战线上同时作战。首先，必须坚持“让开一步”，从我们的强项道德层面暂时退出身来，以发展我们的弱项。其次，必须“下降凝聚”，重视制度建设，重视经济问题，重视恶在历史发展中的作用。再次，必须做到在“让开一步”“下降凝聚”的同时，坚持“摄智归仁”。与这里主题相关最为重要的是第三点：“只有这样我们才能保持中国政治传统之所长，才能保持儒家的道德传统，打破西方近代以来将道德与政治分离的做法，将民主置于道德的制约之下；而不是像一些

① 杨泽波：《贡献与终结——牟宗三儒学思想研究》第一卷，第180—181页。

短视者那样,一味向西方看齐,唯西方马首是瞻;最终形成一种既不同于传统中的中国政治,又与现行的西方民主政治有原则差异的独特政治模式。"①我特别强调,尽管我们现在还没有找到这种独特的模式,但一定不能放弃这种努力。这是经过诠释后的坎陷论告诉我们的最重要的道理。

以上足以说明,以"让开一步"说明坎陷,只是我诠释工作的一个步骤,不是其全部,除此之外,我还根据牟宗三的思路,强调"让开一步"必须在"摄智归仁"的基础上展开,从没有放弃道德理想主义,从没有怀疑过道德的力量。需要注意,"道德无力"这一用语,是我在《贡献与终结——牟宗三儒学思想研究》第二卷分析朱子学理缺陷时提到的。牟宗三宋明儒学研究的一个重要特色是判定朱子为旁出,因为朱子以格物致知讲道德,最终成为了道德他律。我研究下来发现,牟宗三"道德他律"这一用语并不准确,其真正的意思是嫌朱子学理中没有心的位置,学理没有活动性,即所谓"只存有不活动",我将这种情况概括为"道德无力"。由此不难了解,"道德无力"是我对朱子学理缺陷的概括,与坎陷没有直接关系,我从不以"道德无力"解说坎陷,《贡献与终结——牟宗三儒学思想研究》第一卷除"序言"外甚至根本没有出现过"道德无力"这一术语,更别说是"道德无用"了。卢教授批评我以"让开一步"诠释坎陷,是不相信道德的力量,是主张"道德无

---

①　杨泽波:《贡献与终结——牟宗三儒学思想研究》第一卷,第182页。

用"，"包含'道德无力'之祸心"，实在不知其根据何在。卢教授可以未曾想到，"让开一步"的用语不是我的创造，而是引自牟宗三的原话，难道牟宗三这样讲也包含着"祸心"，也是嫌弃"道德无力"，也是主张"道德无用"吗？批评别人之前，首先应该清楚了解别人的观点，把不是别人的观点甚至别人刚好反对的观点硬加在别人头上，从逻辑上说是虚设论敌，从态度上说是不够严肃，而这两者均为学术讨论之大忌，卢教授不应该不明白这个基本道理。

三、"多重三分法"有巨大潜力，
不应轻易讥为"儿戏之论"

我在分析坎陷概念的过程中发现，牟宗三论坎陷有一些不同说法，"堕落"是其中之一。比如，他说过，讲政治与讲文化不同，讲文化要靠天才，讲政治不能靠天才。"若从政治权力上直接指导，必不能向上，而只有堕落。"[①]"堕落"按照字义来说，其方向不是向上，而是向下。意即人类要在政治上有好的发展，开出民主，不能向上讲，必须向下讲。与此类似，牟宗三还有一个说法也很有趣，叫作"冷静"。他说西方自然科学的发展是在哥白尼、伽利略、牛顿这一传统所代表的精神下完成的。"这一传统所代表的精神就是以前向上浸润或向上昂扬的精神之冷静下来。这一步冷静，我们依

---

① 牟宗三：《道德的理想主义》，《牟宗三先生全集》第9卷，第67页。

精神之辩证的发展说,也可以叫它是一步坎陷,坎陷于'实然'中而实事求是。"①意思是说,要发展理智精神,转出自然科学,必须从审美精神和宗教精神中"冷静下来"。只有做到了"冷静",才能向下落于实然中,以达成对于外物的理解,才能开出科学。

"堕落""冷静"具体用语不同,但表达的是相同的意思,这就是向下走。这种情况就是牟宗三说的"下降凝聚":

> 然而上升,不能不下降。仁且智的精神主体不只要上升而为道德的,其由破裂而显之"自然"不只是为道德主体所要克服而转化之自然,而且亦要成为理解所对之自然,而仁且智的精神主体亦须从其上升而为道德的主体下降凝聚而为一"知性主体",即思想主体。此步破裂是"精神转为理解"之本质,其成果为科学。②

此段文字引自《历史哲学》。写作该书时,牟宗三仍然受到黑格尔的影响,特别重视绝对精神,认为儒家讲的精神主体是一个仁且智的系统,这个系统就是绝对精神。绝对精神既要上升以保证与天道相贯通,又要下降以产生知性主体。牟宗三这一说法告诉我们一个重要道理:一种文化形态中,既要有道德,又要有认知(牟宗三称为"知性");前者为道德主体,后者

① 牟宗三:《道德的理想主义》,《牟宗三先生全集》第 9 卷,第 121 页。
② 牟宗三:《历史哲学》,《牟宗三先生全集》第 9 卷,第 136 页。

为知性主体,前者在上,后者在下。因此,要发展认知,必须从前者退让一步,向下走,由道德主体向下转出知性主体。"下降凝聚"表达的就是这个道理。所谓"下降凝聚"简单说就是从道德中退出身来后,不再向上走,而是向下走,向下发展知性,开出认知。"下降凝聚"是坎陷概念不可或缺的组成部分。

"下降凝聚"的方向是向下的,这层意思比较清楚,但要说明背后的道理并不容易。庆幸的是,我之前的研究此时对我有了很大的帮助。在研究牟宗三儒学思想之前,我长年从事孟子研究。在这个过程中,我在研究方法上有一个重要发现,我把它叫作"三分法"。我注意到,从孔子创立儒学开始,儒家与成德成善相关的便有三个不同要素。一是智性,它负责人们对道德问题的学习和认知。二是欲性,它涉及人们对于物欲的看法。三是仁性,它关乎孔子之仁,孟子之良心。智性和欲性与西方哲学中的(道德)理性和感性有一个大致的对应关系,儒家思想的可贵之处是,除此之外还多了一个仁性。因为有了仁性,儒家学说就有了动力,凡是智性认识到正确的就必须行,凡是智性认识到错误的就必须止。①

然而,直到我研究牟宗三坎陷论之前,三分法都局限在道德领域,即我所说的"道德结构"之内。研究坎陷论对我是

---

① 卢教授对我的三分法多有不解,不仅怀疑三分法的首创性,强调早在康德那里就有了知、情、意的划分,更认为这种方法混淆了道德理性和理论理性的关系,是试图以理论理性解决道德理性的问题。参见本书第二章《再议"旁出"》第三节"绝非'旁出':朱子在'一源两流'格局中的位置"。

一个很大的挑战。为了更好地说明坎陷的方向为什么是向下而不是向上,我不得不扩大视野,将三分法延伸到对于整个人以及整个社会的观察。我注意到,人除了道德之外,还有认知,还有审美,认知结构和审美结构同道德结构一样,也包括三个不同部分。更为重要的是,审美结构、认知结构、道德结构有着紧密的内在联系,共同组成人的"生命层级构成"。"生命层级构成"与"道德结构"不同。"道德结构"是将涉及道德的因素横向划分为智性、欲性、仁性三个部分,"生命层级构成"则是将人的生命纵向划分为道德、认知、体欲三个层面。在这三个层面中,首先是道德,它负责人的道德生活,保证人的健康发展,大致相当于西方哲学中的道德理性。其次是认知,它负责人对于世界和自身的认识,大致相当于西方哲学中的理论理性。再次是体欲,它负责人对物质欲望的追求,与审美问题密切相关。不仅如此,如果将视野进一步延伸,"生命层级构成"的内部结构同样适用于社会。社会总归是人的社会,任何一个社会,同生命层级构成一样,都包含道德、认知、体欲三个不同层面。与"生命层级构成"相适应,社会包含的道德、认知、体欲三个层面的情况可以叫作"社会层级构成"。

这样一来,在坎陷论研究中,我关于三分法的思考就有新的推进。在此之前,我提出的三分方法仅限于"道德结构",是单一的,可以称为"单一三分法"。研究坎陷论后,这种方法不仅扩展到认知结构和审美结构,而且扩大到"生命层级构成"和"社会层级构成"。这种扩大范围的三分法,我名之为"多重一分法"。"多重一分法"有两个难点，首先，将道德结构、认知结构、审美结构横向区分为三个部分，比如道德结构中的智性、欲性、仁性；其次，将"生命层级构成"和"社会层级构成"纵向自上至下划分为道德、认知、体欲三个层面。这种方法的改进对于理解牟宗三坎陷概念大有益处。如上所说，"生命层级构成"和"社会层级构成"从上至下都有道德、认知、体欲三个层面。有了这个基础，牟宗三论坎陷为什么一定要讲"下降凝聚"就不难理解了。"下降凝聚"是解决"让开一步"之后向什么方向发展的问题。牟宗三说，要开出科学民主，不能向上发展，必须向下发展，来一个向下的大开大合。为什么发展科学民主必须向下走？牟宗三曾以实践主体高于认知主体，实践理性高于理论理性来加以解说。这种说法当然有其道理，但如果站在"多重三分法"的高度，说起来可能更为容易一些。这是因为，按照这种方法，"生命层级构成"和"社会层级构成"从上往下都包含道德、认知、体欲三个层面。在中国文化中，道德有很好的发展，但认知发展不力，而科学民主离不开认知这个层面。依据"多重三分法"，道德在上，认知在下，在新的历史条件下发展科学民主，必须向下走。牟宗三论坎陷不仅讲"让开一步"，而且指明其方向一定是向下的，必须"下降凝聚"，道理即在这里。

为此，我还从这个视角重新审视了李约瑟难题。在我看来，要讨论近代意义的科学为什么没有起源于中国文化的问题，必须深入了解中西文化的不同性质。中国文化的重心在道德，重德、利用、厚生是其不变的宗旨；西方文化的重心在认知,对于宇宙本源的把握是其主要的任务。中西文化都有自己的科学,但特点有所不同。中国的科学是道德型的,将科学纳入道德的体系之内,特别强调其实用性。西方的科学是认知型的,以认识宇宙万物本身为宗旨。中国的这种道德型科学可以有自己的发明和创造,这种发明和创造虽然可以达到很高的程度,但不属于西方那种以纯粹认知为特征的科学。这个特点决定我们在历史上可以领先于西方,但不可能成为近代科学的发源地。从这个角度不难看出,李约瑟难题其实是一个似是而非的问题。说"似是",是因为从现象上看中国历史上确实有很多科技成果,由此提出李约瑟难题并非没有道理;说"而非",是因为它只看到了现象,远未抓住实质,不明白中国文化的重心原本就在道德而不在科技,并不重视西方那种纯粹认知意义之科学的发展,因此,近代科学原本就不可能产生于中国,李约瑟难题只是一个对中国文化由衷热爱的好心人提出的伪问题而已。通过研究坎陷论,站在"多重三分法"的高度重新看问题,李约瑟难题就得到了化解,从此之后再像李约瑟那样提出和讨论问题,已经没有意义了。[①]

卢教授不同意我以"多重三分法"解读坎陷,批评道:

> 杨教授所谓扩展到生命范围、社会范围,从"体欲、
> 认知、道德三个层面"去谈"坎陷论",说什么"依据这种

---

① 参见杨泽波:《从坎陷论的视角看李约瑟难题》,《清华大学学报》(社会科学版)2013年第6期;另见《贡献与终结——牟宗三儒学思想研究》第一卷,第101—114页。

方法,以陆让所要表达的意思就不难理解了:我们文化的特点是道德发达,认知不发达,西方文化则相反,是认知发达,道德不发达(……);科学和民主均与认知相关,在新的历史条件下要开出科学和民主,补上这一课,当然就必须"让开一步",放下身段,不能再固守自己的优势,而是发展自己不擅长的东西;……。云云。吾人可指出,杨教授所谓生命范围的三个结构(道德结构、认知结构、审美结构)并非哲学划分,其所谓社会范围的三个层面(体欲、认知、道德)同样是非哲学的,甚至可以说是随意的,欠①缺学术严肃性。以此儿戏之谈,岂可与牟先生"坎陷"说相比?!②

意思是说,我将三分法扩展到生命和社会范围,建立"多重三分法",以此解说坎陷概念,其做法缺少学术的严肃性,是"儿戏之谈",根本无法与牟宗三的坎陷论相比。

我不认为卢教授的这种批评是有道理的。我之所以有此看法,是因我注意到,牟宗三讲坎陷其实已经涉及了层级构成问题,"多重三分法"不仅与牟宗三的用意不相违背,而且有助于更好地彰显牟宗三的用意。比如,他在《道德的理想主义》中曾明确将人分为三级,这样写道:

---

① 此字原书误为"久",据文意改。——引者注
② 卢雪崑:《牟宗三哲学》,第420—421页。

　　人心的了解外物,第一级是要通过"感觉"的。接于耳而知声,接于目而知色。此名曰"感性层"。感性层之接外物是"直觉的",惟此直觉是感触的直觉。名曰直觉,是说未经过逻辑数学思想的辩解过程的。

　　第二级是"知性层"。人心之表现为"知性"即表示其转为"思想主体"。感性层次是表现"生理主体",人心附着于生理主体而只成为感觉。"知性"是表示人心要从"生理主体"的束缚中解放出来,超拔出来,因而成为思想主体。……

　　第三级是"超知性层",亦曰"智的直觉层"。此中所谓"智"不是逻辑数学的,不是使用概念的;所谓"直觉",不是感触的,而是理智的。因此,它对于外物不是使用概念的理解,而是直觉的通观。……①

牟宗三认为,人心认识外物有三个级别。第一级为感觉层,也就是感性层。第二级为知性层,这是思想的主体,人心必须转出思想主体,才能了解外物,成就科学。第三级为超知性层,又叫智的直觉层,它对于外物的了解并不通过概念,而是直觉。在这种直觉下的外物不以一定对象的姿态出现,而是以恒自如如的姿态出现。简言之,人心内部共有三个级别,在这三个级别中,感觉层最下,其次为知性层,超知性层最上。

------

　　① 牟宗三:《道德的理想主义》,《牟宗三先生全集》第9卷,第110—111页。

在另一处,牟宗三甚至还谈到了知性一层是一种中间架构性的东西:

> "知性"与"政道"这两面的曲折即是向下方面的大开大合,我们须知:知性方面的逻辑、数学、科学与客观实践方面的国家、政治、法律(近代化的)虽不是最高境界中的事,它是中间架构性的东西,然而在人间实践过程中实现价值上,实现道德理性上,这中间架构性的东西却是不可少的。而中国文化生命在以往的发展却正少了这中间一层。(最高一层为神智与神治,最低一层为感觉,为动物的无治。)①

知性与政道紧密相关。知性是从认知的角度讲,政道是从政治的角度讲。但这两者都属于"中间架构性的东西"。这"中间架构性的东西"很重要,断不可缺,可惜中国文化生命的发展缺少这一层。如何保证这中间一层的发展,就成了开出科学和民主的关键。

牟宗三这些论述之所以重要,是因为它实际上已经涉及了结构划分的问题。无论就完整的个人,还是就整个社会而言,都是既有道德,又有认知。道德层面负责完善德性,成就道德,认知层面负责对外部世界和自我的认识。在中国历史上,在儒家传统中,这两个不同角度有一个共同特点,都是道

---

①　牟宗三:《历史哲学》,《牟宗三先生全集》第 9 卷,第 220 页。

德发达，认知不发达。这一特点决定中国文化有自己之长，亦有自己之短。其所长是重视道德，其所短是不重视认知。由于近代西方文明中的科学和民主与认知相关，所以在新的历史条件下，要开出科学和民主，儒学必须大力发展认知。而要完成这种发展，需要做的重要工作，就是让道德层"让开一步"，"下降凝聚"，不再发展道德层（不是说不再发展道德，而是不再将重点单纯放在道德之上），而是发展其下的认知层。尽管牟宗三这些论述夹杂在其他论述中间，系统性较弱，但蕴含着极为重要的道理，我誉之为"天才的猜测"，认为"坎陷论最深厚的思想基础其实就隐藏在这一天才猜测的后面"。①

由此说来，我将"三分法"运用到社会领域，扩展为"多重三分法"，以此解读坎陷，有着扎实的基础。前面讲了，牟宗三论坎陷实际上已经猜测到了就整个社会而言，最高是道德层，中间是认知层，最下是感性层，而坎陷无非是从道德层退出身来，向下发展认知层而已。但是，因为他没有将这些猜测上升为系统的方法，所以未能将这个道理真正阐发清楚。我以"多重三分法"对其加以诠释，是进一步沿着这一方向作出的有益尝试。因为这一步工作是全新的，读者有不同理解，提出商榷，给予批评，都是正常的，但不应轻易否定他人的努力，更不应采用"儿戏之谈"这种非学术化的用语。如果说"多重三分法"是"儿戏之论"，牟宗三将人划分为感性层、知性层、

---

① 杨泽波：《三分方法视域下的坎陷概念》，《复旦学报》（社会科学版）2012年第3期；另见《贡献与终结——牟宗三儒学思想研究》第一卷，第45—56页。

趋知性层,将知性理解为一种中间架构,涉及的其实也是层级划分问题,难道牟宗三这些论述也是"儿戏之论"?学术讨论最重要的是摆事实,讲道理,不是比谁语调高,用词狠。轻易讥笑"多重三分法"为"儿戏之论",既是对他人的不尊重,更显出自己学术态度的轻薄。我坚信"多重三分法"有很高的学术价值,其意义会随着时间的推移逐渐显现出来,为更多的人重视和接受,乃至有成为一种普遍的思维方式的潜力。届时回顾这场围绕它能否成立,是否为"儿戏之论"的争论,相信感受会有所不同的。

作者发表的与"坎陷"问题相关文章之名录

1.《坎陷概念起于何时?——关于牟宗三"坎陷"概念提出过程的考察》,《华南师范大学学报》(社会科学版)2011年第1期。

2.《"坎陷"概念的三个基本要素》,《华东师范大学学报》(社会科学版)2011年第5期。

3.《坎陷如何开出科学?——从三分方法的视角看牟宗三的"坎陷开出科学论"》,《陕西师范大学学报》(社会科学版)2012年第2期。

4.《三分方法视域下的坎陷概念》,《复旦学报》(社会科学版)2012年第3期。

5.《坎陷与民主——牟宗三"坎陷开出民主论"的启迪、补充与前瞻》,《中国哲学史》(社会科学版)2012年第2期。

6.《儒家思维方式何以偏重智的直觉——对牟宗三坎陷论的一个补充》,《新东方》2012年第3期。

7.《内圣外王之辨及其当代价值——对一个学术公案的迟到解读》,《河北学刊》2012年第4期。

8.《牟宗三坎陷论的意义与缺陷》,《社会科学研究》2013年第1期。

9.《坎陷如何开出民主?——从三分方法的视角看牟宗三的"坎陷开出民主论"》,《社会科学战线》2013年第2期。

10.《从坎陷论的视角看李约瑟难题》,《清华大学学报》(社会科学版)2013年第6期。

11.《坎陷开出民主不同理解九种——关于牟宗三坎陷开出民主论的不同理解的评论》,《天府新论》2014年第1期。

12.《坎陷与恶——对牟宗三坎陷论法的一个补充》,《海岱学刊》2015年第2期。

13.《民主视野下的梁漱溟和牟宗三》,《与孔子对话》,上海:上海古籍出版社2016年。

第二章　再议"旁出"

一、朱子的问题不是道德他律而是"道德无力"

牟宗三判定朱子为"旁出",核心理据是认为朱子属于道德他律。这种做法一直存有争议。二十世纪八十年代台湾学界围绕这个问题有过一场激烈的讨论。1984年,黄进兴发表了《所谓"道德自主性":以西方观念解释中国思想之限制的例证》①一文,对牟宗三以康德道德自律学说研究儒学的做法提出了批评。1988年,李瑞全撰写了名为《朱子道德学形态之重检》②的文章,认为朱子学理其实更接近于康德的道德自律,而不是道德他律。后来李明辉也参与了讨论,强调儒学与

①　黄进兴:《所谓"道德自主性":以西方观念解释中国思想之限制的例证》,台湾《食货》月刊第十四卷第七八期合刊(1984年10月),后收入《优入圣域:权力、信仰与正当性》,台北:允晨文化实业公司,1994年。
②　该文首次在1988年香港哲学社的例会上发表,后来收入其论文集《当代新儒学之哲学开拓》,台北:文津出版社,1993年。

康德之间确实存在着不同,但牟宗三对此早有了解,并提出了解决的方案。按照李明辉的分疏,道德自律可分为狭义和广义,儒家心学属于广义的道德自律,虽然这种理论与康德意义的道德自律有出入,但合于康德之后西方学术界对道德自律重加修订的标准。① 这场讨论在当时影响很大,后来虽然因缺少新的观点和材料未能延续下去,但人们已经普遍意识到牟宗三以道德自律学说研究儒学隐含着一些深层次的问题,引用道德自律和道德他律这些概念需要十分谨慎。

台湾学界的这场讨论也引起了我的关注,随后一直思考能否以道德自律研究儒学的问题。牟宗三引入道德自律这一概念与其对这个概念的理解直接相关,他曾借鉴佛家"云门三句",将道德理性分为"截断众流""涵盖乾坤""随波逐浪"三义,这三义中最重要的是"截断众流"。所谓"截断众流"是说道德必须斩断一切外在的牵连,本身必须是纯粹的,只能为道德而道德,不能为其他而道德。这一义理就是康德所说的道德自律,与之相反的则为道德他律。在康德那里,道德他律既指以追求幸福原则为目的,这是属于经验的,又指以追求圆满原则为目的,这是属于理性的。在转引康德《实践理性批判》中的一段话后,牟宗三这样写道:

依康德,基于存有论的圆满与基于上帝的意志俱是

① 李明辉的文章主要见于《儒家与康德》(台北:联经出版公司,1990年)一书。

意志的他律之原则。快乐主义基于利益、基于幸福,亦是意志的他律之原则。基于利益之他律其所需要有的世界的知识是经验的;基于存有论的圆满其所需要有的世界的知识是理性的;基于上帝的意志最初是诉诸恐怖与权威,最终亦必落于需要有世界的知识,这知识或是经验的或是理性的。这些原则俱是他律,盖因为其所含的实践规律皆取决于作为目的的一个对象,对于这对象必须先有知识。①

透过这段文字可以清楚了解牟宗三是如何理解康德道德他律这一概念的。在他看来,在康德学理中,道德他律有三种情景,凡是基于利益,基于存有论的圆满,基于上帝意志而产生的道德,均是道德他律,因为这些情况都将道德根据落实在知识上,必须对于作为目的的对象先有知识。

接下来,牟宗三便以此为据判定朱子为道德他律:

朱子既取格物穷理之路,故道问学,重知识。……因此,对气之灵之心意而言(朱子论心只如此,并无孟子之本心义),实践规律正是基于"存有论的圆满"之他律者。故彼如此重视知识。②

————————

① 牟宗三:《从陆象山到刘蕺山》,《牟宗三先生全集》第 8 卷,台湾联合报系文化基金会、联经出版事业公司,2003 年,第 6 页。

② 牟宗三:《从陆象山到刘蕺山》,《牟宗三先生全集》第 8 卷,第 6—7 页。

朱子以格物穷理讲道德,这种做法与西方理性主义将道德基于存有论的圆满十分近似,都是将道德的根据归于外在的理,而不是归于自己的道德本心。《心体与性体》下列的说法于此表达得尤为真切:"就知识上之是非而明辨之以决定吾人之行为是他律道德。"①这是说,凡是以知识之是非而决定的道德,即是道德他律,反之,以道德本心决定的道德,即是道德自律。牟宗三这种理解隐含着很大的问题。

先看第一种情况:基于利益的道德他律。在《实践理性批判》中,康德这样写道:"最普通的智思亦能很容易而无迟疑地看出在意志之自律的原则上所需要去作的是什么;但是在意志之他律的假设上去看出什么是要作的,那却是很难的,而且需要有世界的知识。"②牟宗三非常重视这一表述,直言"此段话其分明而简截,吾读之甚喜"③。据我分析,牟宗三如此重视这段话,很可能是因为其中有"需要有世界的知识"这种讲法。在他看来,道德根据在于本心,依此而行即可成德成善,这个过程十分简约。朱子则以格物致知讲道德,这恰恰是康德所反对的以知识之是非决定道德。这里有一个根本性的问题需要澄清:康德所说的"需要有世界的知识",与牟宗三所理解的以知识之是非决定道德是不是一回事? 我的答案是

---

①　牟宗三:《心体与性体》第三册,《牟宗三先生全集》第 7 卷,第440 页。

②　转引自牟宗三:《从陆象山到刘蕺山》,《牟宗三先生全集》第 8卷,第 5 页。

③　牟宗三:《从陆象山到刘蕺山》,《牟宗三先生全集》第 8 卷,第6 页。

否止的。康德指出，依照意志自律原则该做什么，不该做什么，是很清楚的，但如果以意志他律为先决条件，就不那么好把握了，需要有知识。这里所说的知识，是斤斤计较，量度计算的意思，以保证收益大于支出。因此，我们不能以康德"需要有世界的知识"的说法作为以知识之是非决定道德即是道德他律的根据。

再看第二种情况：基于存在论圆满的道德他律。圆满性是康德在论述道德他律时提到的一个概念。圆满性原则是理性的，具体又分为实体的圆满和性质的圆满。实体的圆满指上帝，性质的圆满又分为理论意义的圆满和实践意义的圆满。上帝在人之外，故称为"外在的圆满"；性质在人之内，故称为"内在的圆满"。这里需要特别注意的是"内在的圆满"。在斯多葛学派看来，人是整个宇宙自然的一部分。神、灵魂、命运都具有无所不在的、无所不能的力量和必然性，人遵从这种必然性，即是按照神和命运的安排去生活。因此，人追求和实现自己的本性，就是善，合乎自然的方式的生活，就是善。康德反对内在圆满性原则，主要是为了反对在纯粹理性实践原则之上另立一个目的，因为这种做法破坏了善恶只能决定于道德法则之后，不能决定于之前的最高原则，而不是因为这里涉及了知识。

最后是第三种情况：基于上帝意志的道德他律。上帝的意志就是所谓的外在的圆满。康德坚决反对这种圆满性原则，认为如果将上帝作为道德的目的，就是在道德法则之上预设其他目的，从根本上违背了康德道德法则是至高无上的基本原则。不仅如此,如果以上帝作为道德的目的,也就是以上帝作保证追求个人的幸福,这显然违背了康德实践理性必须是纯粹的基本原则。所以,康德反对以上帝作为道德目的,主要是坚持理性的至上性和纯粹性,反对个人幸福原则,与是不是需要有知识同样没有直接关系。

由此不难理解,无论是基于利益,基于存有论的圆满,还是基于上帝意志构成的道德他律,重点都在道德原则的纯洁性、至上性,而不在是不是讲知识。不幸的是,牟宗三不是这样,他将视域的中心转移到了知识问题上来。在他看来,基于利益的知识是经验的,基于存有论的圆满的知识是理性的,基于上帝意志的知识或是经验的或是理性的,这些知识的性质虽有不同,但有一个共同点,即都是"对于这对象必须先有知识"。牟宗三以是否需要讲知识作为判定道德自律还是道德他律的标准,明显与康德的思想不相吻合。①

问题到此并没有完,我们还需要追问,既然不能以是否需要知识作为区分道德他律和道德自律的标准,那么牟宗三批评朱子,定其为"旁出"真正的理由是什么呢? 牟宗三下面一段论述透露了明显的信息:

　　若如孟子所言之性之本义,性乃是具体、活泼、而有力者,此其所以为实体(性体、心体)创生之立体的直贯

––––––––––––––––

①　参见杨泽波:《牟宗三道德自律学说的困难及其出路》,《中国社会科学》2003 年第 4 期;另见杨泽波:《贡献与终结——牟宗三儒学思想研究》第一卷,第 45—50 页。

也。而朱子却只转成主观地说为静涵静摄之形态,客观地说为本体论的存有之形态。而最大之弊病即在不能说明自发自律之道德,而只流于他律之道德。此即为性之道德义之减杀。①

按照孟子的理论,性作为道德根据,活泼而有力量,这一义理在朱子学说中有了根本性的扭转。朱子的理论有两个核心特征。一是"客观地说为本体论的存有之形态"。朱子学理的最高范畴是理,这个理又可以称为事物之所以然。由事物之然推证其所以然,以见所以然之理,这个所以然之理,就是事物存在之存在性。由事物之然推证其所以然,也就是从存有的层面证明事物存在之存在性。二是"主观地说为静涵静摄之形态"。从存有的层面证明事物存在之存在性,决定了朱子只能走认知之路,重视格物穷理。牟宗三强调,格物穷理可以成就知识,但不能成就道德,从而使整个学理成了一个静的系统,没有任何活力。在讲述这两个方面的道理之后,牟宗三特别强调:"最大之弊病即在不能说明自发自律之道德,而只流于他律之道德。"这一句特别重要。道体原本是一个创生的实体,要保证其创生性,实体中必须有心的地位,即所谓有心义。有此心义,学理才能有活动性和创生性,反之,则没有活动性和创生性。这种没有活动性和创生性即为"性之道德义之减杀"。这种情况牟宗

① 牟宗三:《心体与性体》第三册,《牟宗三先生全集》第7卷,第269—270页。

三叫作"只存有而不活动",意思是说学理没有活动性,软弱无力,无法直接决定道德善行。"只存有而不活动"由此成为了牟宗三诠释宋明儒学最为重要的概念之一。

我非常重视牟宗三上面的表述,将这一思想概括为"道德无力"。"所谓'道德无力'就是在心性学理中道德本心的失位所造成的性体无法直接决定道德的现象。"①道德无力是一个重要理论问题,学理价值很高,但牟宗三的具体表述并不准确。从理论特性分析,朱子的确是由知识而不是由道德本心讲道德,但以知识讲道德造成的问题是使理论丧失活动性,是道德无力,而不是康德批评的道德他律。正因为此,我在《贡献与终结——牟宗三儒学思想研究》第二卷有这样一个基本判断:

　　由此不难得出这样一个重要结论:牟宗三批评朱子的真正意图,是嫌朱子学理有缺陷,道德理性只存有不活动,无法使自身成为实践的,是"道德无力",而他频频使用的"道德他律"一词,其实不过是阴差阳错误为朱子戴上的一顶帽子而已。这种情况套用此前的说法可以说是看对了病却叫错了病名。牟宗三一眼看到朱子学理存在"道德无力"的问题,其理论无法直接决定道德,做出了大贡献,这叫"看对了病";但他却将这个问题与康德的道德他律捆在一起,将其错误地表述为"道德他律",这

―――――――

① 杨泽波:《"道德他律"还是"道德无力"》,《哲学研究》2003年第6期。文句有修改。

叫"叫揸丁帽者"。这刑火取的负面作用很大，极大地干扰了读者的视线，使读者在阅读牟宗三相关著作的时候往往被自律和他律这些字眼所吸引，将注意力集中在能否以及如何运用康德道德自律理论研究儒学问题之上，而理性如何才能具有活动性，如何才能保证道德成为可能这一极具理论价值的问题，反倒不怎么被关注了。换言之，由于将"道德无力"误称为"道德他律"，理性如何才能保证道德成为可能，即理性如何使自身具有活动性，从而摆脱"道德无力"这一重大理论问题，几乎完全被围绕自律和他律产生的激烈争论的繁荣假象淹没了。[1]

牟宗三对朱子不满，真正的原因是嫌朱子学理只存有不活动，无法由知到行，这属于道德无力，不幸的是，他将这种情况错误地表述为道德他律。也就是说，牟宗三的真实目的，是批评朱子学理没有动能，即所谓"道德无力"，"道德他律"这种帽子完全是阴差阳错而误戴的。

卢教授没有注意到这个问题，仍然照本宣科式地维护牟宗三关于道德他律的说法，继续以此为由判定朱子为"旁出"。她说：

牟先生所以判朱子为"别子为宗"，关键在朱子讲他

---

① 杨泽波：《贡献与终结——牟宗三儒学思想研究》第二卷，第234—235页。

律道德。吾人知道,牟先生一再论明,孔子哲学传统之正宗在自律道德(意志自律),用象山、阳明的话说,就是"心即理",也就是天理发自本心。牟先生以此为准,判荀子、伊川、朱子"不是正宗",这判定是有客观依据的,因他们不能讲"心即理",用康德的话说,也就是不承认理性在意欲机能中立法。

> 凡一种伦理学说不能讲"心即理",即不承认天理自本心立,就属于他律道德。①

意思是说,两千多年来,儒学大宗坚持的都是道德自律,用象山、阳明的话说,就是坚持"心即理",朱子则主张"性即理",走向了道德他律,脱离了正确的方向。牟宗三判定朱子为"旁出",就是以此为据的。"千言万语,诸般不对,归到一点,就是朱子从孔孟开始的自律道德转为他律道德。"②前面讲过,关于这个问题台湾学界在二十世纪八十年代有过激烈的讨论,虽然这场讨论后来没有延续下来,但自此之后,人们普遍意识到将道德自律和道德他律引入儒学研究,一定会带来一定程度的不适。我则在这个基础上更进了一步,强调牟宗三引入道德自律学说研究儒学隐含着很大的风险,以道德他律为由判定朱子为"旁出"更是"看对了病"却"叫错了病名"。也就是说,牟宗三真切把握住了朱子学理缺少动能的问题,但

---

① 卢雪崑:《牟宗三哲学》,第431页。
② 卢雪崑:《牟宗三哲学》,第430页。

由于对康德道德自律概念理解⋯⋯偏颇，错将⋯⋯称
为道德他律，造成了很大的误会。

奇怪的是，这个重要的学术背景似乎完全不在卢教授的
视线之内，《牟宗三哲学——二十一世纪启蒙哲学之先河》一
书仍然原封不动地坚持牟宗三的说法，认定朱子学理的根本
失误是道德他律，为牟宗三定朱子为"旁出"张目。阅读卢教
授这些论述，我常有一种时光倒置的错觉，似乎时间一下子又
回到了三十年多前，不仅必须重新纠缠于道德自律还是道德
他律这些原本已经基本澄清的概念，而且无法发现隐藏在道
德他律这一概念背后牟宗三的真正用心，将道德无力这一含
有极高学术价值的思想内核发掘出来。人们常常批评目前学
术研究低端重复现象严重，卢教授维护牟宗三以道德他律为
由定朱子为旁出的做法，在我看来似乎也属于这种情况。

二、"三分法"视域下的"道德动力学"

既然朱子学理的问题不是道德他律，而是道德无力，那么
如何对这种现象加以合理的解说，就成了问题的关键。我对
这个问题的处理是以我多年来一直坚持的三分法为基础的。
我多次讲过，三分法源于我读研究生时的一个重要发现。上
世纪八十年代末期，我在读研究生期间，通过一个偶然的契
机，发现孔子思想结构不是西方道德学说中总体呈现的理性
和感性的两分模式，内部存在着智性、欲性、仁性三个因素。
以此为基础，我首次提出了"三分法"的概念。所谓"三分法"

即是将与成德成善相关的要素划分为智性、欲性、仁性三个要素,以区别于西方理性、感性两个要素的一种方法。

孔子思想内部第一个要素为智性。所谓"智性"简单说即是通过学习和认知而成就道德的一种能力。第二个要素为欲性。所谓"欲性"就是人们对现实生活中物欲的看法。智性和欲性与西方的(道德)理性和感性可以大致对应起来。孔子思想可贵之处在于除此之外还有第三个要素,这就是仁,可称为"仁性"。孔子关于仁的论述很多,但多是随宜指点。于是如何理解仁,就成了儒学研究中的重大课题。有的以"爱人"解仁,有的以"己欲立而立人,己欲达而达人"解仁,有的以"爱之理"解仁,有的以"全德之名"解仁。这些理解各有道理,但均不足以从理论上真正说明仁究竟是什么。自我从事儒学研究伊始,便不满意这种局面,希望能够突破这一局限,对仁进行一个真正的哲学式的说明。我的努力主要从两个方面展开。一是证明人天生就有一种自然生长的倾向,简称"生长倾向",这种倾向完全是先天的。二是证明人在现实生活中一定会受到社会生活和智性思维的影响,形成一种可以称之为伦理心境的东西,伦理心境来自后天,但又具有先在性。总体上说,仁性不过是建基于生长倾向之上的伦理心境而已。①

---

① 以伦理心境解说仁性是我《孟子性善论研究》一书的核心观点。该书先后共有三个版本,第一版中国社会科学出版社 1995 年发行,修订版中国人民大学出版社 2010 年发行,再修订版上海人民出版社 2016 年发行。这些版本具体表述多有改动,但将孔子之仁,孟子之良心统称为仁性,进而界定为伦理心境则是一致的。

自发省下一片认的想法后，本能地意识到它的潜力非常大，以此可以解决很多过去难以解决的问题，不断对其进行调整，使之尽可能趋于完善。直到二十多年后，在将自己对儒学的理解加以梳理，建构儒家生生伦理学的时候，又对其作了一次大的改造。这个时候我发现，我之前只是注意到了在一门完整的道德学说中当有智性、欲性、仁性三个要素，但忽视了一个重要问题：我们是怎么知道自己是有智性、欲性、仁性的？这个问题不解决，整个研究就仍然有独断论的嫌疑，无法完善起来。为此，我不得不将研究的起点进一步向前移，不再简单确定智性、欲性、仁性，规定各自的功能及相互关系，而是进一步说明我们是如何知道自己是有智性、欲性、仁性的。在解决这个问题的过程中，笛卡尔"我思故我在"的命题对我有很大的帮助。在笛卡尔那里，"思"既可以指我感知到我在思考，又可以指我在思考，还可以指对前两种情况加以反思。在这三种可能的解释中，唯有第一种具有初始的意义。笛卡尔讲"我思故我在"主要是强调"我感知到我在思考"，这种感知是自明的，不能再怀疑的，是第一性的，所以"我存在"。于是"我思"便成了笛卡尔整个学说的阿基米德之点。受此启发，我将儒家生生伦理学的逻辑起点确定为"我觉故我在"。"觉"是中国非常古老的用语，有"寤""晓"的含义，一般指醒悟，如觉悟、觉醒，又指人受刺激后对事物的感受辨别，如感觉、知觉。觉的对象既可以指向外部，也可以指向内部。向外的觉为"外觉"，向内的觉为"内觉"。"我觉故我在"的觉主要指"内觉"。

通过"内觉"我们可以发现智性。在现实生活中,人们要思考如何成德成善的问题。我们在进行这种思考的时候,因为有"内觉"的能力,可以觉知到自己正在思考。也就是说,因为有"内觉"的能力,当我思考如何成德成善问题的时候,知道这种活动正在进行,进而知道自己有这种思考问题的能力,这种能力就是智性。虽然光有这一步还不行,还需要通过其他方式对此加以证明,但那是之后的事,在研究的初始阶段,不需要其他前提,仅凭"内觉"就可以知晓自己是有智性的。

通过"内觉"我们可以发现欲性。人要生存,一定有食色的要求。人生下来就要吃喝住行,就有欲性,这是非常自然的事情。问题是,此前我们对于欲性的肯定过于简单了,只是把它作为一个事实接受了下来,忽视了我们是怎么知道自己有吃喝住行这些要求的。这是一个重要问题,它提醒我们,欲性本身不能成为一门学说的逻辑起点,有比欲性更为基础的东西。在儒家生生伦理学系统中,这个东西就是"内觉"。人有"内觉"的能力,当自己需求物欲,比如饿了想吃,渴了想喝的时候,"内觉"能力可以使人觉知到自己正在提出这种要求。[1]

"内觉"不仅可以使我们发现自己的智性和欲性,更重要

---

[1]　这个问题有很强的现实意义。近来,不少学者提出了类似的看法,如"我欲故我在""我行故我在"等等。在我看来,这些说法仍然没有完全摆脱独断论的阴影,隐含有一个根本性的缺陷:我们是怎么知道"我欲""我行"的。反之,"我觉故我在"就没有这个问题了。"我觉"是第一性的,因为"我觉",所以可以确认自己的智性、欲性乃至仁性。虽然这只是问题的第一步,之后还需要其他工作对这种"觉"以及"觉"的内容加以确认,但以这种"觉"作为作为一门学说的阿基米德之点,则是确定无疑的。

的是还可以发现自己的仁性。"内省""反求"是孔子和孟子的重要主张,学界历来都很重视,强调成德成善眼光必须向内,不能向外。这种理解自然有道理,但不够深入。从更深的角度来看,这个问题当上升到"内觉"的高度。人有"内觉"的能力,在良心呈现的同时,可以觉知它正在呈现。孔子的"内省",孟子的"反求"所要表达的都是这个道理。也就是说,无论是"内省"还是"反求",其基础都是内在的道德根据,即所谓仁性。仁性遇事定会显现自己,而在仁性呈现的那一刹那,自己有"内觉"的能力,对其有所觉知,从而可以觉察到自己的仁性。明确这个道理有助于我们明白,单单指出人有仁性,指出仁性可以当下呈现,尚不是究竟之法,除此之外还必须确定人有"内觉"的能力,依靠这种能力,我们才可以觉知仁性的呈现,发现自己的仁性。

通过"内觉"分别发现智性、欲性、仁性,不仅使儒家生生伦理学有了扎实的根基,跳出了独断的泥潭,而且彻底打破了西方理性、感性两分法的局限。于我而言,这种做法最直接的好处,是有助于理解休谟伦理难题何以无法在孔子思想中立身的问题。在西方道德学说理性和感性的两分模式中,理性是道德的根据,感性是将人引向恶的力量,人通过理性可以制定或发现道德法则,从而按它的要求去做。但这只是理想的情况。休谟发现,"理性是完全不活动的,永不能成为像良心或道德感那样,一个活动原则的源泉"[1],"理性是完全没有主

---

① 休谟:《人性论》,关文运译、郑之骧校,商务印书馆,1980 年,第 498—499 页。

动力的"①。休谟所说的"不活动"意指理性自身没有动能,不能成为道德根据,道德根据只能在道德情感中确认。休谟伦理难题"是"与"应该"的矛盾,就是由此引申出来的。将西方这种思维模式与孔子思想放在一起比较,孔子思想的特殊性立即就显现出来了。孔子思想不仅有智性和欲性,而且还有仁性。有了仁性,智性认识到的事物,便有了行动的动力。孔子的现实生活提供了鲜活的实例。听说陈恒杀齐简公,有了是非判断后,孔子立即"沐浴而朝"劝哀公加以讨伐。在这个知与行之间有紧密的关联,而这个关联用孔子的话讲就是"以吾从大夫之后,不敢不告"②。"不敢"是迫于自己的内心,这个内心就是仁性。可见,把"陈恒弑君"这个"是"与"沐浴而朝"这个"应该"连接起来的,正是仁性。这个案例告诉我们这样一个重要道理:在一门道德学说中,智性本身没有动力,有动力是由仁性提供的,以仁性作为保障,这门学说才能具有活力,能够动起来。③

我关注这个问题时已经开始学习和研究牟宗三了。牟宗三的一对重要概念对我有很大启发,这就是"即存有即活动"和"只存有而不活动"。牟宗三指出:

> 关于此点,吾已随处屡言之,此即实体之为"即存有

---

① 休谟:《人性论》,第497—498页。
② 《论语·宪问》第二十一章。
③ 杨泽波:《儒家生生伦理学对休谟伦理难题的破解》,《社会科学》2018年第10期。

即活动"与"只存有而不活动"之别，依朱子对于"存在之然"所作的"存有论的解析"，其由存在之然推证其所以然之理，其如此把握的实体(性体、道体)只能是理，而不能有心义与神义，此即实体只成存有而不活动者，因此，即丧失其创生义。然依孟子"本心即性"义，以及原初的"维天之命，於穆不已"与夫《中庸》之言诚体、《易传》之言神体，则性体道体本即是道德创生的实体，其自身是理是心亦即是神，是则实体是"即存有即活动"者(活动是 activity 义，不是 motion 义)，而不是"只存有而不活动"者。①

牟宗三将道德学说区分为两种状态：一是"即存有即活动"，以孟子、《中庸》、《易传》为代表的儒家大宗属于这种情况；二是"只存有而不活动"，朱子属于这种情况。朱子学理最大的问题是只对"存在之然"进行"存有论的解析"，由存在之然推论其所以然之理，致使其学理"不能有心义与神义""只存有而不活动"。这个问题引起了我极大的兴趣。牟宗三强调，这里的"心义"即是孟子之本心义，一门道德学说必须有孟子之本心义才有活动性，否则便没有活动性。为什么会有这种情况？在确定了三分法后，我对这个问题有了自己的理解。在这个新方法系统中，与成德成善相关，除欲性外，还有智性

①　牟宗三：《心体与性体》第三册，《牟宗三先生全集》第 7 卷，第531 页。

和仁性两个要素。智性大致相当于西方哲学中的道德理性，休谟证明了"理性是完全没有主动力的""理性是完全不活动的"，所以智性没有动能，这就是"只存有而不活动"。仁性就不同了，仁性就是孔子之仁，孟子之良心，"理义之悦我心，犹刍豢之悦我口"①，自身充满动能，知了可以行，知了必须行，这就是"即存有即活动"。在一门完整的道德学说中，必须保证仁性到位，否则只靠智性，其学说必然没有动能，最终沦为死理。

这一看法我坚持了很多年，在建构儒家生生伦理学的过程中，又以此为基础提出了"道德动力学"这一重要命题。《儒家生生伦理学引论》有这样一段说明：

> 仁性之所以有此神奇作用，是因为仁性分别来自生长倾向和伦理心境。这两个来源从逻辑上可以推出人是一个先在的道德存在的结论。人是一个先在的道德存在，是一个价值很高的判断，可以帮助我们明白，人本身就有道德的要求，这种要求完全来于自身，不是迫于外部的压力。在现实道德生活中，仁性不仅可以自知是非，而且自有动力，自发动能，凡是智性认为是正确的，即自觉去行，凡是智性认为是错误的，即自觉去止。这种自有动力、自发动能的情景，就是我所说的"道德动力学"。②

---

① 《孟子·告子上》第七章。
② 杨泽波：《儒家生生伦理学引论》，北京：商务印书馆 2020 年，第337 页。

仁性之所以能够提供动能，与仁性的构成密不可分。仁性一方面来自天生即有的生长倾向，一方面来自社会生活和智性思维对内心影响而形成的伦理心境。以此解说仁性可以帮助我们明白，人心并非一块白板，上面早就有了道德的内容。因为"早就有了"道德的内容，所以人是有先在性的。这里所说"先在"有两个所指。一是指生长倾向，生长倾向是天生的，可以称为"先天而先在"。二是伦理心境，伦理心境来自社会生活和智性思维对内心的影响，是后天的，但这种来自后天的伦理心境同样有先在性，可以称为"后天而先在"①。由人有先在性，先在性充满道德内容，我进一步得出了"人是一个先在的道德存在"的结论。这个结论学术价值很高。因为人是先在的道德存在，所以道德原本就是自己的要求，遇事不需要外力的强制，见到是就有动力去做，见到非就有动力去止，恰如植物有对水分、阳光的要求，动物有进食、求偶的要求，自己就会追求这种要求，满足这些要求一样。我建立"道德动力学"，就是要从理论上说明这个道理。从这个意义上说，"道德动力学"其实就是仁性动力学，或者说是以仁性作为动力以保障智性具有活动性之学。朱子学理缺少动能，根本原因在于对仁性的理解不深不透，致使仁性缺位，无法正常发挥作用。要而言之，"仁性缺位"是朱子"道德无力"的根本原因。

---

① 参见杨泽波：《经验抑或先验——儒家生生伦理学的一个自我辩护》，《社会科学战线》2019 年第 2 期。

由此可以明白,三分法是"道德动力学"的基础,没有三分法,没有智性和仁性的划分,不可能有"道德动力学"。在三分法的视域下,人要成德成善当然必须思考与之相关的问题,这是智性的功能。但切勿忘记了,智性虽不可少,但"完全没有主动力","是完全不活动的"。要使其有活动性,能够动起来,必须依靠仁性。仁性最重要的特征是具有先在性,这种先在性决定人原本就对道德法则感兴趣,就有道德的要求。将智性和仁性区分开来,最重要的意义之一就在这里。如果不作出这种区分,将二者混并为一,我们很难准确说清一种理论为什么能够具有动能,为什么能够在现实生活中发挥作用。历史上不少人关注过这个问题,休谟重情感,康德讲敬畏,牟宗三讲活动,都与这个问题有关。但限于两分法的局限,他们都没有把这个问题真正说清楚。三分法提供了很好的平台,借助这个平台,按照这种方法,要使一门道德学说能够动起来,必须有仁性。这样一来,我对牟宗三"即存有即活动""只存有而不活动"这两个概念就有了更深的理解。正因于此,我常说突破理性、感性的两分模式,在孔子的思想内部划分出智性、欲性、仁性三个要素,建立三分法,是我最重要的发现,也是我学术立身的根本。①

然而,卢教授完全不认可我的努力,不仅不接受"道德动力学",更是全面否定了三分法。她的批评主要围绕三

---

① 杨泽波:《真幸运,我找到了那个"三"》,《孟子研究》第一辑,北京:中国文史出版社,2018 年。

不日而兩斫，一是你斫一斫砍的首創性，卢教授这样
写道：

> 杨教授所谓"三分法"，"把人与道德相关的要素划
> 分为欲性、仁性、智性三个部分"。他视伦理心境为"仁
> 性"，人的生存为"欲性"，学习和认知的官能为"智性"，
> 吾人见到，这不过是一种散列的、无关联的、对人类特殊
> 构造的随意条例。但杨教授却自以为他的"三分法"克
> 服了西方道德学说感性与理性两分格局，就像他完全无
> 知于康德通过三大批判而作出的人类心灵机能（知、情、
> 意）的通贯整体考论，如吾人一再论明：康德的道德哲学
> 从根本上颠覆了西方哲学传统感性与理性的二分
> 架构。①

在卢教授看来，康德早有了知、情、意之三分，我却把三分法当
成了自己的发现，贪人之功，自视过高。为此我需要作两点说
明。首先，康德的三分与我的三分所指不同。康德认为，人类
的心灵机能可用于三个领域，《纯粹理性批判》讲认识论，此
为知，《实践理性批判》讲伦理学，此为意，《判断力批判》讲美
感，此为情。这就是知、情、意之三分。我的三分则是专就道
德结构，也就是康德所说的"意"而言的，意思是说，对道德结
构来说，内部有智性、欲性、仁性三个要素，这与康德的知、情、

---

① 卢雪崑:《牟宗三哲学》，第394页。

意三分不是同一个问题。其次,康德的道德哲学仍然是两分而非三分。我们知道,除知、情、意三分外,康德还将人的认知能力划分为感性、知性、理性。感性通过感官获得零散的感觉表象,知性运用逻辑范畴对感性材料进行综合整理,理性则是建立最高原理的能力。但是在这种划分中,理性究竟起什么作用一直多有争论,以至于有人批评康德的思维方式实质仍然是感性、知性之两分。更为重要的是,我在研读康德时发现一个有趣的现象:康德认识论中这种感性、知性、理性的三分结构,在道德领域很难看到。也就是说,《纯粹理性批判》的方法的确是三分的,但《道德形而上学的奠基》和《实践理性批判》,很难见到感性、知性、理性三分的影子,实际上仍然是感性、理性的两分格局。为什么会有这种情况,需要进一步研究。但可以肯定的,康德没有以三分的模式进行实践理性的批判,我从孔子思想结构中剥离出智性、欲性、仁性三个要素,在康德那里是没有的。从这个意义出发,将智性、欲性、仁性之三分法归为我的发现,并没有掠他人之美。①

二是批评三分法混淆了理论理性和道德理性的关系。卢教授这样写道:

---

① 另外,必须强调的是,历史上很多人都在这方面做出过努力。早在古希腊就有类似的划分,近代以来罗素也有相近的论述,梁漱溟直接将与道德相关的要素分为本能、理智、理性三种,庞朴更是明确提出过一分为三的著名命题。但这些努力都有各自的不足,尚不足以构成一种成形的三分法。详见《儒家生生伦理学引论》第五十一节"历史上的相似理论及其不足"。

卢雪崑以为康德"运用理性的思辨能力"、"从而认发最高道德法则",属于"以知识讲道德",显见其完全无知于康德批判哲学对于理性的思辨使用与实践使用作出的区分,故将实践认知与理论认知混为一谈。杨泽波跟许多学者一样,以为康德在其道德哲学(实践的哲学)中也使用分解以立义的方法,分析说明及超越的方法,就认为康德"以知识讲道德"。究其实是他们本人无知于康德哲学中"实践的认识"跟理论哲学中的知识根本不同。①

这是说,三分法混淆了两种不同理性,即理论理性和道德理性,是一个不应有失误。前面讲了,我的三分法只是就道德结构而言的,只限于康德所说的道德理性的范围,因此,三分法说的智性只相当于康德的道德理性,并不是将理论理性跨界到道德领域来解决道德问题。也就是说,我在正宗与旁出问题上讲的三分法只涉及道德理性,不涉及理论理性,没有造成两种不同理性的混淆。理论理性和道德理性分属不同层次,我再无知,再疏忽,这个关系还是分得清的。

三是不赞成将智性和仁性区分开来,她说:

杨教授所谓"仁性"根本违离孔子言仁之大根大本,

---

① 卢雪崑:《牟宗三哲学》,第433页。

言"智性"也不合孔子"仁智相彰"所言"智"之本旨;尤为
甚者,他将"仁"与"智"分割而论。象山、阳明岂有只言
"仁"而不言"智"?! 牟先生判伊川、朱子之为旁出,又岂
在其"智"?! 心学理学之争要害何在?! 依孔子,"道德
的根据"何在?! 在"仁"。凡将孔子言"仁"认坏了,即是
旁出。杨教授本人连孔子言"仁"之大旨都违离了,又凭
什么能指责牟先生"强行划分正宗与旁出"呢?!①

三分法的一项重要工作是将智性和仁性分开处理。智性和仁
性有着不同的特点。比如,智性是未成的,仁性是既成的;智
性是回忆的,仁性是当下的;智性排除情感,仁性饱含情感;智
性是推证,仁性是直觉;智性是表诠,仁性是遮诠;智性是分别
说,仁性是非分别说;智性是正的方法,仁性是负的方法。所
以将二者区分来开,有着扎实的基础。但是,将智性和仁性区
分开来,并不是将其完全分割,二者始终保持着密切的关联,
构成一个有机的整体。② 从儒学发展史的角度看,我划分智
性和仁性也不是说孟子、象山、阳明只讲仁,荀子、伊川、朱子

① 卢雪崑:《牟宗三哲学》,第 429 页。
② 自我提出三分法以来,一直在为如何处理仁性和智性的辩证关
系而努力。一段时间,我曾将这个关系定性为两句话:"以其层面而言,
以智性为上;以其所本而言,以仁性为重。"(杨泽波:《孟子性善论研
究》,北京:中国社会科学出版社,1995 年,第 11 页)前者是说,不能以仁
性为满足,仁性还必须进至智性。后者是说,智性本身不是目的,目的是
力行成仁,智性必须落实在仁性上。后来,在建构儒家生生伦理学时更
加重视这个问题,《儒家生生伦理学引论》专门辟有辩证篇,就是要以仁
性和智性的辩证关系解决诸多理论难题和现实难题。

只讲智。仁和智、尊德性和道问学是儒学重要范畴，早已成日常话语，没有谁能离得开。但讲归讲，能体会到什么程度是另外一回事。荀子也讲仁，但他对仁的理解远不透彻，仁在其学理中不起实质作用，由此将荀子归入智性的系统是有据可寻的。朱子也讲仁，但他对仁的体会同样不透，不了解仁的思维方式是直觉，所以思想的重点偏向了智性。反过来说，象山、阳明何尝不讲学习，但他们讲的学习不在成德过程中起实质作用，所以只能归为仁性系统。这些问题我在之前的研究中反复作过说明，如果稍加关注，即可以明白我绝没有将仁性和智性截然分割的意思，而始终将其视为一个整体。① 十分遗憾，这些成果未能引起卢教授的注意。

由上可知，三分法是一个重要的创建，它打破了传统理性、感性两分的模式，在思维方式上带来了根本性的变化。这种变化对于牟宗三研究而言有重要意义。牟宗三将朱子定性为"旁出"，表面是以他律为名，实则是认为朱子学理没有动力。这本是一个极有价值的思想，牟宗三的解说也很有意义，但因为他囿于两分法的框架，加之对道德他律概念理解有误，一些问题未能完全说清楚，以至于不少人很难明白"只存有而不活动""即存有即活动"这些说法背后的道理。有了三分法，情况就大为改观了。按照这种新方法，在一个完整的道德学说中，智性和仁性都是道德的根据，但二者的作用不同。智

① 这方面的成果散见于我之前的单篇文章，后来我将这些成果吸收到《儒学谱系论》（北京：人民出版社 2023 年）的不同章节之中，形成了一个有机的整体。

性可以认识与道德相关的对象,既有外识,又有内识,其自身没有动能。仁性是孔子之仁,孟子之良心,本质是伦理心境。因为人有伦理心境,伦理心境有先在性,所以人是一个先在的道德存在,原本就对道德感兴趣,就有道德的要求,这种兴趣和要求就是道德动力的源泉。一个完整的道德学说不能只有智性,还必须有仁性,由仁性提供动力,其学说才能有活动性,"道德动力学"就是为了阐明这个道理。由此可知,"道德动力学"的基础全在三分法,没有三分法就不可能有"道德动力学",就不可能对道德动力问题作出透彻的解说,进而彻底消除围绕道德自律和道德他律问题的混乱。卢教授不认可三分法,自然也不可能接受我对道德动力问题的说明了。

三、绝非"旁出":朱子在"一源两流"
格局中的位置

三分法是一个重要发现,有了这个发现,不仅可以合理解说道德无力的原因,对儒学发展的整体脉络也可以有一个全新的认识。孔子生于乱世之秋,盛行数百年的周代礼乐之制受到了强烈的冲击。孔子提出了复周礼的主张,为此作出了巨大的努力。要复礼必须首先了解礼,于是学礼知礼便成了孔子生活的重要内容,这方面的内容即为智性。但孔子的这种努力并不顺利,经历了一系列挫折后,他明白了行礼必须有可靠的思想基础,否则知道了礼也可以不去行。为此他大大丰富了之前就有的仁字的内涵,创立了仁的学说,将行礼的基础基实在仁上,这方面的内容即为仁性。这个特性特意点明了在孔子思想中成德成善既离不开礼,也离不开仁,既离不开智,也离不开仁。注意到孔子思想有这两个方面并不困难,但礼仁相合,智仁相合的深层意义,长期以来并没有被真正发掘出来,孔子思想结构的特殊性也始终隐而不彰。

孔子之后,其思想分别沿着两个方向发展。一个方向以孟子为代表。孔子创立了仁的学说,但没有说明仁究竟是什么以及仁来自何处。要将仁的学说贯彻到底,必须回答这两个问题。为此,孟子创立了性善论。在孟子看来,人人都有良心,成德成善最重要的是反求诸己,真诚按良心的要求去做。这一义理大大发展了孔子的仁性,奠定了后来心学的基础,但孟子发力过猛,心灵完全偏向了仁性,忽视了孔子通过学习以掌握礼的内容,冷落了智性。这就是说,虽然孟子以孔子私淑弟子自居,但其思想只有仁性,缺了智性,与孔子思想并不完全一致。这就是我多年来一直强调的孔孟心性之学的分歧。"孔孟心性之学的分歧是儒学发展头等重大事件,再没有其他因素的影响能超过它了,甚至不忌讳使用'头等重大事件'这种比较'硬'的表达方式。"①

另一个方向以荀子为代表。荀子敏锐地看到了孟子思想的缺陷,提出性恶论加以对抗。荀子以生之自然之资质为性。人生在世,必然有物质欲望,任其无限度发展必然产生争夺,

①　杨泽波:《孟子达成的只是伦理之善》,《复旦学报》(社会科学版)2021 年第 2 期。

导致天下大乱。但人同时还有认知的能力,可以学习掌握圣人制定的礼义法度。在阐述这个道理时,荀子关于学习认知的论述特别精彩。在他看来,因为人有认知的能力,可以"知道","知道"之后可以"守道",由此出发就可以达到以礼义法度治理国家的目的了。荀子思想的这些内容,基础全在智性,是对孔子相关思想的重大推进。但矫枉过正,荀子思想的重点全放了智性之上,对仁性有所忽略,其所言之仁没有先在性和逆觉性①,事实上造成了仁性的缺位,无法解决认识礼义法度后如何自愿而行的问题,饱受后人诟病。

到了宋代,经过濂溪、横渠的努力,二程正式拉开了宋明儒学的大幕。二程不仅明确以天理作为儒家学理的形上基础,在道德践行问题上也开辟了两条不同的路线:明道偏重于仁性,特重识仁,伊川偏重于智性,特重认知。朱子受伊川影响更大,特别重视《大学》,重视格物致知,大大加强了智性的力量。但另一方面,朱子又反对"以心识心",不了解仁性的思维方式是直觉,对仁性的把握有欠深透。象山很快发现了这个问题,抓住这个弱项,大力攻讦,掀起了朱陆之争。三百年后,阳明复出,重新站在心学立场上,掀起了对于朱子学理的批判。阳明之学始倡知行合一,再主致良知,理论基础全在良知。阳明心学虽然可以从不同角度诠释,但基本义理同孟子、象山一样,都是以仁性为基础的。

---

① 杨泽波:《先在性与逆觉性的缺失——儒家生生伦理学对荀子论仁的内在缺陷的分析》,《哲学研究》2021 年第 3 期。

由此说来,孔子创立儒学,建立了智性、欲性、仁性的三分结构后,儒学后来的发展并不顺利,人们往往只能得其一翼,难以得其全貌,从而沿着两个不同方向发展。我将这种特殊现象称为"一源两流"。"一源"指孔子,"两流"一是指孟子为代表的仁性之流,二是指荀子为代表的智性之流。宋代之后,孟子代表的仁性之流与荀子代表的智性之流又有了新的发展:仁性之流进化为心学,代表人物是象山、阳明;智性之流变形为理学,代表人物是伊川、朱子。以往的先秦儒学研究和宋明儒学研究眼光过于狭隘,多局限于孟子与荀子或心学与理学本身。假如能够站得高一些,坚持三分法,不难看出,孟子与荀子之争必然发展为心学与理学之争,而心学与理学之争也正是孟子与荀子之争的变形延续,其核心均离不开仁性和智性的关系。

在"一源两流"的总体格局中,特别需要关注的是朱子。历史上关于朱子的地位一直争论不断,其中的关键又在于如何理解其格物致知的思想。"致,推致也。知,犹识也。推极吾之知识,欲其所知无不尽也。格,至也;物,犹事也。穷至事物之理,欲其极处无不到也。"①这是朱子为格物致知作的最重要界定。照此说法,格物致知是学习认知事物以达其极的意思。但朱子这一说法的意义何在,如何正确评判,则大有讲究。三分法为此提供了一种新的可能。在三分法系统中,格物致知是一种学习和认识的能力,属于智性的范畴,有两个

---

① 　朱熹:《四书章句集注》,北京:商务印书馆,1983 年,第 4 页。

所指。

一个所指是向外的。人在社会中生活,社会生活有自己的规则(如社会制度,行为规范等等),这些规则人不可能生而知之,必须通过学习才能了解和掌握。因为社会规则在人身外,了解和掌握这些规则的方向指向外面,所以这种学习认知可以称为"外识"。外识是智性的重要内容。这方面的思想早在孔子就已经确定了。在孔子看来,人要成德成善,离不开外向性的学习。"博学于文,约之以礼"①是孔子的重要思想。这里的"文"指诗书礼乐、著作义理,特别是典章制度。孔子讲的学,除射御书数这些一般内容外,主要指礼乐。礼乐是治理国家的一整套制度,在外不在内,所以学习礼乐属于外识的范畴。

另一个所指是向内的。仁是孔子的重要思想,在孔子看来,要找到自己的仁,必须走内求的路线。向内求到自己的仁之后,仁不仅可以发布是非标准,告知何者为是,何者为非,而且可以提供强大的动能,迫使人必须行是止非。向内求仁这一步非常重要,但就理论的完整性而言,并不能止步于此,还需要对其加以再认识。因为这种再认识的方向是向内的,所以可以称为"内识"。内识同样是智性的重要内容。与外识相比,内识要复杂得多。限于历史条件,孔子尚未讲到这方面的问题,这个问题直到一千多年之后的朱子才开始有所涉及。

朱子非常重视《大学》,将古本分为经传两个部分,并"窃

① 《论语·雍也》第二十七章。

取程子之意，加写了格物致知补传。格物致知补传字数不多，但鲜明地表达了朱子的立意，其中"是以大学始教，必使学者即凡天下之物，莫不因其已知之理而益穷之，以求至乎其极"一句，最能体现朱子的深刻用心。按照这一说法，天下之物都有"已知之理"，但不能到此为止，还必须在此基础上"益穷之"，直至达到其极。这一思想又叫"以其然求其所以然"。朱子明确区分了"所当然之则"与"所以然之故"。前者（"所当然之则"）指道德的当然法则，如"事亲当孝，事兄当弟之类，便是当然之则"①，此为小学之法。后者（"所以然之故"）指"所当然之则"背后的原因和道理，此为大学之道。格物致知的目的就是由前者达至后者。"如知得君之仁，臣之敬，子之孝，父之慈，是知此事也；又知得君之所以仁，臣之所以敬，父之所以慈，子之所以孝，是觉此理也。"②朱子特别强调，知道忠恕孝悌这些现成的行为规范远远不够，还要进一步了解背后的道理。正因于此，朱子反复教导弟子，对事物千万不能只是粗知一二，必须按《大学》格物致知博学审问慎思明辨的要求发展。

从三分法的角度分析，朱子这一思想蕴含着深刻的道理。人人心中都有"已知之理"，都知君之仁，臣之敬，这属于仁性。成德成善当然需要仁性，但仅此还不够，还必须对其加以再认识，以了解掌握背后的道理，这属于智性。这个关系足以说明，

① 朱熹:《朱子语类》卷十八，北京:中华书局，1986 年，第二册，第 414 页。

② 朱熹:《朱子语类》卷十七，第 383—384 页。

朱子重视格物致知,除"外识"即通过学习掌握外在的行为规范之外,一定还含有"内识",意在强调借助智性对每个人内心的"已知之理"加以再认识,"益穷之",由"小学之法"上升至"大学之道"。这其实也就是"尊德性和道问学"的关系。朱子十分重视《中庸》"君子尊德性而道问学"的说法,认为"尊德性"和"道问学"属于不同的方面,都是修德凝道不可或缺的内容。"尊德性"属于"存心","道问学"属于"致知"。"存心"和"致知"两个方面相互为用,没有"存心"谈不上"致知","存心"又不可以不"致知"。"尊德性,所以存心而极乎道体之大也。道问学,所以致知而尽乎道体之细也。"①要成德成善,首先要"尊德性",除此之外,还要"道问学"。去除一些不重要的因素,朱子上述思想无论如何都包含着通过"道问学"(即智性)对"尊德性"(即仁性)加以再认识的内容。

朱子这一思想包含的深刻价值,透过唯识宗可以得到很好的理解。在唯识宗看来,人的认识不仅有见分、相分,还有自证分,这就是所谓的三分。有人不满意于这种划分,主张必须再讲一个第四分,即证自证。玄奘认为,之所以必须第四分是因为,第一,如果没有第四分,无法证明第三分;第二,如果没有第四分,自证分没有结果。唯识宗的四分理论告诉我们一个重要道理:人的意识包含自证分,有了自证分人才能觉知自己的意识,觉知自己的看、听等活动,但这种活动到此尚未得到证明,要对这种活动加以证明,必须再加一分,这就是

---

① 朱熹:《四书章句集注》,第35页。

证自证分）。只有确立了证自证分，自证分才能得到确证，整个认识的过程才能够得以完成。

康德的启发就更为直接了。在《道德形而上学奠基》中，康德注意到，在社会生活中存在着一种普通的伦理理性，有了这种伦理理性，即使不教给人们新东西，人们也知道如何去做。但普通的伦理理性容易出问题，面对较为复杂的情况容易陷入"自然辩证法"。为此必须对其进行哲学反思，抽象提高，将其上升到哲学的形而上学的层面，成为一门真正的科学。要达到这一目的，必须站在"有理性的存在者"的高度，从纯粹实践理性推演出道德法则。人作为"有理性的存在者"与自然物最大的不同，便在于人有意志，可以按照自己为自己规定的法则而行动。这种法则不能是假言的，不能预设任何其他的目的，必须从理性本身出发，必须是定言的，是一种"绝对命令"。虽然后来在《实践理性批判》中，康德改变了论证的思路，直接把这种定言的绝对命令称为"理性的事实"，以此作为重要的逻辑支点，但《道德形而上学奠基》这一思路仍然有重要意义。它告诉我们，建立一门真正的可以称为形上学的道德学说，不能满足于普通的伦理理性，还必须对其加以再认识，使其不断提高。

现相学同样涉及这方面的道理。胡塞尔对笛卡尔"我思故我在"的命题进行了现相学的研究，特别关注"我思"的直觉意义。他认为"我思故我在"是因为我在思的过程中，可以通过直觉意识到自己的存在，此为"自我意识"（self‑consciousness）。但胡塞尔强调，"自我意识"还不是"自我认识"

（self-knowledge）。"自我意识"只是意识到自己的存在,觉知到自己的存在,尚没有构成对自我的认识,还没有完成对于自我的完整认知过程。"自我认识"则是对"自我意识"的再认识,是"自我意识"的进一步发展。换言之,"自我意识"是整个认识过程的第一步,光有这一步还不行,还必须在此基础上进一步对其进行再认识,最终完成整个认识的过程。这种对于"自我意识"的再认识,即为"自我认识"。

通过上面的分析,不难明白,在现实生活中,人的具体善行不是从学习或制定行为规范开始的,而是始于眼光内收发现自己身上的道德根据,这是心学最重要的原则。但成德成善的过程不能止步于此,还必须动用认知的能力,对自己身上的道德根据加以再认识。这种再认识在不同学理系统中有不同说法,在朱子叫"求其所以然",在唯识宗叫"证自证分",在康德叫"从普通的伦理理性到道德理性",在胡塞尔叫"自我认识"。这些不同说法的学理背景有很大差异,但表达了一个相同的意思,即不能满足于已有的东西,必须进一步对其加以再认识。朱子的这种致思取向是非常明显的。他讲格物致知,因为处于初起阶段,难免有讲得不够明确的地方,乃至使人联想到了自然科学。但如果明白仁性和智性的关系,可以清楚看到,朱子此举真正的用意,是不满足于心中的"已知之理",希望对其加以深入的了解,换言之,也就是不满足于已有的仁性,希望以智性通过"内识"对其加以再认识。这一思想的合理性可以得到唯识宗、康德、现相学的证明,包含着极强的合理性。

卢教授不赞成我的这种理解，批评说：

> 牟先生已一再论明，儒家哲学传统之共识在孔子践
> 仁知天、孟子尽心知性知天所显示的道德的形上学。而
> 儒家的道德的形上学关键在道德的创造主体之确立，此
> 创造主体乃由自身立普遍法则（道德法则、天理）并依自
> 立之普遍法则而行，据此创造人自身为道德之实存，以及
> 创造世界为道德的世界。杨教授看不到儒家哲学传统之
> 共识，故亦不能接受牟先生以此共识为准裁定宋明九子
> 为正宗，而伊川、朱子为旁出。①

在卢教授看来，儒学发展有一个共识，这就是孔子"践仁知
天"，孟子"尽心知性知天"所显示的道德形上学。这种道德
形上学最重要的内容是建立道德的主体，以此建立普遍法则。
牟宗三依据这个原理"裁定宋明九子为正宗"②，伊川、朱子为
旁出。前面已经证明，孔子思想内部与道德根据相关的因素，
既有仁性又有智性。由仁性发展出后来的心学，以孟子、象
山、阳明为代表，由智性发展出后来的理学，以荀子、伊川、朱
子为代表（暂且不论先秦时期尚无心学和理学之名）。这两

---

① 卢雪崑：《牟宗三哲学》，第429—430页。
② 此处"裁定宋明九子为正宗"之"九子"或为"七子"之误，牟
宗三梳理儒学发展三系，濂溪、横渠、明道尚未划系，其下五峰、蕺山为
一系，象山、阳明为一系，伊川、朱子为一系。除伊川、朱子外均为正
宗，而这个正宗当含濂溪、横渠、明道、五峰、蕺山、象山、阳明七人，而
非九人。

个不同的系统都有自身的问题,但对于发展孔子的仁和智又都有自己的贡献,怎么能仅仅因为朱子重格物致知而判其为旁出呢? 这里关键在于是否承认孔子思想内部既有仁性又有智性,是否承认在一个完善的道德学说中智性有重要的作用。如果说"凡将孔子言'仁'认坏了"即是旁出的话,那完全有理由说"凡将孔子言'智'认坏了"也是旁出。智性对外可以了解和掌握外在的行为规范,对内可以对心中的"已知之理"加以再认识。哪怕不从哲学的高度分析,仅凭生活常识也可以明白,智性这两个方面的重要作用是绝对不可缺少的。放着如此浅显的道理不管不顾,只是为了维护牟宗三的说法,坚持定朱子为旁出,不知其学理意义何在。

由此说来,朱子对仁性体会不透,有严重缺陷,但其学说并非没有意义,"因其已知之理而益穷之"的思想更是第一次涉及以智性对仁性加以再认识的内容,意义极其深远。在两千多年儒学发展"一源两流"的格局中,朱子沿着孔子学习认知的路线走,对智性有重大的发展,有其独特的合理性,占有重要的一席之地,绝不是旁出,也绝不应判为旁出。牟宗三定朱子为旁出是站在仁性立场而非仁智双全的立场上讲话的,思想明显有偏,后人跳不出其框架,为"旁出说"作辩护,思想同样是有偏,很难经得住深入的理论分析。

作者发表的与"旁出"问题相关文章之名录

1.《论牟宗三性善论研究》,《复旦学报》(社会科学版)1991

年第 3 期。

2.《论牟宗三"以纵摄横,融横于纵"综合思想的意义与不足》,《东岳论丛》2003 年第 2 期。

3.《道德代宗教:一个有意义话题的重提——论梁漱溟儒学具有宗教作用之学说的理论意义》,《河北学刊》2003 年第 2 期。

4.《牟宗三道德自律学说的困难及其出路》,《中国社会科学》2003 年第 4 期。

5.《"道德他律"还是"道德无力"——论牟宗三道德他律学说的概念混乱及其真实目的》,《哲学研究》2003 年第 6 期。

6.《论"理性事实"与"隐默之知"——从一个新的视角看康德与孟子的区别》,《中国哲学史》2004 年第 1 期。

7.《理性如何保证道德成为可能?——牟宗三道德自律学说的理论意义》,《道德与文明》2004 年第 2 期。

8.《牟宗三形著说质疑》,《孔子研究》2005 年第 1 期。

9.《牟宗三三系论的理论意义》,《中华文化论坛》2006 年第 1 期。

10.《儒家天人合一思想的道德底蕴——以孟子为中心》,《天津社会科学》2006 年第 2 期。

11.《从以天论德看儒家道德的宗教作用》,《中国社会科学》2006 年第 3 期。

12.《"三系"的疑惑》,《贵州师范大学学报》(社会科学版)2006 年第 4 期。

13.《孔孟建构道德形上学的差异及引申的两个问题》,《中国哲学史》2007 年第 4 期。

14.《"正宗"与"旁出"标准的偏失》,《继往开来论儒学》,杭州:浙江古籍出版社,2008 年。

15.《再论儒学何以具有宗教作用》,《文史哲》2008 年第 4 期。

16.《关于儒学与宗教关系的再思考——从儒学何以具有宗教作用谈起》,香港浸会大学宗教及哲学系主编:《当代儒学与精神性》。桂林:广西师范大学出版社,2009 年。

17.《性体的局限与意义》,《儒学天地》2008 年第 4 期。

18.《"康德与孟子"还是"康德与朱子"——牟宗三以康德研究孟子质疑》,《陕西师范大学学报》(哲学社会科学版)2009 年第 3 期。

19.《牟宗三形著论商榷》,《社会科学》2014 年第 7 期。

20.《关于牟宗三活动论的进一步思考》,《与孔子对话》,上海:上海古籍出版社,2014 年。

第三章　再议"善相"

一、一个基础性问题:什么是"存有"

(一) 从牟宗三一生的努力看其对"存有"概念的界定

存有论是牟宗三儒学思想的重要组成部分。要了解牟宗三这一思想,首先要准确把握存有概念的内涵。考察牟宗三的一生,可以看出,无论是其早期、中期,还是后期,其思想始终关注内外两个方向。向内,旨在讨论人如何成德成善;向外,意在说明道德之心如何影响天地万物。《道德的理想主义》属于牟宗三早期的作品,其中有这样一段话:

　　故怵惕恻隐之心就是道德的实践之心。此心函万德生万化(业师熊先生常说之语),又岂只觉健之两目。陆

象山云:"万物森然于方寸之中,满心而发,充塞宇宙,无
非此理。孟子就四端上指示人。岂是人心只有这四端而
已?又就乍见孺子入井皆有怵惕恻隐之心一端指示人,
又得此心昭然。"故不惟不只觉健之两目,亦不只四端之
四目。然由此两目或四目,亦可得此心之昭然。只要吾
人于此能觉能行,便可证实此义之不虚。此义不虚,则
"函万德,生万化",象山所说"满心而发,充塞宇宙",亦
自不虚。儒家的道德形上学(即吾所谓理性主义的理想
主义),完全由此而成立。①

道德实践之心即是怵惕恻隐之心。这种心十分神奇,可以
"函万德生万化"。"函万德"是指成就个人的德行,"生万化"
是指象山讲的"万物森然于方寸之中,满心而发,充塞宇宙"。
需要注意的是,在"函万德生万化"后面牟宗三注明这是"业
师熊先生常说之语"。这个注语有很强的参考价值。新唯识
论是熊十力的代表性思想,这一思想的核心是以儒家立场重
新证明万法唯识,心外无境。这里的"境"不再局限于个人成
德成善的范围,而扩展到天地万物,此即为"充塞宇宙"。

牟宗三中期思想可以《心体与性体》为代表。该书延续
了之前的看法,始终贯穿这样一种主张:道德之心生动活泼,
是一个创生实体,其创生可分两端而言,一是主观的创生,即

---

① 牟宗三:《道德的理想主义》,《牟宗三先生全集》第9卷,台北:
台湾联合报系文化基金会、联经出版事业公司,2003年,第20页。

创造自身的道德，一是客观的创生，即创造外在于自身之物：

> 仁体之实义何以是如此？此须进一步作更具体而真
> 实的了解。此可从两面说：一、是"反身而诚，乐莫大
> 焉"。二、是感通无隔，觉润无方。前者是孟子之所说，
> 后者是明道之所独悟。①

从主观面说是成德成善，这叫"反身而诚，乐莫大焉"；从客观面说是使天地万物有意义，能生长，这叫"感通无隔，觉润无方"。孟子已经讲到了前者，有精彩的论说，后者则是明道体会出来的，意义更为巨大。"感通无隔，觉润无方"是一个重要思想，为了阐明这方面的道理，牟宗三使用了很多形象的术语，如"呈现""朗照""润泽""觉润""痛痒""妙运""神化""创生""生化""成全""实现""价值"等等。透过这些形象的表达，可以真切感受到牟宗三对这个问题的关注。

在这众多不同说法中，有两个用语特别重要。一个是"涵盖乾坤"：

> 这为定然地真实的性体心体不只是人的性，不只是
> 成就严整而纯正的道德行为，而且直透至其形而上的宇
> 宙论的意义，而为天地之性，而为宇宙万物底实体本体，

---

① 牟宗三：《心体与性体》第二册，《牟宗三先生全集》第6卷，第234页。

为寂感真几、生化之理,这是"涵盖乾坤"句,是道德理性
底第二义。①

牟宗三借鉴佛教"云门三句",将道德理性划分为"截断众流"
"涵盖乾坤""随波逐浪"三义。"涵盖乾坤"是其第二义。所
谓"涵盖乾坤"是说,道德之心除决定成德成善之外,还有一
种浓厚的宇宙情怀,不断扩展自己,以说明天地万物之存在,
将天地万物统统涵盖在自己的润泽之下,使其成为存在。这
些内容虽然尚未标以存有论的名称,其实已经是典型的存有
论了。②

　　另一个是"仁心无外":

　　　　天无外、性无外,是客观地说,心无外是主观地说。
　　而天与性之无外正因心之无外而得其真实义与具体义,
　　此为主客观之统一或合一。孟子言"万物皆备于我",正
　　是这仁心之无外。③

道德之心有真实而具体的普遍性,这种普遍性与抽象类名的普

_____

　　① 牟宗三:《心体与性体》第一册,《牟宗三先生全集》第 5 卷,第
143 页。
　　② 参见杨泽波:《未冠以存有论名称的存有论思想——牟宗三〈心
体与性体〉存有论思想辨析》,《现代哲学》2004 年第 2 期;另见杨泽波:
《贡献与终结——牟宗三儒学思想研究》第三卷,第 65—75 页。
　　③ 牟宗三:《心体与性体》第一册,《牟宗三先生全集》第 5 卷,第
561 页。

遍性不同。它体天下万物而无遗,万物都生其感通之中。这种义理就叫"天无外""性无外"。无论是"天无外"还是"性无外",说到底还是"心无外",这个心即是仁心。讲天讲性是客观地说,讲心是主观地说,说到底无非是一个"仁心无外"。

《从陆象山到刘蕺山》进一步以"成己""成物"阐发这一思想:

> 格物者成己成物之谓也。"成"者实现之之谓也。即良知明觉是"实现原理"也。就成己言,是道德创造之原理,即引生德行之"纯亦不已"。就成物言,是宇宙生化之原理,亦即道德形上学之存有论的原理,使物物皆如如地得其所而然其然,即良知明觉之同于天命实体而"於穆不已"也。在圆教下,道德创造与宇宙生化是一,一是皆在明觉之感应中朗现。①

阳明训"格"为"正",训"物"为"事",强调致知格物即是推致自己的良知于行为物之上,使行为物皆为正。牟宗三认为,只此尚不足够,应该是既讲"成己",又讲"成物"。② 所谓"成

---

① 牟宗三:《从陆象山到刘蕺山》,《牟宗三先生全集》第 8 卷,第 199 页。

② "成己与成物"又叫"成身与成物"。牟宗三指出:"此完全是'本体、宇宙论的'立体直贯之成物与成身。在此,物与身直通其根于道、性、心,而不得视为无根无体之幻妄;而凡经由物与身之发窍而出者皆本于道性心而来,皆是道性心之所成,不得局限于物与身一己之小而视为物与身所自具有之质性也。"牟宗三:《心体与性体》第一册,《牟宗三先生全集》第 5 卷,第 581 页。

己"即是成就自身的道德。所谓"成物"即是一切皆在明觉之感应中呈现,"道德创造与宇宙生化是一"。

我将《智的直觉与中国哲学》划归为牟宗三的后期作品,这部作品最大的特点,是开始关注智的直觉问题。牟宗三不同意康德的看法,认为人同样可以有智的直觉,这种智的直觉既指向内,又指向外,合并言之,即为"自觉觉他":

> 智的直觉不过是本心仁体的诚明之自照照他(自觉觉他)之活动。自觉觉他之觉是直觉之觉。自觉是自知自证其自己,即如本心仁体之为一自体而觉之。觉他是觉之即生之,即如其系于其自己之实德或自在物而觉之。智的直觉既本于本心仁体之绝对普遍性,无限性以及创生性而言,则独立的另两个设准(上帝存在及灵魂不灭)即不必要。①

"自觉"是"自知自证其自己",也就是自己觉察自己的本心仁体。但只有"自觉"还不够,还要有"觉他"。"觉他"与"自觉"都与"觉"相关,但方向不同。"自觉"的方向是向内的,"觉他"的方向是向外的。"自觉"比较好理解,难的是"觉他"。牟宗三强调,道德之心有绝对普遍性,必然涉及外部对

---

① 牟宗三:《智的直觉与中国哲学》,《牟宗三先生全集》第 20 卷,第 258 页。

第二种件，某种川洲都是审中七田汇比所统编。议与用例内内容即为"觉他"。

沿着这个方向发展,《现象与物自身》进一步分别将两个不同方向创生的结果称为"行为物与存在物":

在这样面对所呈露的实体而挺立自己中,这所呈露的实体直接是道德的,同时亦即是形上学的。因此,此实体所贯彻的万事万物(行为物与存在物)都直接能保住其道德价值的意义。在此,万事万物都是"在其自己"之万事万物。此"在其自己"是具有一显著的道德价值意义的。①

这段话主要是讲智的直觉的意义,但也涉及了智的直觉的内外两个不同方向。向内的方向,目的是成就自己的道德,这种道德是一种行为,故称为"行为物"。向外的方向,涉及道德之心对外部对象发生影响,外部对象受道德之心影响,本质是创生一种存在,这种存在即称为"存在物"。道德之心的活动兼具内外两个方面,缺一不可。

将《道德的理想主义》《心体与性体》《从陆象山到刘蕺山》《智的直觉与中国哲学》《现象与物自身》贯通起来,可以清楚看出,牟宗三思想始终指向内外两个方面,由此而有两类

---

① 牟宗三:《现象与物自身》,《牟宗三先生全集》第 21 卷,第451—452 页。

不同的称谓:

表 1：牟宗三思想对内对外两个方面

对内	函万德	反身而诚,乐莫大焉	成己	自觉	行为物
对外	生万化	感通无隔,觉润无方	成物	觉他	存在物

内的方面叫作"函万德""反身而诚,乐莫大焉""成己""自觉""行为物",外的方面称为"生万化""感通无隔,觉润无方""成物""觉他""存在物"。内的方面是传统儒学必讲的话题,牟宗三只是将其更加彰显出来,接续上心学的语脉而已。外的方面就不同了,是牟宗三接续熊十力的思想正式提出来的一个新话题,而这方面的内容都可以包含在"存有论"这一概念之下。

《圆善论》书后有一个附录,名为"'存有论'一词之附注",对存有论的概念作了明确界定。牟宗三首先从西方哲学说起:

　　西方的存有论大体是从动字"是"或"在"入手,环绕这个动字讲出一套道理来即名曰存有论。一物存在,存在是虚意字,其本身不是一物,如是,道理不能在动字存在处讲,但只能从存在着的"物"讲。一个存在着的物是如何构成的呢?有些什么特性、样相、或征象呢?这样追究,如是遂标举一些基本断词,由之以知一物之何所是,亚里士多德名之曰范畴。范畴者标识存在了的物之存在

性之最末概念之谓也。存在个附物之存在性外只存有性

或实有性。讲此存有性者即名曰存有论。因此，范畴亦

曰存有论的概念。范畴学即是存有论也。①

西方哲学一般从"是"或"在"字入手，分析物是如何存在的，
有什么样相和特征，由此讲出一套道理来，以知一物之何所是
或何所在，这就是存有论。这种存有论离不开亚里士多德所
说的范畴。范畴是标识物之存在性的基本概念。"范畴学即
是存有论也"，这可以说是对于存有论最明确的界定了。要
而言之，以范畴说明物之何以存在，此即为西方的存有论。

中国哲学也有存有论，但学理不同：

中国的慧解传统亦有其存有论，但其存有论不是就
存在的物内在地(内指地)分析其存有性，分析其可能性
之条件，而是就存在着的物而超越地(外指地)明其所以
存在之理。兴趣单在就一物之存在而明其如何有其存
在，不在就存在的物而明其如何构造成。有人说这是因
为中文无动字"是"(在)之故。这当然是一很自然的想
法。中文说一物之存在不以动字"是"来表示，而是以
"生"字来表示。"生"就是一物之存在。②

————————

①　牟宗三：《圆善论》，《牟宗三先生全集》第22卷，第327页。

②　牟宗三：《圆善论》，《牟宗三先生全集》第22卷，第327—
328页。

中国话语系统没有西方那种动词意义的"是"字,所以没有西方意义的存有论。但中国哲学也有自己的存有论。这种存有论的重点不在就一物的存在分析其存在性,而在明一物所以存在的超越存在之理,即所谓生生之理。所以中国的存有论以"生"字来表示。"生"即是一物之存在。因此,中国的存有论"兴趣单在就一物之存在而明其如何有其存在"。换言之,"就一物之存在而明其如何有其存在"就是中国的存有论。

"'存有论'一词之附注"是非常重要的文献,清楚反映了牟宗三对存有概念的理解。在牟宗三看来,西方哲学系统中存有论是指"一物之何所是"或"一物之何所在"。中国语言没有动词意义的"是"字,所以没有西方的这种存有论,但它有自己的存有论,这种存有论以"生"字为核心,"就一物之存在而明其如何有其存在"。这里所说的"物"不是指人的道德根据,不是讨论这个根据是实有的还是虚幻的,而是指外部对象,意即说明这种外部对象是如何成为存在的。这种外部对象牟宗三有时形象地叫作"山河大地"[①]"一草一木"[②]或统称为"天地万物"[③]。作为外部对象的"物"是如何存在的,有什么意义,是牟宗三最关心的话题,是存有论的中枢。

由此可知,牟宗三早、中期思想同时关注内外两个方面,

---

① 牟宗三:《中国哲学十九讲》,《牟宗三先生全集》第 29 卷,第 305 页。

② 牟宗三:《智的直觉与中国哲学》,《牟宗三先生全集》第 20 卷,第 246 页。

③ 牟宗三:《从陆象山到刘蕺山》,《牟宗三先生全集》第 22 卷,第 184 页。

内的方面指如何成德成善,外的方面指的就是存有论。虽然牟宗三此时没有直接以存有这一概念指称这方面的内容(此时也讲存有,如"即存有即活动""只存有而不活动",但其义是指理之"在",理之"有",与后期讲的存有内涵并不相同),但是"涵盖乾坤""仁心无外"等形象说法已将这一思想表述得比较清楚了。后期思想有了很大的进步,直接以存有概念表达这一思想,强调存有是指"就一物之存在而明其如何有其存在"。这就说明,所谓存有论其实就是道德之心将自己的价值和意义赋予外部对象,使其染上道德的色彩,成为一种存在的理论。因此,牟宗三早、中期和后期思想的表述尽管不同,但思想是一贯的,"存有论"无他,"涵盖乾坤""仁心无外"之学而已,"就一物之存在而明其如何有其存在"之学而已。

（二）卢教授误解了牟宗三的存有概念

卢教授不同意我对牟宗三存有概念的理解,批评说:

杨泽波教授无知于康德从显相与物自身两个方面考量人的学说,忽略了康德于实践哲学而论之"物自身"义,故亦未能见到牟先生契接康德形上学之洞识而规立儒家的道德形上学所奠基于其上的道德存有论。杨教授在其大作《贡献与终结——牟宗三儒学思想研究》,第一卷"内容简介"中总说牟先生的存有论,他说:"强调道德

之心不仅可以创生道德善行,同时也可以赋予宇宙万物
以价值和意义的思想,是为'存有论'。"但究其实,杨教
授在其大作第三卷《存有论》中根本未接触牟先生的道
德存有论。①

在卢教授看来,我最大的问题是不了解牟宗三的道德形上学,
因而也不了解其道德存有论,特别是不了解康德讲物自身的
实践哲学的意义。《贡献与终结——牟宗三儒学思想研究》
第三卷副标题虽然名为"存有论",但"根本未接触牟先生的
道德存有论"。

　　我最初读到卢教授上面这种说法时非常纳闷,《贡献与
终结——牟宗三儒学思想研究》第三卷是专门处理牟宗三存
有论的,她为什么批评我"根本未接触牟先生的道德存有论"
呢? 反复思量后方才明白,卢教授对牟宗三道德存有论的理
解与我完全不同。据她说,她是在康德的意义上理解这个概
念的:

　　　　康德的体系中包含一个经批判确立的、从道德的
　　进路展示的"实有",它堪称为道德创造的实体。吾人
　　即可认之为全新的"存有论"。即便康德并没有使用
　　"道德的存有论"这名称,然吾人有理由指出,康德批判
　　全进程展示的全新意义的"存有论",与牟先生依儒家

<hr />

① 　卢雪崑:《牟宗三哲学》,第457—458页。

本心仁体而申论的"道德的存有论"恰合符节，此即牟
先生说："此种存有论必须见本源。"依牟先生与康德，
道德的存有论之本源在"道德主体"，二者皆论明道德
主体(儒家言本心仁体、康德言意志自由)以其普遍立
法而为道德创造的实体，以此说明人之真实存有性，以
及天地万物为一体的道德目的论体系内之道德世界的
真实存有性。①

康德没有直接使用"道德存有论"这一名称，但他经过严格
的批判，在实践理性中确立了一个"实有"，这个实有即是
自由意志，这个自由意志是一个真实的实体，既然是"实
有"，自然不属于现相，而属于物自身(本体)。这一环非常
重要，因为如果只是现相，只靠知性，是根本无法达到这一
目的的。牟宗三对康德这一思想有深刻的理解，以儒家意
义的本心仁体契接康德的自由意志。此段末句最为重要：
"二者皆论明道德主体(儒家言本心仁体、康德言自由意
志)以其普遍立法而为道德创造的实体，以此说明人之真
实存有性，以及天地万物为一体的道德目的论体系内之道
德世界的真实存有性。"这一长句包含三层意思：第一，儒
家讲的本心仁体，康德讲的自由意志，目的都是要论明道德
主体；第二，这个主体是普遍立法的道德创造之实体；第
三，这个实体可以说明两个真实存有性，既人之真实存有性

---

① 　卢雪崑：《牟宗三哲学》，第456页。

以及天地万物为一体的道德世界的真实存有性。这三层意思合并起来可以这样表达:由人的道德主体证实人的真实存有性以及天地万物的真实存有性,即是牟宗三的道德存有论。

卢教授另两处的说明重复了上面的意思:

> 儒家的道德的形上学通康德之形上学洞识,其奠基于本心仁体,以本心仁体为道德的创造实体,故可说一个道德的存有论。①

> 唯独从道德进路建立的道德的形上学,其奠基于其上的道德主体(本心仁体、自由意志)堪称为真实的创造实体,故可说包含一个道德存有论。②

儒家道德形上学非常重视本心仁体的真实性,这种真实性与康德的自由意志相通,都是凸显道德创造的实体,这种实体就是一种存有,由此可说道德的存有论。要而言之,按照卢教授的理解,牟宗三的道德存有论,即是强调"本心仁体或自由意志之真实存有性";反之亦然,"本心仁体或自由意志之真实存有性"即是牟宗三的道德存有论。

以此为基础,卢教授甚至提出牟宗三将"ontology/Ontologie"译为"存有论"不够准确:

---

① 卢雪崑:《牟宗三哲学》,第459—460页。
② 卢雪崑:《牟宗三哲学》,第461页。

依上所论，其人必须严格将"存有论"之名归于道德的形上学之下，其余因其关涉一个思辨形上学之轨约义的"本体"，则名之为"本体论"，而因其关涉于"存在"而论者，则名之为"存在论"。以此避免因"ontology/Ontologie"一词翻译上的问题引致无谓之纠缠。如此一来，吾人可因"ontology/Ontologie"一词在特定的学派中之使用而分别中译为"存有论"、"本体论"、"存在论"。明乎此，则吾人可以指出，牟先生在《现象与物自身》建立的两层存有论看来可改名为"两层存在论"，以与牟先生在《心体与性体》建立的道德的形上学所奠基于其上的道德的存有论区别开来。①

在牟宗三儒学思想研究中，与西方哲学的"ontology/Ontologie"密切相关，共有三个相近但内涵微异的概念，一个是"存有论"，一个是"本体论"，一个是"存在论"。按照卢教授的梳理，这三个概念中最重要的是"存有论"，它是一切问题的基础，通于道德的形上学。其下为"本体论"，它含有"思辨形上学之轨约义"。"存在论"则是本体"关涉于'存在'而论者"，属于次一位于"本体论"的概念。因此，"ontology/Ontologie"应根据文意分别译为"存有论""本体论""存在论"，而不宜简单译为"存有论"。牟宗三前后期著作关注的重点不同，《心体与性体》关注的是存有论，是

① 卢雪崑：《牟宗三哲学》，第 461 页。

道德的形上学,《现象与物自身》关注的则是"两层存有论",这里所说的"两层存有论",严格说来当为"两层存在论"。

至此,我们基本摸清了卢教授的思路。与学界一般理解不同,卢教授强调,康德哲学也有存有论,这个存有论的中心思想是强调自由意志不是现相,而是物自身,是一个真实的"实有"。牟宗三从儒学立场出发,重视本心仁体的真实性,由此规立道德的形上学,思路与康德相通,这是其思想最有价值的部分。我的《贡献与终结——牟宗三儒学思想研究》第三卷名义上是研究牟宗三的存有论,实则未能把握住牟宗三思想的这一核心,反而将存有论的对象引向了外部,讨论道德之心如何赋予宇宙万物以价值和意义,这是她不能同意的。

然而,将卢教授对存有论的理解与牟宗三对存有论的界定放在一起,可以明显看出二者的不同。卢教授是以"本心仁体或自由意志之真实存有性"理解存有论的。在她看来,康德通过严格的批判证明了自由意志不是假设,而是实有。[①] 儒家思想与之有很强的相似性,因为儒家自孔子提出"践仁知天",孟子主张"尽心知性知天"以来,从来都将本心仁体视为实有,而不是假设。但必须注意的是,这不是牟宗三存有思想的核心。牟宗三当然关

———————————

① 在这个问题上,我的理解与卢教授有所不同,但这个问题与此处主题相距较远,为照顾文脉的连贯性,暂时存而不论。

证道德根据的实有性,但对这种实有性并不以"存有论"名之。① 通过前面对牟宗三思想发展过程的回顾,可以清楚看出牟宗三早、中期著作中虽然也有"存有"的说法,但晚期著作中使用这个概念主要关注的是道德之心与外部对象的关系问题,是道德根据如何将自己的价值和意义赋予外部对象之上使其染上道德色彩的问题。换言之,作为牟宗三思想重要组成部分的存有论,关注的重点不是内,而是外,不是"函万德""反身而诚,乐莫大焉""成己""自觉""行为物",而是"成万化""感通无隔,觉润无方""成物""觉他""存在物",是"涵盖乾坤""仁心无外"。卢教授将存有论主要理解为"本心仁体或自由意志之真实存有性",指向于内,牟宗三则将存有论明确界定为"就一物之存在而明其如何有其存在",指向于外。二者之间有着很大的差异,甚至可以说有根本的不同。由此说来,我有充足理由得出这样的结论:卢教授未能准确把握牟宗三存有论的主旨,对存有概念的理解明显与牟宗三不合。

① 就此而言,上一小节卢教授对"存有论""本体论""存在论"三个概念的分疏,很难说符合牟宗三的原意。牟宗三虽然有时区分存有与存在这两个概念,但一般来说,这两个概念在牟宗三那里经常互换使用,存有即存在,存在即存有。此其一。牟宗三并不在"本心仁体或自由意志之真实存有性"的意义上使用存有论这一概念,而卢教授刻意分疏出来的"存在论",其实就是牟宗三的"存有论"。此其二。参见杨泽波:《贡献与终结——牟宗三儒学思想研究》第五卷附录一"牟宗三儒学思想辞典"之"存有"条以及"存有与存在是一"条,第270—271页。

（三）未能分辨道德的形上学的双重含义：
误解原因分析

卢教授有此失误，与其对于道德形上学的理解直接相关。卢教授非常重视道德形上学问题，在她看来，康德有一套道德形上学系统，牟宗三也有一套道德形上学系统，二者进路虽略有不同，"但此并不妨碍吾人肯断，牟宗三建立的儒家的道德的形上学与康德经由批判展示的实践的形上学同为唯一的普遍的形而上学。因二者同为理性本性之学，亦即纯粹的哲学"。① 牟宗三全部思想都是在这一理论下展开的，其中也包括存有论。因此，我们必须在道德形上学背景下讨论存有论问题，也只有从这个角度才能理解牟宗三的存有论。

这里的问题比较复杂，必须慢慢梳理。我们知道，在牟宗三学理中，区分"道德底形上学"与"道德的形上学"是一个重要举措：

> "道德底形上学"与"道德的形上学"这两个名称是不同的。……前者是关于"道德"的一种形上学的研究，以形上地讨论道德本身之基本原理为主，其所研究的题材是道德，而不是"形上学"本身，形上学是借用。后者则是以形上学本身为主，（包括本体论与宇宙论），而从"道德的进路"入，以由"道德性当身"所见的本源（心性）

---

① 卢雪崑：《牟宗三哲学》，第49页。

渗透至宇宙之本源,此就是由道德而达至形上学了,但却是由"道德的进路"入,故曰"道德的形上学"……①

"道德底形上学"是关于道德的一种形上学的研究,以形上地讨论道德的基本原理为主。"道德的形上学"则是以形上学本身为主,只不过是从道德的路数进入而已。也就是说,"道德底形上学"所重在道德,而"道德的形上学"所重在形上学。牟宗三明确指出,他所要建立的不是"道德底形上学",而是"道德的形上学"。

在牟宗三那里,"道德的形上学"一个主要含义是指为道德寻找终极的根据。《心体与性体》第一册有这样一段论述:

> 须知在成德之教中,此"天"字之尊严是不应减杀者,更不应抹去者。如果成德之教中必函有一"道德的形上学",则此"天"字亦不应抹去或减杀。须知王学之流弊,即因阳明于此处稍虚歉,故人提不住,遂流于"虚玄而荡"或"情识而肆",蕺山即于此着眼而"归显于密"也。(此为吾之判语)此为内圣之学自救之所应有者。②

这是在分析象山思想不足时讲到的,同时也兼及了阳明。牟宗

---

① 牟宗三:《心体与性体》第一册,《牟宗三先生全集》第5卷,第144—145页。
② 牟宗三:《心体与性体》第一册,《牟宗三先生全集》第5卷,第52页。

三对象山和阳明多有表彰,亦有批评,而这种批评的中心思想即在于他们只重本心,不大重视由《中庸》《易传》而来的那个天,致使后来流于"虚玄而荡"和"情识而肆"而不能自止。牟宗三坚持认为,只有重视天道、性体,才能杜绝王门后学的种种流弊。为此必须通过形著将心体上升为性体,上升为天道,用天道和性体保障心体的客观性,从而使心体摆脱具体相,不至于泛滥而无收煞。"成德之教中必函有一'道德的形上学',则此'天'字亦不应抹去或减杀"就是此意。而这也正是牟宗三研究宋明儒学,打破传统陈见,独辟五峰、蕺山为一系,创立三系说的目的所在。卢教授很重视牟宗三这一思想,强调"今论'牟宗三确立的儒家道德的形上学与康德实践的形上学通而为一',特就康德的全部工作向我们展示形上学的另一条脉络而言。这条脉络依照对于形而上学三个理念(自由、以及上帝、心灵不朽)之考论而成立的道德的、并伸展到道德的宗教的,而二者合而为一的真实的形而上学".① 这是说,康德和牟宗三都承认道德根据是一个真实的实体,而这方面的内容即为道德的形上学。

卢教授如此理解牟宗三的道德形上学,虽然也有一些问题有待讨论(如康德的自由是实体还是假设),但大致可以接受。然而,卢教授忽视了道德的形上学在牟宗三那里还有另一层含义。为此来看牟宗三是怎么讲的:

　　　　由此一步彻至与验证,此一"道德底哲学"即函一"道

_____

① 卢雪崑:《牟宗三哲学》,第48页。

德的形上学"。此与"道德之(底)形上学"并不相同:此后
者重点在道德,即重在说明道德之先验本性;而前者重点
则在形上学,乃涉及一切存在而为言者,故应含有一些
"本体论的陈述"与"宇宙论的陈述",或综曰"本体宇宙论
的陈述"(Onto-cosmological statements),此是由道德实践
中之彻至与圣证而成者,非如西方希腊传统所传的空头的
或纯知解的形上学之纯为外在者然。故此曰"道德的形
上学",意即由道德进路来接近形上学,或形上学之由道
德的进路而证成者,此是相应"道德的宗教"而成者。①

道德哲学在实践中有一种由有限通往无限的性质,必须是绝
对普遍的。这种普遍不是与特殊相对的那个普遍,而是"涵
盖乾坤""仁心无外"之义,意即道德之心不仅可能创生道德
善行,而且可以创生存有,本身即包含着一种"本体宇宙论的
陈述"。"本体宇宙论的陈述"又叫"本体宇宙论地说",包含
两个方面的内容,既指为道德确立形上根据,又指道德之心成
就宇宙之生化。此段中"本体宇宙论的陈述"显然是指后者,
与"成万化""感通无隔,觉润无方""成物""觉他""存在物"
所指相同,其重心不是关注道德根据是假设还是实体,而是将
视线放到了外面,讨论天地万物如何在道德之心的影响下具
有价值和意义,成为存在。"故此曰'道德的形上学'"一句极

---

① 牟宗三:《心体与性体》第一册,《牟宗三先生全集》第5卷,第
11页。

有意义,它说明道德之心影响天地万物使之成为存在,同样是牟宗三道德的形上学这一概念的内容。

这一思想在《从陆象山到刘蕺山》的一段表述中讲得更加明白:

> 良知感应无外,必与天地万物全体相感应。此即函着良知之绝对普遍性。心外无理,心外无物。此即佛家所谓圆教。必如此,方能圆满。由此,良知不但是道德实践之根据,而且亦是一切存在之存有论的根据。由此,良知亦有其形而上的实体之意义。在此,吾人说"道德的形上学"。这不是西方哲学传统中客观分解的以及观解的形上学,乃是实践的形上学,亦可曰圆教下的实践形上学。因为阳明由"明觉之感应"说物("以其明觉之感应而言,则曰物",见上)。道德实践中良知感应所及之物与存有论的存在之物两者之间并无距离。①

良知不仅是道德的根据,依此可以成就善行,而且是一切存有的根据,依此可以创生存有。在这一学理的透视下,"道德实践中良知感应所及之物与存有论的存在之物两者之间并无距离",道德与存有并非完全割截,不能把二者完全隔离开来。西方哲学不从道德的角度着眼,也可以讲出一套存有论,但儒

---

① 牟宗三:《从陆象山到刘蕺山》,《牟宗三先生全集》第 8 卷,第 184 页。

家讲存有论必须从道德的进路入手。牟宗三特别强调,"在此,吾人说'道德的形上学'",这里的"道德的形上学"显然不再指道德的形上根据,而是专就道德存有而言的。

由上可知,在牟宗三那里,"道德的形上学"有两义,一是确立道德的形上根据,由此证明本心仁体的"真实存有性",二是保证天地万物在道德之心的影响下成为存在。这两个方面都不能缺少,切不可只看到前者,看不到后者。为了加强论证力度,再引《现象与物自身》的一段文字:

> "道德的形上学"云者,由道德意识所显露的道德实体以说明万物之存在也。因此,道德的实体同时即是形而上的实体,此是知体之绝对性。知体有三性:一曰主观性,二曰客观性,三曰绝对性。主观性者,知体之为"良心"也,即"独知"之知,知是知非(道德上的是非)之知也。客观性者其本身即理也。绝对性者其本身即"乾坤万有之基"也,亦即王龙溪与罗近溪依《易传》"乾知大始"所说之"乾知"也。阳明说良知是乾坤万有之基,意即天地万物之基。①

道德根据是一形而上的实体,有主观性、客观性、绝对性的特征。所谓主观性是说知体是主观的,可以知晓道德的是与非。所谓客观性是说知体并不完全是个人之事,其本身就是理,就

_____

① 牟宗三:《现象与物自身》,《牟宗三先生全集》第21卷,第96—97页。

有客观的特性。所谓绝对性是说知体是乾坤万有之基,世界上的万物均由其负责,由其创生,无一物能例外。在主观性、客观性、绝对性三性中,最值得关注的是绝对性。这种绝对不是说道德根据的适用范围是普遍的还是特殊的,而是指道德根据有充其极的特征,一定要对外部对象指指点点,表达自己的态度,将自身的价值和意义附加到这些对象之上,使其具有价值和意义,成为道德的存有。此段头一句"'道德的形上学'云者,由道德意识所显露的道德实体以说明万物之存在也",已经将这个道理讲得再明白不过了。

有了这个基础,就可以明白卢教授何以对牟宗三存有论有那么大的误解了。道德的形上学是牟宗三思想的重要组成部分,内含两方面的内容:一是为道德根据确立形上源头,保证其成为一个真实实体;二是说明道德之心何以有"涵盖乾坤""仁心无外"之功,使外部对象成为存在。后一个方面就是牟宗三的存有论。这两个内容有内在关联,但所指不完全相同,不可相互替代,卢教授则以前者替代了后者。她强调,通过孔子的"践仁知天",孟子的"尽心知性知天",儒家建立了自己的道德的形上学,康德通过复杂的批判过程也建成了道德的形上学,这两个形上学彼此相通,都是强调道德根据(儒家叫本心仁体,康德叫自由意志)的真实存有性,牟宗三的存有论就是指的这种真实存有性。在我看来,卢教授对道德的形上学的理解明显过于狭窄了,不明白牟宗三是从两个角度讲道德形上学的,既指本心仁体的形上性,以保证儒家学理的超越性,又指"涵盖乾坤""仁心无外","就一物之存在而明其如何有其存在"。这一缺失的影响极大,致使卢教授只关注了内,而忽视了外(不是绝对不讲,而是讲法有严重不足,详见下文),对牟宗三存有论的理解完全限制在道德根据是假设还是实有的问题上,不了解道德之心如何影响天地万物,使其成为存在,才是存有论的内核。后面我将不断证明,这是卢教授对牟宗三诸多思想(不仅是存有论,还包括圆善论、合一论)理解不够准确的总根源。

二、为什么存有论的对象不能称为"物自身"

(一) 牟宗三关于"物自身"的说法难以成立

按照牟宗三的说明,既然存有论是"就一物之存在而明其如何有其存在",那么这个被"明"的"存在"的性质,具体说它是"现相"还是"物自身",就成了一个躲避不开的问题。牟宗三的基本看法是,道德之心创生存有的对象不是"现相"而是"物自身",这也是牟宗三最具代表性的观点。这方面的内容十分复杂,争议非常大,极难把握,将其称为20世纪后半叶儒学研究最大的谜团,亦不为过。

自牟宗三提出这一观点后,学界不断有人为此作出解释。其中一种较为流行的做法,是强调牟宗三如此做,目的是消解彼岸世界的物自身,以彰显物自身的实践意义。这种理解最早是由郑家栋提出来的。郑家栋认为,康德的物自身可从多方面理解,既可以从感性材料来源的角度理解,又可以从自由意志的角度理解,牟宗三思想的重点不在前者,他事实上取消了康德哲学中作为彼岸世界的物自身,其思想的重点完全在于物自身的实践意义。① 李明辉持类似的观点,指出:"'物自身'概念在康德的哲学系统中具有双重涵义。在其知识论的脉络中,它似乎如一般学者所理解的,是个事实概念。但在其伦理学中,这个概念又隐约透显出一种价值意味。就其'实践理性优于思辨理性'的立场而言,我们有理由相信:后一意义才是此概念的真正意义。"②这是说,康德哲学中的物自身概念,在知识论中属于事实概念,在伦理学中隐含着价值意味,是一个价值意味的概念。后者才是康德物自身概念的重点。

我不同意这种理解。为了准确把握康德的物自身思想,我曾将物自身的不同含义作了详细分疏,列了这样一个表:③

物自身名称	所指的内容	可否称本体	本体的意义	交叉关系		哲学的意义	
质料之源物自身	为质料提供源泉的那个对象	不可以		现相		认识中质料的来源问题	
真如之相物自身	为质料提供源泉的那个对象的自在性状	可以	消极		本体	认识界限问题	自在性状可否认识的问题
先验理念物自身	理性为追求无限设立的理念	可以	消极与积极				形上学的问题

① 郑家栋:《本体与方法——从熊十力到牟宗三》,沈阳:辽宁大学出版社,1992 年,第 257—258 页。

② 李明辉:《当代儒学的自我转化》,北京:中国社会科学出版社,2001 年,第 44 页。

③ 杨泽波:《贡献与终结——牟宗三儒学思想研究》第三卷,第 270 页。

这个表格清楚说明,康德关于物自身(本体)的思想涉及三个不同的内容。"质料之源的物自身"指能够刺激感官引起感性直觉的那个对象。"真如之相的物自身"指为质料提供源泉的那个对象的自在性状。"先验理念的物自身"指人类理性在追求无限的过程中设立的先验理念,即上帝、自由、灵魂。

我对康德物自身思想作这种梳理,主要想说明以下两个问题。

首先是证明牟宗三没有否定"质料之源的物自身"和"真如之相的物自身",没有取消彼岸世界物自身的意思。比如,牟宗三明确讲过:"说我们所知的自然界中的对象物与上帝、不灭的灵魂以及意志的自由有别,这是显明的;但若说我们所知的这个自然界中的对象物只是这个对象物之现象,而不是这对象物之在其自己,进而复说这物之在其自己不能作为我们认知之对象,只现象始可作对象,这便不那么显明。"①上帝、灵魂、自由固然是物自身,与我们所知的自然界的对象不同,这好理解,但"我们所知的自然界中的对象物"同样是物自身,如何说明这种对象物只是作为现象而不是作为物自身显现于我们,就不那么容易了。从这一表述可以看得很清楚,牟宗三并没有否定"自然界中的对象物"的用意,而是强调对这种"对象物"为什么只是现相而不是物自身必须加以清楚

---

① 牟宗三:《现象与物自身》,《牟宗三先生全集》第 21 卷,第 2—3 页。

的说明。

　　其次是强调康德既在理论哲学意义上讲物自身，又在实践哲学意义上讲物自身。这一点对于反驳卢教授对我的批评更为重要。卢教授对我批评的一个重要理据，是认为我只注意到了物自身的理论哲学意义，未能注意其实践哲学意义。她说：

　　　　要区分开于理论哲学而论之"物自身"义与实践哲学而论之"物自身"义。杨教授仅就康德于理论哲学而论之"物自身"而说，且其说欠缺哲学说明之严格性，尤其错误的是忽略了康德于实践哲学而论之"物自身"义，因而有"物自身当中，并不含有道德之心创生存有的那个物件①"的错误见解。②

　　在卢教授看来，康德一方面以理论哲学论"物自身"，这是"理论意义的物自身"，另一方面又以实践哲学论"物自身"，这是"实践意义的物自身"。牟宗三讨论存有关注的是"实践意义的物自身"，重点不是认知问题，而是道德问题。我研究牟宗三的物自身理论，只讲其理论意义，未讲其实践意义，"忽略

---

　　①　此段引文中的"物件"应为"对象"。我讨论牟宗三存有论从不用"物件"的说法，只说"对象"。这类错误在卢教授的著作中多次出现，可能是由简体字转换为繁体字有误而校对不精所致。因为此类问题较多，以下仅以夹注方式标注，不再加脚注说明。

　　②　卢雪崑:《牟宗三哲学》，第444页。

了康德十实践哲学而论之'物自身'义"。

这种批评反复出现,下面两段也与此有关:

> 杨泽波教授忽略了康德于实践哲学而论之"物自身"义,完全无知于康德从显相与物自身两个方面考量人的学说,并不知道自由概念的领域里,物自身之意义。①
>
> 依以上所论可见,杨泽波教授对康德的物自身学说无确解,对牟先生的智的直觉说、物自身说亦只是主观随意地起议论,他以这两方面的一己之私见来批评牟先生的"无执存有论"……他将牟先生通康德而论的道德主体(本心仁体、意志②自由)的创造性曲解为"将道德之心的价值和意义投射到物件(当为"对象"——引者注)上"……③

这是说,牟宗三的存有论主要涉及本心仁体问题,自由意志问题,这是实践意义的,不是理论意义的,我却把问题的重点引向外部对象,讨论道德之心与外部对象的关系问题,讲什么"将道德之心的价值和意义投射到对象上",重点完全弄错了。

透过前面的列表可以清楚看出,我的研究已经充分注意

---

① 卢雪崑:《牟宗三哲学》,第 447 页。
② 此"志"字原文遗漏,据文意补。
③ 卢雪崑:《牟宗三哲学》,第 447 页。

到了康德既在理论哲学意义上,又在实践哲学意义上讲物自身,前者是"质料之源物自身"和"真如之相物自身",后者是"先验理念物自身"。"先验理念物自身"(本体)既有消极意义,又有积极意义。消极意义指它是认知的界限,人不能跨越这个界限。积极意义是强调自由、上帝、灵魂不灭这些先验理念虽然不可以认识,但对于人的道德实践仍有重要作用,不可轻易否定。我在分疏康德物自身内涵的时候,对此有详细的说明,批评我只注意物自身的理论哲学意义,忽视了其实践哲学意义,与事实不符。

可能是因为上述诠释难以化解牟宗三相关论述的矛盾,有学者又试图从道德目的论的角度理解牟宗三这一思想。唐文明于 2012 年出版的《隐秘的颠覆——牟宗三、康德与原始儒家》即是如此。该书指出,康德看到自然目的论的不足而提出了道德目的论,以道德目的论作为自然目的论的基础。牟宗三关于价值意味物自身的思想,表现的正是这个道理。"在这样一种以道德目的论为根据的道德神学中,整个世界的存在,或者说万物的存在,都染上了一层道德的色彩,或者说,世界的存在、万物的存在都因道德而有其价值。正是在这个意义上,我们可以断言,牟宗三将物自身理解为一个高度价值意味的概念,其中包含着深刻的洞见。"①这即是说,牟宗三所说的价值意味的物自身,应纳入康德道德目的论系统来

---

① 唐文明:《隐秘的颠覆——牟宗三、康德与原始儒家》,北京:生活·读书·新知三联书店,2012 年,第 199 页。

埋解。

无独有偶,卢教授也持类似的看法,她说:

> 无论是"自觉"或"觉他",皆视之为目的,不作工具看,就是物自身。[1]
>
> 吾人可指出,牟先生所论道德主体为"独个的完整的存在",即"物自身"之存在。而天地万物在道德主体之"感应、润泽、与明通中,而为自在的,自尔独化,而化无化相"。此义即牟先生所言"觉他"义,此义通康德所论,任何物,视之为目的,它就是"在其自己"之物。此即天地万物为一体之道德目的论下的"物"。[2]

头一段是说,人是目的,不是手段,道德之心不管是"自觉"还是"觉他",都视之为目的,不作工具看,其对象就是物自身。第二段言之更详,意在表明,在牟宗三看来,道德主体有"觉他"之功。这个"觉他"是说因为道德主体属于物自身,对天地万物有感应、润泽、明通的功能,在此过程中,天地万物皆自尔独化,化无化相。这种情况与康德所说任何物皆视之为目的,皆是"在其自己"之物,完全一致。在这种模式下,天地万物升华为道德目的论下的"物",这种"物"不再是现相,而属于物自身。面对卢教授的这种理解,我们一方面应该承认,牟

---

① 卢雪崑:《牟宗三哲学》,第443页。
② 卢雪崑:《牟宗三哲学》,第449页。

宗三确实有不少以道德目的论物自身的论述①,另一方面也必须认真分析牟宗三这些论述的是否合理。这里至少有两个问题需要探明。

首先是康德道德目的论与牟宗三存有论的关系问题。《贡献与终结——牟宗三儒学思想研究》第三卷的一个注释中对此有这样的说明:

> 康德的道德目的论与牟宗三的存有论进路并不相同。道德目的论是《判断力批判》中的重要内容。康德看到自然目的论没有足够的说服力,认为只有有道德的人才能作为这个最终的目的,才能把整个世界视为一个整体,整个世界也才具有了道德的意义。牟宗三道德存有论并不是从这个角度进入的。牟宗三提出价值意味物自身这一概念时并没有关注自然世界的目的问题,他关心的是道德之心除能创生道德善行之外,还能不能对宇

————————

① 比如:"当自由无限心呈现时,我自身即是一目的,我观一切物其自身皆是一目的。一草一木其自身即是一目的,这目的是草木的一个价值意味,因此,草木不是当作有限存在物看的那现实的草木,这亦是通化了的草木。"牟宗三:《现象与物自身》,《牟宗三先生全集》第21卷,第18页。又如:"此如康德说视任何物,不但是人,其自身即为一目的,而不是一工具。视之为一目的,它就是'在其自己'之物。此'在其自己'显然有一丰富的道德意义。康德说吾人的实践理性(即自由)可以契接这个'在其自己',显然这个'在其自己'是有道德价值意味的,而不只是认识论上的有条件与无条件的直接对翻。"牟宗三:《现象与物自身》,《牟宗三先生全集》第21卷,第451—452页。这些都是以道德目的说物自身,检查牟宗三文本,这类论述并不少见。

宙万物发生影响。他从熊十力的新唯识论那里找到了肯定的答案,强调道德之心有涵盖乾坤的功能,可以将自己的意义和价值赋予宇宙万物。将康德和牟宗三的相关思想放在一起比较,两种进路的差别非常明显。如果不能正视这种差别,很可能又将牟宗三的思想置于西方哲学的某个框架之中,不仅不能准确理解其意,而且还会造成诸多不适。①

康德道德目的论是强调自然本身没有目的,只有人才有目的,因为人有目的,以目的的眼光看自然,可以把整个世界视为一个整体,人也可以在这个过程中证明自己是自由的。牟宗三的道德存有论关心的则是道德之心能不能对宇宙万物发生影响。道德之心是一个比较宽泛的概念,其中当然包含道德目的的内容,但又远不止于此。较之康德的道德目的论,牟宗三的存有论关注的范围要大得多。

为此,我们来分析《现象与物自身》中的一段论述:

> 或者说康德是由"自由"来接近这价值意味的物自身。但是,自由毕竟只是道德理性上的事,与这桌子之为物自身相距甚远。我们的知性、感性不能及于自由,但这并不函说亦不能及于物自身,尤其不能决定这物

① 杨泽波:《贡献与终结——牟宗三儒学思想研究》第三卷,第309页。

自身是一个价值意味的概念;而康德亦实未明朗地决
定说物自身是一个价值意味的概念,他说物自身常是
与事实问题不分的。当然,假定自由的无限心可以呈
现,而智的直觉亦可能,则价值意味的物自身即可被稳
住,而其价值意味之何所是亦可全部被显露。但是,这
样一来,我们对于感性与知性即有一价值上的封限,而
不是定然之事实。如是,在我们身上,无限心与识心有
一显明的对照,即执与不执之对照;我们即由于此对照
而有一标准,以之去决定物自身是一个价值意味的概
念,并能显明地决定我们的知性、感性(即识心之执)之
所知定是现象,而不是那有价值意味的物自身,并能充
分地决定这分别是超越地分别。但是,这一步,康德并
未作到。①

在牟宗三看来,自由是道德理性方面的事情,可以称为物自身
(本体),但这"与这桌子之为物自身相距甚远"。依据我的理
解,牟宗三这样讲意在强调,你可以说自由是物自身,但"桌
子"是不是物自身的问题,同样需要加以说明。这里"桌子"
的说法很是微妙,它表明了牟宗三一直关心这样一个问题:即
使我们肯定了自由是价值意味的物自身,但仍然不能说明
"桌子"何以是价值意味的物自身。如果我们肯定人有智的

---

① 牟宗三:《现象与物自身》,《牟宗三先生全集》第21卷,第12—
13页。

直觉,就可以说明"桌子"一类的对象同样可以具有价值意味,从而成为价值意味的物自身。这些内容是康德道德目的论没有涉及的。如果仅仅以康德的道德目的论解读牟宗三的存有论,势必掩盖其中很多有价值的思想。

另一个需要讨论的是"物自身创生的存有"和"物自身的存有"的关系问题。这是我特别重视的一对概念:

> 牟宗三所说的价值意味的物自身强调的不是"物自身创生的存有",而是"物自身"的存有。"物自身创生的存有"与"物自身的存有"是两回事,明确区分这两个概念非常重要。所谓"物自身创生的存有"是说有一种本体叫做物自身,它可以创生存有;所谓"物自身的存有"是说这种存有本身就是物自身,而不是现相。必须明白,牟宗三创立无执存有论的真正目的是建构一种存有论,一种与现相不同的存有论。这里他特别强调的是智的直觉的有无。没有智的直觉,只有感性直觉,我们只能创生现相的存有。反之,我们就可以直达物自身,创生物自身的存有。与感性直觉相对的是识心,是现相,与智的直觉相对的是自由无限心,是物自身。这是牟宗三存有论最基本的原则。①

---

① 杨泽波:《贡献与终结——牟宗三儒学思想研究》第三卷,第308—309页。

"物自身创生的存有"和"物自身的存有"这两个概念词语相近,但内涵不同。前者("物自身创生的存有")是说,有一种物自身,它可以创生存有,意即道德之心是物自身,它可以创生存有。后者("物自身的存有")是说,这种存有不属于现相,而属于物自身,意即道德之心创生的存有,不再是现相,而是物自身。较之上一个问题,这个问题更为复杂。为了澄清二者的关系,我们可以这样来思考:即使我们认可牟宗三是以自由来讲物自身的,重视的是实践哲学意义的物自身,同时也承认这种物自身可以创生存有,可以视天地万物为目的,但这种成为目的的天地万物,是不是还属于物自身呢?

比如,阳明讲过,岩中花树本来"自开自落",只是因为人来到山中,看到了花树,花树颜色才"一时明白起来",由此可知花树不在心外。① 牟宗三多次引用这段材料,以说明"一时明白起来"的花树不再是"现相",而是"物自身"。这里的问题非常突出。花树颜色"一时明白起来",说明花树已受到人心的影响,哪怕这种影响如牟宗三所说是以道德目的方式展开的,是人将花树视为目的,但既然含有了目的,就说明它已不再是深山之中"自开自落"的花树了,不再是那个"物之在于自己"了。更为严重的是,按照康德的学理,自然界没有目的,目的是人给予的。如果将赋予道德目的的"花树"规定为"物自身",按照"物

① "先生游南镇。一友指岩中花树问曰:'天下无心外之物。如此花树在深山中自开自落,于我心亦何相关?'先生曰:'你未看此花时,此花与汝心同归于寂。你来看此花时,则此花颜色一时明白起来,便知此花不在你的心外。'"王阳明:《传习录》(下),《王阳明全集》,上海:上海古籍出版社,1992年,第124页。

自身"是"物之住其自己"的意思,那岂不等于说"花树"原本就有目的了吗? 这显然是与康德基本精神严重相悖的。

又如,牟宗三还以"本来面目""自尔独化"讲物自身,他说:

> 吾人若单自物自身之存在而言,吾人可说这是万物之"本来面目";就人而言,亦是人之本来面目。但就人而言,这只是"本来面目"之形式的意义;其真实的意义乃在自由自律的无限心之呈露。真实意义的本来面目不空头,亦不虚悬,故必即"物自身"之存在,乃至即天地万物之"物自身"之存在,而为本来面目。但是就物而言,例如草木瓦石,则只能就其"物自身"之存在而言其形式意义的"本来面目",而不能言其真实意义的"本来面目",因为它们不能显露无限心而为自由故,当然亦不能说它们不自由(物自身对于自由是中立的,既无损于自由,亦无助于自由,自由是另端开显的)。它们只在知体明觉这无限心之感应、润泽与明通中,而为自在的,自尔独化,而化无化相的。它们因着我的真实意义的"本来面目"之圆顿的呈现,因着我的自由无限心之感润与明通,而获得其本来面目,然而它们自己不能呈露无限心以自证其本来面目。①

① 牟宗三:《现象与物自身》,《牟宗三先生全集》第 21 卷,第123—124 页。

自由无限心为知体明觉,在知体明觉面前一切都是物自身。人与物皆然。这种说法容易引生一个问题:如果说在知体明觉前都是物自身,都是自由的话,人好理解,因为人是自由的,但草木瓦石是不是也是自由的呢? 牟宗三认为,在知体明觉面前,草木瓦石也是物自身,但它只有"形式意义",没有"真实意义",人则不同,人有"真实意义",可以显露自由无限心。尽管人与物有此差别,但牟宗三还是承认,在知体明觉之感应、润泽与明通中,草木瓦石也可以以其"本来面目"呈现,这种本来面目即为"物之在其自己",而这种情况就叫作"自尔独化"。牟宗三这一说法很难经得住深入推敲。草木瓦石在自然环境中没有任何意义,只是因为有了人,在人的知体明觉感应和润泽中,才具有了意义。但既然有了意义,就说明它早已不再是其"本来面目",不再是"自尔独化"了。上面所举"岩中花树"之例问题更为明显。牟宗三强调,人有智的直觉,以智的直觉看此花树,因为不受范畴的影响,所以花树是物自身,是花树之"本来面目",是其"自尔独化",是其物自身。这里的问题极为严重。按照常规的理解,花树在山中"自开自落"才是其"本来面目",才是其"自尔独化",才是物自身。人看到花树就会以自己的道德之心的内容影响它,哪怕这种影响是以道德目的实现的,这时的花树怎么能说是其"本来面目",怎么能说是其"自尔独化",怎么能说是物自身呢?

由此说来,牟宗三确实有不少以道德目的说明物自身的论述,但这些论述的准确性有待检讨,不能不加分析地盲目采信。必须清楚看到,即使沿用牟宗三的说法,人是目的,可以视天地万物(哪怕是以"桌子"为代表的无机物)为目的,但这种被视为目的的天地万物,是人以道德目的"看"的结果。因为此时的天地万物已经在人的视野之下,受到了人的影响,被附加了目的的因素,染上了道德的色彩,着上了某种"相",再谈不上"本来面目",谈不上"自尔独化",是绝对不能称为"物自身"(物之在其自己)的。

(二) 牟宗三为什么要将存有论的对象称为"物自身"

既然道德之心创生的存有对象早就染上了道德的色彩,成为了某种"相",脱离了物之在其自己的身份,牟宗三为什么要言之凿凿将其称为物自身呢? 这里的原因十分复杂,是我近二十年牟宗三研究着力最多,用心最苦的部分。研究下来,我发现,这主要是因为牟宗三的论证不够严密,存在着严重的瑕疵。这些瑕疵主要表现为如下彼此相连的三个环节:①

第一个环节是误解了康德智的直觉的概念。在康德学理中,智的直觉与本源问题相关,康德直接名为"本源的直观",与"派生的直观"相对,意指一种不需要对象刺激,本身就可以提供杂多的直观(觉)。康德在纯粹理性批判中为了划清认识的界限,防止认知的僭越,强调人的认识必须始于直观。直观一

---

① 我之前为此写过一篇文章《牟宗三"觉他"思想陷入误区原因梳理》(《文史哲》2015 年第 1 期),对这个问题进行了较为详细的分析(另见杨泽波:《贡献与终结——牟宗三儒学思想研究》第三卷,第 234—250 页)。此处论证的角度不同,建议相互参看。

方面有时间和空间这些形式,另一方面有对象的刺激以提供质料。没有形式,质料得不到整理,没有对象刺激,无法形成质料。自由、上帝、灵魂不灭作为本体,只是智思之物,无法为人提供质料,只能思之,不能识之。假如有一种直观可以不需要对象刺激便可形成,那么它就是"本源的直观"了。这种直观人类显然不可能具有,或许只有上帝才能具有,不过我们对此无法加以证明。这是康德"智的直觉"这一概念最基本的含义。①

——————————

① 参见杨泽波:《贡献与终结——牟宗三儒学思想研究》第三卷第五章第二目第一小节"智的直觉在康德哲学中的基本含义",第160—171页。受牟宗三影响,学界多未能从这个角度理解智的直觉,即使是对西学有较深了解、成就卓然的一些学者也难以幸免。比如,吴汝钧即认为:"康德提出另外一种直觉,那便是睿智的直觉(intellekuelle Anschauung),这种直觉超越时、空与范畴,能直接渗透进事物的本质层面,认识它的在其自己的性格,亦即是物自身。由于感性直觉要在时、空中进行,因此它受限于时、空与范畴,它的认识是有限制的,不能在同一时点同时认识两个或两个以上的对象,不然的话,便会出现混乱(illusion)的情况,影响认识的效果。但睿智的直觉超越时、空,因此它的认识作用没有限制,能在同一时点中同时了达事物的全体,而把得它们的共同性相(universal characteristics)。"吴汝钧:《纯粹力动现象学》,台北:台湾商务印书馆,2005年,第688页。在另一部著作中,这种观点再次出现:"康德认为,对于一个或一种存在,我们可就两面看。就它呈现于我们的感性直觉面前,其杂多或象表为感性直觉所吸收,为知性的范畴所整合,这一方面来说,是现象(Phänomenen)。就它的另一面不呈现在我们的感性直觉面前,不为知性的范畴所整合那一面来说,是物自身(Dings an sich),亦可说为本体(Noumena)。康德认为,我们人类只有感性直觉与知性,故只能理解事物的现象一面,而不能理解事物的物自身或本体一面。这一面需要借着睿智的直觉(intellekuelle Anschauung)来理解,但我们人类没有这种机能,只有上帝才有这种机能。故我们人类不能理解或认识物自身、本体,只有上帝才能理解或认识。"吴汝钧:《西方哲学的知识论》,台北:台湾商务印书馆,2009年,第89—90页。熟悉牟宗三的思想的读者很容易看出这完全是牟宗三的思路,是受牟宗三影响所致,其准确性是有待讨论的。

牟宗三一开始就没有从这个角度进入,而是从认识是否需要范畴(包括时空)来理解这个概念的。在他看来,人的认识必须借助范畴,受此影响,认识一定有所变形,所以只能停留于现相,无法达到物自身。如果可以证明有一种认识不需要范畴,那么它就是智的直觉了。我有这个发现,缘于我注意到了牟宗三的一段特殊经历:

> 三十年前,我在西南联大哲学系有一次讲演,讲建立范畴、废除范畴。当时听者事后窃窃私语,范畴如何能废除呢?我当时觉得他们的解悟很差。我说此义是以中国哲学为根据的。我当时亦如通常一样,未能注意及康德随时提到智的直觉,与直觉的知性,我只随康德所主张的时空以及范畴只能应用于经验现象而不能应用于物自身(这是大家所知道的),而宣说此义。现在我细读康德书,知道两种知性,两种直觉的对比之重要,即从此即可真切乎此义。此为康德所已有之义,只是他不承认人类有此直觉的知性而已。但在神智处,范畴无任何意义,范畴即可废除。假若在人处亦可有此直觉的知性、智的直觉,范畴亦可废除。废除范畴有何不可思议处?于以一见一般读哲学者,甚至读康德者,解悟与学力之差![①]

---

① 转引自牟宗三《智的直觉与中国哲学》,《牟宗三先生全集》第20卷,第195页。我在《贡献与终结——牟宗三儒学思想研究》第三卷作了引用,见该书第172—173页。

这段材料是我在《贡献与终结——牟宗三儒学思想研究》第三卷首次引用的。我非常重视这段材料,是它帮助我破解了这里的重重谜团,而这段材料的核心就在八个字:"建立范畴,废除范畴"。牟宗三到西南联大哲学系做演讲,主讲"建立范畴,废除范畴"问题。这一观点未被听众理解,令他非常失望。牟宗三之所以有此看法,是因为在他看来,如果没有智的直觉,就必须经由范畴,只能达成现相,反之,如果有了智的直觉,就不需要范畴,就能够达到物自身了。在中国哲学传统,尤其是儒学传统中,人人都有本心仁体、良心善性,对本心仁体、良心善性的把握是直接进行的,完全不需要范畴。这种不需要借助范畴的思维方式,在牟宗三看来就是康德所说的智的直觉。因此,依据儒学思想传统,我们完全有理由承认人可以有智的直觉,不需要像康德那样将其归给上帝。

自二十世纪三十年代末有了这种看法后,牟宗三一生都没有改变。数十年后在《智的直觉与中国哲学》正式讨论智的直觉时,他再次提到这个问题,这样写道:

> 试设想我们实可有一种智的直觉,我们以此直觉觉物自体,觉真我(真主体,如自由意志等),觉单一而不灭的灵魂,觉绝对存有(上帝等),我们在此直觉之朗现上,岂尚须于范畴来决定吗?范畴能应用于上帝,灵魂,自由真我乎?康德自然知道不能用。在此等等上既不能用,何便能应用于物自体?在此等等上,不但因我们对之不能有感触的直觉,故范畴不能用,且亦不因我们对之有智

的直觉,能睹即能用。康德在此未加谛审,故有那不谛之
语。康德不认我们人类可有智的直觉(这是因为他无中
国那样的哲学传统作背景故),这便影响他对于物自体
的了解之明晰,他只对之有一笼统的,形式的概念(消极
意义的限制概念)置于彼岸而已,故措辞多有不谛,亦多
缠夹。①

此处"岂尚须于范畴来决定吗"很能说明问题,其意是说,对
于真我的思维方式不需要范畴,这种思维方式就是智的直觉。
中国哲学历来承认对本心仁体的体认,康德因为没有中国哲
学传统,不这样看,所以措辞多有不谛,多有缠夹。将上面所
引这两段材料放在一起对比着细细研读,从中可以清楚看到
牟宗三是如何误解康德智的直觉这一概念的。

第二个环节是以"自觉"证"觉他"。牟宗三受教于熊十
力,非常重视良知呈现问题。牟宗三讲呈现,有两个方面的内
容。一是本心仁体遇事一定会当下表现自己,向人发布命令,
告知是非对错,人通过自身具有的"内觉"能力,可以觉知本
心仁体正在呈现。这就说明,人对本心仁体的体悟,知道是非
对错,是直接得到的,中间不需要借助范畴这种认识形式。这
种情况牟宗三称为"自觉"。二是道德之心不甘寂寞,面对外
部对象总要呈现自身,指指点点,表达自己的看法,以自身的

----

① 牟宗三:《智的直觉与中国哲学》,《牟宗三先生全集》第20卷,
第156页。

价值和意义影响它们,使其染上道德的色彩,创生道德的存有,使天地万物成为存在。这种情况牟宗三称为"觉他"。这两个方面缺一不可,前者的对象指内,后者的对象指外。就一般情况而言,理解"自觉"已经比较困难了,不然阳明也不会直到三十七岁才有龙场顿悟。"觉他"的情况更不乐观,人们很难明白道德之心为什么可以影响外部对象使之成为存在,不了解这种影响为什么是通过呈现的方式进行的,更不了解牟宗三为什么说这种思维方式是智的直觉。牟宗三思想难以理解,难以把握,绝非虚言。

然而,牟宗三的论证过程有一个严重的逻辑瑕疵,这就是直接以前者证后者,即以"自觉"证"觉他"。"自觉"是指对于本心仁体的体认,孔子的"内省自讼",孟子的"反求诸己",说的都是这个道理。人们对于本心仁体的体认是直接进行的,中间不需要借助范畴,从宽泛的意义上看,这种思维方式也可以说是智的直觉(严格说来康德并不认可这个说法)。"觉他"则是指道德之心影响外部对象,将自身的价值和意义附加在"山河大地""一草一木"之上。"山河大地""一草一木"原是自然之物,没有道德的价值和意义,因为有了人,受到人的道德之心的影响,才有了道德的色彩。道德之心影响外部对象不是认知问题,中间不需要借助认知意义的范畴。在牟宗三看来,这种思维方式刚好符合他心目中的那种无需范畴的智的直觉,于是便将这种思维方式规定为智的直觉,宣称我们不必沿着康德的路子走,人完全可以有智的直觉。

遗憾的是,这个论证过程有明显的不严格的地方。这是因为,人对本心仁体的体认确实是直接进行的,不需要借助作为认识形式的范畴,这是儒家的一贯传统,但不能由此证明道德之心影响外部对象,创生存有的思维方式就是智的直觉,其对象就是物自身。这个道理说复杂也复杂,说简单也简单。要说复杂,那必须先梳理康德意义的智的直觉的内涵,再澄清牟宗三是如何理解康德这一概念的,这些在康德研究中本身就是一个难点。说简单是因为既然是道德之心影响外部对象,创生存有,虽然这种过程不需要借助作为认识形式的范畴,但也必须有自己的道德内容。道德存有的本质是以道德之心的内容影响外部对象,将自身的价值和意义附加在这些对象之上,使其成为存在。既如此,由此生成的对象当然就已经带有了道德的色彩,成为了一种"相",不再是"物之在其自己",不能称为"物自身"了。

更为困难的是第三个环节,这个环节过去很少有人谈到,这就是混淆了"范畴之无执"和"化境之无执"的关系。牟宗三非常重视"无执"问题。在他看来,人的认识必须经由范畴这个环节,这其实就是一种"执",即"执"于范畴。如果可以不要范畴,也就做到了无执。这可以称为"范畴之无执"。除此之外,牟宗三还在另一个意义上讲"无执",这就是"化境"。"化境"是牟宗三在诠释孟子"大而化之之谓圣"时提出的一个概念。化境有两个所指。① 一是就普万物而言。儒学最初

---

① 参见杨泽波:《贡献与终结——牟宗三儒学思想研究》第五卷附录一"牟宗三儒学思想辞典"之"化境"条,第256—257页。

的目的是成就道德,属于道德自觉的范畴。但儒家又不以此为限,承认人同时可以进入普万物而为言的形上学之领域。这种形上学的领域即由圣人之"化境"而体现。圣人之"化境"其实就是普万物而为言之境,即一般所说的"与天地合其德,与日月合其明,与四时合其序,与鬼神合其吉凶","体物而不可遗","妙万物而为言"之境。二是就无相而言,这层意思更为重要。牟宗三强调:

> "大而化之"(把大化掉大无大相)之化境是儒家语。此"化"字最好,一切圆实皆化境也。不至于化,便不能圆,不能实,不能一切平平,无为无作。故"化"字是圆之所以为圆之最高亦是最后之判准。①

所谓"大而化之"就是把大化掉,大无大相。牟宗三非常重视这个问题,强调"此'化'字最好",在化境中,一切均是自然之自己,没有任何相可见。这就是说,人的道德一旦达到一定的境界,便会出现无心为善而成善,无心无德而为德,大无大相,在外面一点显不出道德样子的情况。这也是"化境"。人达到了这个境界,也就做到了无执,一切均是自然,一切均是平平,再无任何相可言。这种情况就叫"化境之无执"。

"化境之无执"是一个极有意义的问题,值得深入发掘,但牟宗三在这里有一种重要的滑转,这就是以"化境之无执"

---

① 牟宗三:《圆善论》,《牟宗三先生全集》第22卷,第275页。

证明"范畴之无执"。人的境界上升到一定高度,达到化境之后,确实可以做到"无执",外面丝毫显不出道德的样子,但这与"范畴之无执"不是同一个问题,不能以此证明"范畴之无执"。道德之心创生存有,是将道德之心的价值和意义投射到外部对象之上,使其染上道德的色彩。既然染上了道德的色彩,即使它是由圣人实现的,毫无造作,浑然天成,但对于对象而言,仍然被附加了道德的内容,仍然是一种"执",而不是"无执"。

这个问题还与牟宗三讲"无相"有关。"无相"即是没有任何相。牟宗三讲"无相"主要是就"道德而无道德之相"而言的。"道德而无道德之相"是说达到了"化境",成就了道德却完全没有道德样子的意思。明道"天地之常以其心普万物而无心,圣人之常以其情顺万事而无情"之名言,阐发的就是这个道理。天地与圣人原本是有心有情的,但天地与圣人境界高,可以以"无心""无情"的方式来体现。这种"无心""无情"就是没有道德的样子。我们完全可以承认这个道理,但切忌因此讲道德之心创生的存有对象也是无相,也是物自身。遗憾的是,牟宗三经常以这种"无相"说明道德之心创生赋予"山河大地""一草一木"以道德价值和意义,由此创生的存有对象也是"无相",进而将其规定为"物自身"。这个问题就大了。道德存有的本质是道德之心影响宇宙万物,既然受到了道德之心的影响,就说明这种对象已经着了"相",成为了一种现相,怎么能说是"无相"呢?

在翻译完康德的《判断力批判》后,牟宗三又将这个道理运用于审美的领域。他强调,随着境界的上升,人的审美也可以成为一种自然,没有任何执着。这种情况可称为"审美而无审美之相"。"审美而无审美之相"与上面说的"道德而无道德之相"性质相同,学理价值很高。但问题在于,牟宗三进而以"审美而无审美之相"论说"审美而美无美相"。"审美而无审美之相"与"审美而美无美相"字句相似,但含义不同。前者("审美而无审美之相")是说人在自然过程中,没有主观故意,即完成了审美。后者("审美而美无美相")则说是审美的对象没有了"相",是"无相",这种"无相"即是物自身。这里的问题十分严重。审美的本质是主体对于客体进行一种赋予,在此过程中同时获得美的感受。既然审美首先必须有赋予,那么这种赋予的对象就已经有了相。任何美都有其相。不管是不是达到了"化境",审美之美的对象都是一种"相",没有"相"的美根本不存在。牟宗三由"化境之无执"出发,大讲"道德而无道德之相""审美而无审美之相",进而证明"审美而美无美相",以此达到相即式合一,在逻辑关系方面有重大瑕疵。①

上面是对牟宗三论证三个环节存在的问题的分析,证明牟宗三对智的直觉这一概念的理解有失准确,将存有论的对象称为物自身更是一个严重的错误。卢教授不认可我的这种分析,批评说:

---

① 参见杨泽波:《无相的疑惑——关于牟宗三以"放得下"论无相建构相即式合一的一种讨论》,《中国哲学史》2013 年第 3 期;另见杨泽波:《贡献与终结——牟宗三儒学思想研究》第五卷,第 87—119 页。

卢雪崑教授提据卡对牟先生所论道德土什及其创进性缺乏理解,他只抓住"不需要借助时空和范畴"一点,竟以胡塞尔所论与道德毫不相干的"意向之物"来说事。①

这一批评有两个要点,·是不承认我以范畴之有无(即"不需要借助时空和范畴")为据认定牟宗三误解了康德智的直觉的概念,二是反对我以胡塞尔现相学解释牟宗三的存有论。关于第二点留给本文第三节分析,这里仅说第一点。

前面在分析康德智的直觉的基本含义时多次讲过,牟宗三自二十世纪三十年代末就关注"建立范畴,去除范畴"的问题,后来又以此来诠释康德智的直觉,将智的直觉理解为一种无需范畴的思维方式。我的研究证明了这是一个重要的失误,是牟宗三整个论证过程陷入误区的第一环,是其思想走向偏失的逻辑起点。卢教授不承认我的这种努力,批评我"只抓住'不需要借助时空和范畴'一点",这是我不能接受的。前面讲了,这个问题前人没有涉及,是我首先发现的。发现这个问题非常重要,有了这一步才能谈"自觉"和"觉他","范畴之无执"与"化境之无执"。卢教授在《牟宗三哲学——二十一世纪启蒙哲学之先河》也谈到了这个问题,承认牟宗三理解的智的直觉与康德原意不合,"将其本人所言'智的直觉'与康德所言'理智的直观'混同了"②。但她没有沿着这个方

① 卢雪崑:《牟宗三哲学》,第443页。
② 卢雪崑:《牟宗三哲学》,第139页。

向继续向前走,反而认为这并不影响牟宗三相关思想的正确性。在她看来,"牟先生透过发布道德法则的本心来指出其中即含一'智的直觉',同样标出道德法则之意识"。① 这是说,牟宗三通过道德本心的真实呈现来说智的直觉,这一思路与康德以道德意识讲道德法则彼此相通,意义深远。换言之,在卢教授看来,牟宗三在这个意义上完全可以讲智的直觉。这个看法问题很大。前面讲了,依据儒家学理,人可以直接体悟本心仁体,这种思维方式在特定意义上可以说是智的直觉,但绝对不能以此证明道德之心对于天地万物的影响也是智的直觉。卢教授未能清楚看到这里的问题,固守着牟宗三的思路,仍然是以"自觉"证"觉他",重复着牟宗三的错误。另外,她还以"执"与"无执"来讲物自身,指出:"此即牟先生依据'识心'之'执',与无限智心之'无执'的对反来作出'现象'与'物自身'之区分的思路。"②意思是说,圣人境界高,可以做到"无执",达到物自身,但光有此还不行,还要有"执",有了"执"才能形成认识,达成"现相"。联系上面的分析,这明显是牟宗三以"化境之无执"证明"范畴之无执"的思路,是这一失误的延续。

由此说来,卢教授虽然也看到了牟宗三对智的直觉的理解与康德不一致,提出了若干修正意见,但不肯承认这是一个根本性的错误,固守于之前的方式,或以实践哲学意义,或

① 卢雪崑:《牟宗三哲学》,第 148 页。
② 卢雪崑:《牟宗三哲学》,第 155—156 页。

以道德目的意义,以"自觉"证"觉他",以化境之无执证"范畴之无执"。这种做法只能在旧有的圈子里打转,无法从根本上纠正牟宗三思想的过失,这只能以"遗憾"二字作答了。①

三、将存有论的对象界定为"善相"的理据与意义

(一)"胡塞尔现相学意向性的直接性"与"善相"

既然道德之心创生存有的思维方式不是智的直觉,其对象不能称为"物自身",那么如何给其一个准确的称谓,就成了整个问题的关键。要解决这个问题,还是要回到牟宗三关于智的直觉的理解上来。前面反复讲了,牟宗三所说的道德之心创生存有的思维方式不是康德意义的智的直觉("本源的直观"),也与牟宗三自己理解的智的直觉(即无需范畴的思维方式,道德之心创生存有虽然不需要范畴,但也必须有道德内容)有异。既然如此,那么它到底属于什么性质呢?研究下来,我得出的结论是,它大致相当于现相学所说的意向的直接性。

意向性的思想可以追溯到古希腊。亚里士多德明确主张,认识一方面要有外部对象,另一方面要有心灵,对象只有首先通过某种方式存在于认识者之内才能形成认识。中世纪

① 考虑到文章的布局,对于这个问题,这里只是作初步的分析,在"再议'终结'"第三节"'终结'第二所指之延伸:如何理解智的直觉"将再加详论,敬请关注。

后，经过布伦塔诺的努力，意向性概念重新引起人们的关注。胡塞尔接续了布伦塔诺的思想，强调要构成一个心理现相，首先必须把一个对象意向性地包含于自身之中。没有这种意向性的内存在，心理现相是无法构成的。在胡塞尔看来，行为无不具有意向性，行为总是"朝向"对象的，自我在每一个行为中都意向地指向一个对象，每一个行为都意向地与对象相关。行为的一项重要任务就是给予意义。我们总是朝向对象，意指它，给它以意义。我在学习研究现相学的过程中注意到，意向有一个重要特点，即它不是间接的，而是直接的。这与康德思想有很大不同。康德强调，人通过感性直觉得到经验，再借用范畴对其加以整理，以形成知识。这样时空和范畴便成为了一个中介，认识必须通过中介才能完成。胡塞尔不是这样，他认为，意识意指一个对象，建构一个对象，是直接的意指，直接的建构，不需要像康德的认识论那样必须经过时空和范畴。我非常看重意向性思维方式的这种特点，特名之为"胡塞尔现相学意向性的直接性"。这个问题在现相学研究中似乎并不是一个特别重要的问题，我刻意提出这个说法，主要是想将其与牟宗三所说的智的直觉加以比较，对其有一个更好的诠释。照我的理解，牟宗三所说的智的直觉，其实与"胡塞尔现相学意向性的直接性"非常相近，二者都强调这个过程是直接进行的，是直接的赋予，直接的创生，并不需要借助时空和范畴这些认识形式。

存有论的对象仍然属于现相的范畴，而不能称为物自身，这是由上面的分析得出的必然结论。这个道理并不复杂。在胡塞尔现相学中,意向指向一个对象,就是建构一个对象,这个对象无论如何表述,都是现相,这是现相学这一称谓的根本原因。牟宗三存有论的主旨是"涵盖乾坤",是"仁心无外",强调仁心有"充其极"的特性,总要对天地万物指指点点,说三道四,将自己的好恶取向加于其上。这个道理听上去好像不易把握,其实其义理与现相学所说的意向指向对象,建构对象,有很强的相通性。既如此,道德之心影响下的对象,当然就应该纳入现相的范畴,而不能归为物自身。牟宗三敏锐地看到道德之心指向天地万物,影响天地万物,不需要时空和范畴,这本是一个极有价值的发现,但遗憾的是,他没有将这一重要发现与现相学相通,而是基于对康德智的直觉的误解,视这种思维方式为康德所不承认人类可以具有的智的直觉,进而将其对象称为物自身。

当然,这并不是说牟宗三和胡塞尔完全一致。胡塞尔现相学总体上是以认识论为基础的,对道德问题、价值问题关注不多。胡塞尔曾对自己思想的这一特点有过反思,在此过程中,以"价值设定"形式出现的存在设定,在非客体化行为中能够起什么作用的问题,一直困扰着他。在通过客体化行为构造出对象并且设定了对象的存在之后,我们往往要进一步设定这个对象的价值。也就是说,虽然胡塞尔的意向性研究足以证明,意向通过客体化行为可以建构对象的存在,达到"认之为在"或"认之为真",但是非客体化的行为,比如对于情感和意愿而言,能否同时决定"认之为善"或"认之为美""认之为有价值"呢? 如果这个设问有意义,那么"认之为在"

或"认之为真"如何过渡到"认之为善"或"认之为美""认之为有价值",就成了必须回答的问题。胡塞尔看到了这里的问题,也意识到了这个问题的复杂性,但没有给出令人满意的答案,非客体化行为必须以客体化行为为基础还是其思想的主基调。

与胡塞尔相比,牟宗三思想的意义就显现出来了。在牟宗三看来,儒家哲学不像西方哲学那样重视纯粹认知问题,更没有胡塞尔那种逻辑学—认识论的架构,不大关注认知意义的存在问题。但儒家哲学同样有自己的存有论,这个存有论的主体是道德之心。道德之心有"涵盖乾坤"之功,一定要将自己的价值和意义赋予天地万物,做到"仁心无外"。这种赋予天地万物以价值和意义,同样是创生一种存在。这种存在不是胡塞尔所说的那种真理意义的存在,而是一种由道德之心创生的存在。牟宗三终其一生,为建构存有论不断努力,所要说明的不外乎这个道理。胡塞尔尽管对这个问题作过探讨,但未能彻底解决,而中国哲学在这方面有着相当丰富的资源,牟宗三的努力就是希望把这些资源发掘出来,使之成为系统。然而非常可惜,由于牟宗三对胡塞尔关注不多,加之对智的直觉的诠释有欠准确,直接将道德之心创生存有的思维方式理解为康德意义的"智的直觉",而不是与"胡塞尔现相学意向性的直接性"挂钩,大大影响了人们对这一重要思想的理解。

清除了外围的障碍,逻辑上必然引出这样一个问题:既然道德之心创生存有的思维方式不是智的直觉,而大致相当于"胡塞尔现相学意向性的直接性",那么这个存有的对象就不能称为物自身,而仍然必须归属于现相的范畴;这个现相的基础因为不是认识论的,而是伦理学的,伦理学追求的是善,所以这一特殊的对象可以称为"善相":

> "善相"可以说是"现相"的一个分支。"现相学"讲的是一种在人的影响下产生的"相","善相"则更进一步,特指一种在人的道德影响下产生的"相"。我这里特别选用"善相"的说法,是想突出这样一个思想:与一般的"现相"不同,在道德之心"观看"之下也会显现出一种"现相"。因为这种"现相"并非对象原本具有,所以是一种"相";又因为这种"相"与道德之心有关,而道德之心是关乎善的,所以这种特殊的"相"可以叫做"善相"。"善相"与"现相"的关系须细加辨析。"善相"可以说是狭义的"现相",而通常所说的"现相"则是广义的"现相"。"善相"属于"现相",也可以归为"现相",但不能反过来,将"现相"完全归为"善相"。①

这是我对"善相"这一概念作出的说明。道德是关乎善的,道德也可以创生一种相,这种相即为"善相"。"善相"仍然属于现相的范畴,其内涵窄于现相,"善相"归属于"现相",而"现相"不全是"善相"。"善相"虽然是一个新说法,但其义理并

---

① 参见杨泽波:《智的直觉与善相》,《中国社会科学》2013 年第 6 期;另见《贡献与终结——牟宗三儒学思想研究》第三卷,第 19 页。

不难理解。我曾讲过,一个有德的人观察外部对象与一个无德的人观察外部对象,其外部对象的价值和意义一定有所不同。有德的人观看兰花时,会将人格的清新高雅移置其上,观看松树时,会将人格的高尚挺拔移置其上,观看翠竹时,会将人格的宁折不弯移置其上,从而使兰花、松树、翠竹有了道德的价值和意义。历史上人们常说的"一色一香无非中道""挑水砍柴无非妙道",可以很好地说明这个道理。这里的"一色一香""挑水砍柴"明显都受到了道德之心的影响。"鸟啼花落,山峙川流"也是同样道理。这时的"鸟啼花落,山峙川流"作为外部对象已经处在道德之心的润泽之中了,有了道德的意义。又因为这里的"一色一香""挑水砍柴""鸟啼花落,山峙川流"只与道德之心相对,不与认知之心相对,所以不是西方所说的现相。但不是西方所说的现相并不代表它们就是物自身,因为它们已经受到了道德之心的影响。这种受到道德之心影响的对象同样是一种"相",一种具有道德内涵的"相",而这就是我说的"善相"。要而言之,所谓"善相"就是道德之相,或者说就是道德之心所创生的那个特殊的存有之相。

卢教授基于一贯的立场,不同意我的这种理解,批评说:

> 杨泽波教授说:"'觉他'的物件(当为"对象"——引者注)是外部物件(当为"对象"——引者注),即所谓宇宙万物。"杨教授将牟先生所言以智的直觉"觉他"之物视为"外部物件"(当为"对象"——引者注),甚至套用胡

> 塞尔现象学来说,误认之为"意向之物"。……胡塞尔
> 所论不需要借助时空和范畴的"意向之物",根本不同
> 于牟先生于无限心大系统中对无限心而言"觉他"
> 之物。①

> 胡塞尔根本不谈道德,杨教授以胡塞尔的现象学来
> 理解牟先生的存有论,难怪他有所谓"善相"之怪论。②

这是批评我以现相学研究牟宗三的存有论。在卢教授看来,
"胡塞尔根本不谈道德",与牟宗三完全不同,怎么能套用胡
塞尔现相学以"意向之物"比附牟宗三的存有论呢?这种批
评在我看来没有太多的道理。人既有认知之心,认知之心可
以意指对象,创生存在,又有道德之心,道德之心同样可以意
指对象,创生存在。如果不承认道德之心有这种功能,那么原
本没有道德色彩的天地万物何以能够具有道德色彩,具有道
德的价值和意义呢?难道这种道德色彩,这种道德的价值和
意义,是由认知之心赋予的吗?胡塞尔现相学确实不重道德,
但这并不妨碍其他人从道德的意义来讲现相学。舍勒后来就
是发现了这个问题,才在基督教的背景下,发展出了自己颇具
特色的情感学说,建立了情感现相学、价值现相学。牟宗三以
中国哲学为根据,凸显道德之心对于天地万物的影响,也是朝
着这个方向作出的重要努力,具有重要的学理价值。

---

① 卢雪崑:《牟宗三哲学》,第441页。
② 卢雪崑:《牟宗三哲学》,第448页。

卢教授继而语气强硬地写道:

> 吾人可指出,牟先生所论道德主体为"独个的完整
> 的存在",即"物自身"之存在。而天地万物在道德主体
> 之"感应、润泽,与明通中,而为自在的,自尔独化,而化
> 无化相"。此义即牟先生所言"觉他"义,此义通康德所
> 论,任何物,视之为目的,它就是"在其自己"之物。此即
> 天地万物为一体之道德目的论下的"物"。岂有所谓如
> 杨泽波教授所言"只不过是一种'善相'","将道德之心
> 的价值和意义投射到物件(当为"对象"——引者注)上,
> 使物件(当为"对象"——引者注)染上道德的色彩"?!①

这是指责我把牟宗三所说的"物自身"界定为"善相"。按照
她的理解,在牟宗三那里,道德主体是物自身,道德主体可以
以目的论感应、润泽天地万物,在感应、润泽中,天地万物自尔
独化,化无化相,这种自尔独化,化无化相的天地万物即是物
自身意义的物。我不明其意,将其解说为"善相",大错而特
错。前面分疏了"物自身创生的存有"和"物自身的存有"这
两个概念。道德主体(本心仁体、自由意志)是物自身,这种
物自身可以创生存有,这叫"物自身创生的存有"。物自身创
生存有,其对象已经带有了道德主体的痕迹,染上了道德主体
的色彩,着上了"相",不再是"物自身的存有"了。即使道德

---

① 卢雪崑:《牟宗三哲学》,第449页。

主体是以道德目的看待天地万物的，这种活动的本质仍然是将目的因素加在天地万物之上，这种加上了目的因素的天地万物，已经带有了特殊的"相"，这种"相"即为"善相"，不再是物自身了。

卢教授如此反感我讲"善相"，据我分析，可能源于她对存有论这个概念的特殊理解。前面"一个基础性问题：什么是'存有'"一节讲过，卢教授是以"本心仁体或自由意志之真实存有性"来界定存有这个概念的。她强调，无论是儒家的本心仁体，还是康德的自由意志，都是真实的实有，以这种真实的实有证明人和物的真实存有性，是牟宗三道德存有论的宗旨。我已证明，牟宗三讲存有，根本目的是以道德之心说明天地万物如何能够有其存在性，即"就一物之存在而明其如何有其存在"，卢教授对存有概念的理解与牟宗三原意严重不合。卢教授以这种方式理解牟宗三的存有论，当然不能接受我把存有论的对象界定为"善相"了，因为那就等于否定了"本心仁体或自由意志之真实存有性"。然而，如果将牟宗三一生思想连贯起来，认认真真研读其原文，特别是《圆善论》"'存有论'一词之附注"，不难知晓，牟宗三存有论的中心思想是"就一物之存在而明其如何有其存在"。由此出发，即可明白，道德之心确实会对天地万物产生影响，恰如以道德之心观看"一色一香""挑水砍柴""鸟啼花落"，可以从这些对象中看到中道、妙道、至道一样。于是，问题便聚集在这样一个焦点之上：道德之心审视下已经成为中道、妙道、至道的对象，难道还是"一色一香""挑水砍柴""鸟啼花落"的"本来面目"

吗？如果不再是其"本来面目"，那不就等于说这些对象已经带有了一种道德之相吗？对于这种道德之相为什么非要固守牟宗三的做法叫作"物自身"，而不能准确地称之为"善相"，以其名而副其实呢？

（二）两层存有当为"识相"的存有与"善相"的存有

"善相"问题确定之后，两层存有的问题处理起来就容易多了。两层存有的思想是牟宗三在《现象与物自身》中正式提出来的，其后又在《中国哲学十九讲》中借助大乘起信论一心开二门的模式加以新的阐发。牟宗三此时特别强调，"对着良知、本心或自性清净心直接呈现的，是事事物物之在其自己；而当它一旦面对感性与知性主体时，则转成现象，这些现象可以透过时空形式来表象，亦可经由范畴来决定，它们是属于'自然因果性'所决定的。这种两种面向的呈现，不就等于佛教所说的'一心开二门'吗？"①意思是说，共有两层存有，对着良知本心呈现的，是物之在其自己；如果受到感性和知性形式的限制，就转为了现相。这两个方面都是存有，一个是物自身的存有，一个是现相的存有。在牟宗三这一论述中，现相的存有这一层没有问题，问题在于物自身的存有。前面已经阐明，道德之心是道德主体，它有创生存有的功能，这种创生不需要借助时空和范畴这些中介，但不需要借助时空和范畴的

①　牟宗三：《中国哲学十九讲》，《牟宗三先生全集》第29卷，第311页。

思维方式并不等于康德意义的智的直觉,而是**相当于一**种意向的直接性,其对象并不是"物自身",而是"善相"。这样一来,两层存有的称谓就需要作一个根本性调整了。道德之心创生的存有为"善相",认知之心创生的存有为"识相"。两个方面合起来,两层存有不再是"物自身"的存有和"现相"的存有,而是"善相"的存有和"识相"的存有:

> 相信读者很容易辨识出这是两种完全不同的说法。其一,一心可以开出现相和物自身二门,其中现相是一种相,相应的是执的存有,物自身是无相,是真如,相应的是无执的存有——这是牟宗三的说法。其二,一心可以开"识相"和"善相"二门,其中"识相"由认知之心创生,它自然是一种相,是一种执的存有,"善相"由道德之心创生,它虽有特殊性,但同样是一种相,一种执,而不是无相,不是物自身,不是无执的存有——这是我发现牟宗三思想缺陷后提出的修正说法。①

牟宗三将两层存有分别称为"现相"的存有和"物自身"的存有,"现相"相对于感性直觉而言,是有限心所为,"物自身"相对于智的直觉而言,是无限心而为。我则将其表述为一是"识相"的存有,二是"善相"的存有,"识相"的存有相对于认

① 杨泽波:《贡献与终结——牟宗三儒学思想研究》第三卷,第340页。

知之心而言,"善相"的存有相对于道德之心而言。这是两种完全不同的表述方式。将这两种不同说法放在一起加以比照,哪一种更为合理,更不易误解,更容易接受,读者可以自行判别。

卢教授从两个方面对我的理解提出批评。首先是不同意"善相"这一表述:

> 杨教授对于"存有"之哲学意义根本无恰当的了解,并且,他并不把握"存有论"于西方哲学发展至康德发生彻底改变,更谈不上认识这种改变对牟先生的影响。他所谓"现相的存有与物自身的存有","'识相'的存有和'善相'的存有"云云,都是随意造词。[1]

在卢教授心目中,我对牟宗三和康德的了解都极为有限,所以才有了"善相"这种念头,讲什么两层存有是"识相"的存有和"善相"的存有。这个问题前面已有交代,不再重复。

其次是批评我的立论方法,她说:

> 表面看来,杨教授也是主张两个层面之区分,但他所作所谓"有限的层面"与"无限的层面"之区分并不是依于哲学上的根据而作出的,并不能作为两层存有论的根据。……杨教授的区分是依据"人的不同需要加以分

---

[1] 卢雪崑:《牟宗三哲学》,第449—450页。

析",从"人确实包含多个不同层面",而拿取其中两个最
重要的层面(认知层面和道德层面)来立论。他这种区
分依人现实上生理的、心理的需要之多样性而论,显见并
非哲学意义之区分。①

这是认为我的立论方法不严格。如何表述两层存有,将其安
置在一个可靠的理论平台上,是一项十分费时费力的工作。
将道德结构横向区分为智性、欲性、仁性三个部分,建立"三
分法",是我三十多年前的重要创建。后来,在研究牟宗三坎
陷论的过程中,我又注意到,三分法的适用范围实际上要大得
多。人的认知结构和审美结构事实上也存在着三分的情况。
人既有道德结构,又有认知结构、审美结构,将这三个结构合
在一起,从纵向角度看,人就有了三个不同的层面,形成一种
新的三分,与之相应的方法即为"多重三分法"(此前仅用于
道德结构的为"单一三分法")。依据这种新方法,生命层级
构成在纵向排列上包含着三个不同的层面。人生活在世界
上,首先要有物质方面的欲望,由此构成第一个层面,这就是
"体欲"。除此之外,人还要对世界和自身有所认识,由此构
成第二个层面,这就是"智识",这大致相当于西方哲学的理
论理性。特别重要的是,人生还有第三个层面,这就是"道
德",这大致相当于西方哲学的道德理性。"智识"高于"体
欲",是因为非如此人无法与其他动物相区分;"道德"高于

① 卢雪崑:《牟宗三哲学》,第450—451页。

"智识",是因为有了"道德"才能保证"智识"有正确的前进方向,康德所说道德理性高于理论理性正是此意。① 以"多重三分法"重新审视两层存有,问题就清楚多了。它告诉我们,既然人是分为不同层面的,那么人所创生的存有也包含着不同的层面。与"道德"相应的是道德之心,它可以创生道德的存有,即前面所说的"善相"的存有。与"智识"相应的是认知之心,它可以创生认知的存有,即前面所说的"识相"的存有(此处暂时不讨论"体欲"创生存有的问题)。一个是道德的"善相"的存有,一个是认知的"识相"的存有,牟宗三两层存有论说到底不过是这两层而已。

卢教授不赞成我的"多重三分法",批评其是"非哲学意义之区分"。我不明白卢教授所说的哲学意义的区分究竟指什么。难道只有像康德那样先讲一个理论理性,再讲一个道德理性,强调道德理性优越于理论理性,再把审美力置于二者之间,以担负沟通之责,才算是哲学意义的区分吗? 康德只是哲学的一种方式,就算我们承认这种方式的合理性,其中的不少环节仍然需要讨论。由于卢教授"独钟康德"②,在她看来似乎只有

---

① 参见本书第一章《再议"坎陷"》第三节"'多重三分法'有巨大潜力,不应轻易讥为'儿戏之论'"。

② "独钟康德"是《牟宗三哲学——二十一世纪启蒙哲学之先河》一书评审人之语,卢教授在书中为自己作了辩解,指出:"拙著的一位评审人批评本人'推崇'和'独钟康德'。不必讳言,本人尊敬康德哲学,但绝非如评审人所以为的那样'推崇'康德个人,而是通过长期独立研究之后对一个具客观贡献的哲学之肯认。并且,尊敬康德哲学,也并不表示'独钟'。作为一个'个人',康德有对,也会有不对。当我们尊敬康德哲学,是发自理性本性之肯断,这个哲学与每一个人之实存相关,它不必亦不需要'推崇'和'独钟'。"卢雪崑:《牟宗三哲学》,第105—106页。

康德的方式才是"哲学意义"的,其他的努力方式都是"非哲学意义"。这种批评有多大的说服力,不得不令人生疑。

（三）将道德存有的对象定性为"善相"的双重意义

否定牟宗三将存有论的对象称为"物自身",将其界定为道德之相,即所谓"善相",有双重意义。

第一重意义涉及儒学存有论与西方现相学的关系。如上所说,牟宗三的存有论与康德有一个对应关系,但因为他对智的直觉的理解不够准确,致使将道德之心创生存有的思维方式理解为康德不承认人可以具有智的直觉,进而将存有论的对象称为"物自身"。上面的分疏已经证明了,牟宗三所说的智的直觉并不符合康德的原意,他心目中的那种不需要时空和范畴的思维方式,只大致相当于"胡塞尔现相学意向性的直接性"。有了这个新视角,牟宗三存有论的意义一下子就鲜明了起来:牟宗三虽然没有从胡塞尔现相学的角度进入,但其相关思想与胡塞尔现相学确有异曲同工之妙,在一些关键环节上还有重要的推进。儒学从本质上说是一种政治之学,关注的重点是如何治理国家,以道德为最高的治国理念。为了实现这个理想,先贤们对人何以能够成德进行了多方面的探讨,提出了各自的理论。这些理论虽互有差异,但寻找和确定道德根据,使人更好地成德成善,则无分歧。道德根据一般又称为道德本体,有体必有用。这个用可以从两个方面看:一是可以成就道德的善行,使人成为有道德的人,二是可以影响外部对象的存在,使其染上道德的价值和意义。

前一个方面的内容是儒家学理的老话题,相对而言,后一个方面的内容因为涉及一种特殊的存有论,新意更为明显。这种特殊的存有论与西方哲学有很大的不同。胡塞尔创立现相学作出了大的贡献,但他的现相学的主体是认知性的,不是道德性的。儒家在没有受到胡塞尔现相学影响的前提下,同样承认道德之心可以创生存有,与之相应的便是道德存有论。这种情况告诉我们一个重要道理:道德本体创生存有完全可以独立进行,并不一定非要以认知主体为基础,从而打破了胡塞尔非客体化行为须以客体化行为为基础的模式。儒家的这种道德存有论预示着一个非常有前景的方向,甚至可以说具有世界性的意义。牟宗三为阐发这方面的道理用尽一生心血,付出了巨大的努力,沿着这个方向发展,不仅可以与西方现相学沟通,更可以将儒家学说自身的智慧贡献于世界,弥补西方现相学的不足。或许只有从这个角度出发,我们才能真正看透牟宗三存有论的意义。反之,如果像卢教授那样,将牟宗三的存有论诠释为"本心仁体或自由意志之真实存有性",以道德目的解说存有论,解说"物自身"的存有,不承认道德之心可以创生一种特殊的存有,即所谓"善相",那等于将儒家学理重新限制在康德框架之中,再次成为西方哲学的附庸,何谈彰显其对于世界哲学的贡献呢?

另一重意义是关于儒学发展整体脉络的。前面讲了,道德本体可以有两个方面的发用,一是可以成就道德的善行,二是可以影响外部对象的存在。前者自孔子创生儒家学派开始就广为关注了,主要讨论道德根据问题,成德方法问题,这是儒学的题中应有之义。后者则是受到佛教影响,到宋明之后,经横渠、明道、阳明等人努力,才逐渐形成的,主要关注道德之心如何影响天地万物,使其成为道德存在的问题。这两个方面事实上形成了儒学发展的两条线索,前者为主,我名之为"道德践行之主线",后者为辅,我名之为"道德存有之辅线"。两千年儒学整体发展就是由这两条线索贯穿而成的。

在这两条线索中,辅线的形成与熊十力的努力密不可分。二十世纪初,熊十力到南京支那内学院跟随欧阳竟无学习佛学,对唯识论有了一定的了解,但对其学理又有所不满。在他看来,佛家学理的基础是空,儒家学理的基础是实。而他创作《新唯识论》的根本目的是要说明,万物之源,万有之本,都在此心,世间万物,都不离我的心而存在,这个心是实的,它就是儒家的道德本心。这充分说明,熊十力的新唯识论,虽然根基与佛教不同,但其基本义理并没有差别,都是主张天地万物、宇宙大化源于心的创造。牟宗三自受教于熊十力后,很快把握住了其师这一思想主旨,大力宣扬。在他看来,在儒家学理系统中,道德之心不是死物,有很强的创生性,不仅可以创生道德践行,也可以创生道德存有,赋予宇宙万物以道德的价值和意义,使其成为道德的存在。世间一切都是心显现的相,除此之外,不存在所谓"境的本相"。牟宗三一生都在关注道德存有问题,从没有离开过这个主题。由于他的不懈努力,这个问题才渐渐被人所认识,上升为研究热点。尽管在此过程中,受历史条件所限,他误解了康德智的直觉的概念,将道德之心创生存有的对象错误地规定为"物自身",但这并不能影响他接续其师的思路,努力开拓道德存有之辅线所作出的重要贡献。

　　这也是我不接受卢教授批评的一个主要原因。卢教授研究牟宗三存有论,没有遵从牟宗三的原意,从"就一物之存在而明其如何有其存在"的角度来理解存有的概念,而是将其解读为"本心仁体或自由意志之真实存有性"。按照我的判断,这应该算得上典型的误读了。这种误读负面作用很大,使其思想的重点完全落在了道德主体是"实有"还是"假说"上面,忽视了道德之心与外部世界的关联,不了解牟宗三建构存有论的主旨不是讨论道德根据是不是实有,而是关注作为实有的道德主体是如何"涵盖乾坤""仁心无外",影响天地万物使其成为存在。更加重要的是,她不接受"善相"的提法,固守于牟宗三的说法,坚持将道德之心创生的存有对象称为"物自身",为人们正确理解道德存有问题设置了障碍,影响了人们对于道德存有这条辅线的把握,进而无法理解儒学发展"一主一辅"两条线索的整体格局。

　　这些问题之所以存在,自然与牟宗三表述有欠准确有关。从康德智的直觉概念出发,将道德之心创生存有的对象称为"物自身",是牟宗三后期思想最难理解的部分,盘根错节,曲折万端,我曾以"'黄河九曲十八弯',最后不知弯到哪里去了"①

_____

　　①　我曾讲过:"自牟宗三以智的直觉重新解说儒家存有论以来,其思想实在是太曲折、太离奇了,由智的直觉开始到物自身,由物自身到圆善问题,再由圆善问题到以'无相原则'为基础解决真美善的合一问题,'黄河九曲十八弯',最后不知弯到哪里去了。如果不能站在总体的高度,对牟宗三儒学思想有一个通盘的了解,像存有、圆善、合一这样一些问题,是很难说清楚的。"杨泽波:《贡献与终结——牟宗三儒学思想研究》第一卷,"总序",第40页。

加以形容。但另一个方面，后人努力不够，不能跟上牟宗三的思路，也是不可推卸的原因。在我看来，卢教授在这方面的差距似乎大了一些。将存有理解为"本心仁体或自由意志之真实存有性"，而非"就一物之存在而明其如何有其存在"，进而否定道德之心创生的存有为"善相"，是一个极为典型的例子。卢教授千错万错，就错在不能正确理解由熊十力到牟宗三一脉相传的存有论，将这一重要思想完全限制在内的方面，忽视了外的方面。这里表现出来的问题，与其多年亲炙牟门，在其指导下完成硕士、博士论文，并做了博士后研究的身份，①似不相称。每每想到这里，都不得不感叹牟宗三研究之艰难，即使入门弟子亦是如此，扼腕而叹，遗憾不止。《贡献与终结——牟宗三儒学思想研究》第三卷有这样一段文字，引在下面作为本文的结束，以表达我现在的心情：

> 由此来看，牟宗三写作《智的直觉与中国哲学》、
> 《现象与物自身》，借助康德研究儒学，建构无执存有
> 论，花了那么大的功夫，虽然精神可嘉，令后辈晚学佩
> 服，但这些巨大付出不仅没有帮助他将已有的思想进一

---

① 卢教授说："本人师从牟先生十八载，在先生的指导下完成硕士、博士学位，及博士后研究，这个过程是吸收的过程，接受哲学训练、试练基本功的过程。研习的专业在康德哲学及儒家哲学，此二者为本人跟从牟师学习之专业，亦可说正是牟先生哲学之核心，故在日渐之熏陶中，就培育出师生慧命相续之志愿。跟从牟师的十八载，是一步一步进入先生哲学体系之堂奥的艰辛过程，竭力把握其中每个关键词及重要命题，用牟先生的词语说，这是客观了解的工作，同时就是与牟师之哲学洞见与慧识相契接的过程。"卢雪崑：《牟宗三哲学》，第291—292页。

步阐发清楚,反而摆了一个很大的"乌龙",将原先还算清晰的思想引入到一个乱局之中,其相关论述盘根错节,复杂万端,遂成为牟宗三儒学思想最为复杂、最为缠绕的部分。研讨牟宗三后期存有论著作,很多时候就像是猜谜。那些复杂缠绕的论述,常令人们一头雾水,不仅难以把握其思想真义,甚至很难明白其究竟在说什么。且不要说一般的读者,即使是专业研究者也难免遭此厄运。这么多年了,这么多人研究牟宗三,从没有人明确指出牟宗三一再强调的道德之心创生存有的思维方式既不是康德意义的智的直觉,也不是牟宗三自己所理解的智的直觉,其对象根本不是什么物自身,只是一种特殊的现相即所谓善相罢了,足以为证。面对这种尴尬局面,我有时甚至驱赶不了头脑中这样的怪念头:牟宗三耗尽半生心血讲智的直觉,讲物自身的存有,语句艰涩,逻辑缠绕,义理曲折,把几乎整个学术界都套了进去,蒙在鼓里,这究竟是牟宗三之过,还是后人没有本事,不争气呢?①

四、"人虽有限而可无限":人究竟有没有无限性

最后还有一个问题需要讨论,这就是牟宗三的著名命题:"人虽有限而可无限"。这个命题是牟宗三在《现象与物自

---

① 杨泽波:《贡献与终结——牟宗三儒学思想研究》第三卷,第369页。

……由此推出其执。牟宗三提出这个命题意在表明，人有感性直觉，所以是有限的，人有智的直觉，所以又是无限的。感性直觉和智的直觉的最大区别就在"执"与"无执"。感性直觉必须借用范畴，此为"执"，其对象为现相；智的直觉不需要借用范畴，此为"无执"，其对象为物自身。《现象与物自身》这样写道：

> 康德自言其所言之感性与知性，我们很难说它们是识心之执；顺西方传统，亦无人想到可于它们加一"执"字。我们不能说康德的分解部是唯识论。若直以唯识论那套名言去比附康德的分解部，那必无意义。但若知从泛心理主义的唯识论中理应可有一认知主体，则认知主体，无论如何理性，如何逻辑，它究竟不是由无限心所发的智的直觉，如是，说它是识心之执乃是必然的，因认知心仍是识心也，只不过不取心理学的意义而已。我们习于范畴、法则、逻辑、数学、理性，这些庄严名词日久，以为凡此皆与识心之执根本无关。实则一与智的直觉相对照，显然可见出它们皆是认知主体之所发，仍是属于识心之执之范围。[1]

人们研究康德哲学，很难想到这里有一个"执"的问题。但如果改换视野，从认知主体不是无限心，没有智的直觉的角度

---

　　① 牟宗三：《现象与物自身》，《牟宗三先生全集》第 21 卷，"序"，第 18 页。

看,其中所谈范畴未必与识心之执没有关系。也就是说,如果没有智的直觉,只有感性直觉,就离不开范畴,这种范畴就是"执"。

该书第一章第四节"超越的区分的充分证成之道路"中有一大段文字清楚表达了牟宗三的这一致思取向。原文为一段,为便于理解,分作三个小段逐一梳理:

> 对不执的主体而言何以即为有价值意味的物自身?这样的物自身何以即能稳定得住?例如在无限心的明照上,一物只是如如,无时间性与空间性,亦无生灭相,如此,它有限而同时即具有无限性之意义。无时空性,无生灭相,此两语即显示一价值意味。说"独化",是化无化相的,是无有转化之过程的。说自在自得,是一个价值意味,不是事实问题中的一个光秃秃的"在"。说"无物之物",这是说物无物相,即不作一有限的现实物看,这表示一个价值的意味,故云"无物之物则用神":虽物也,而即具有无限性之意义;虽物也,而即是知体明觉之著见。说"一色一香无非中道",这色与香不作色香看,当体即是中道("即空即假即中"之中道):这是一个价值意味的色香,透明了的色香,不是有限现实物的色香。①

无限心不受时间空间的限制,所展现的不是受空间时间影响

---

① 牟宗三:《现象与物自身》,《牟宗三先生全集》第21卷,第18页。

的样子，而是物自身原本的样子，这就是如相。如相无相，即为实相。"无时空性，无生灭相，此两语即显示一价值意味。"这一表述大有深意。它告诉读者，无限心没有时空性，与其相对的对象，是一个有价值意味的对象，而不是一个事实意义的对象。换句话说，无限心展现之物不受时空形式的限制，不再是现相，这种不是现相的对象，即是价值意味的物自身。

牟宗三接着说：

> 又如，当自由无限心呈现时，我自身即是一目的，我观一切物其自身皆是一目的。一草一木其自身即是一目的，这目的是草木的一个价值意味，因此，草木不是当作有限存在物看的那现实的草木，这亦是通化了的草木。康德的目的王国本有此义，但他不能充分证成之，从上帝的创造处说，尤其不能稳住此义。①

草木不能只限制在认知的意义上，还应置于道德的意义上理解。当自由无限心呈现之时，也将目的赋予了草木，此时的草木即为"通化了的草木"，这种"通化了的草木"具有了无限心的意义，不再是现相。这种具有了无限心意义的"通化了的草木"，就是价值意味的物自身。

---

① 牟宗三：《现象与物自身》，《牟宗三先生全集》第21卷，第18页。

对于这样一套说法,牟宗三十分自信,不无自豪地指出:

> 以上所说的俱亲切而明确,这才是对于物自身而有的清楚而明确的表象,这不是从上帝的创造处说所能明朗的。这样的物自身系于无执的无限心这个主体,无限心觉照之即存有论地实现之,此亦可说创造,但不是上帝的创造,因此,物客观地就是如此,就是这样有价值意味的物自身,此就是物之实相:实相一相,所谓无相,即是如相。①

牟宗三认为,这才是对物自身清楚而明确的说明。与康德不同,儒家哲学承认人有智的直觉,有无限心。无限心"觉照"之即是存有论地实现之,创造之。这种创造是价值性的创造,是物之实相的创造,是物自身的创造,其对象自然不再是现相,而是物自身了。在另一处,牟宗三甚至有如下慷慨激昂的文字:"哲学家们!如果你们只就我们人类的辨解知性说话,而不就无限心说话,或于我们人类不能点明其转出无限心及智的直觉之可能,你们休想反对康德,也休想说我们能认知'物自身'。"②这明显是说,必须跳出辨解知性,以无限心和智的直觉思考问题,否则不可能真正了解康德,不可以达到"物自身"的认识。

---

　① 牟宗三:《现象与物自身》,《牟宗三先生全集》第 21 卷,第 18—19 页。

　② 牟宗三:《现象与物自身》,《牟宗三先生全集》第 21 卷,第 8 页。

对于牟宗三这一命题，卢教授表达了自己的不同理解。在她看来，儒家就本心明觉而言的"智的直觉"，并不是康德就认识机能而言的知性的直观能力，"故此必须与康德所言的'理智的直观'区别开来。明乎此，则可知，牟先生依中国哲学而论的'人可有智的直觉'与康德依批判而提出的'人不能有理智的直观'是根本不同的哲学问题"。① 意思是说，儒家所说的智的直觉与康德所说的智的直觉，其内涵并不相同，应该注意加以区分。虽然卢教授在这个问题上保持着自己理解的独立性，但她似乎并不反对"人虽有限而可无限"这一命题，这样写道："简而言之，无限心大系统乃是依据儒释道三教肯定'人虽有限而可无限'以确立'无限心'与'有限心'之区分，借此论'执'与'无执'并据之建立'两层存在论'，并依'无执的存在论'建立'实践的形上学'。"② 牟宗三有限与无限的划分，其实就是"执"与"无执"的划分，因为有此划分，所以有"两层存在论"，又因有"无执的存在论"，所以有"实践的形上学"。从这一表述来看，卢教授对牟宗三"人虽有限而可无限"的命题在总体上是持认可态度的。

我对这个问题的看法有所不同，坚持认为"人虽有限而可无限"这一命题内部隐含着一个根本性的矛盾。请看下面这段材料：

---

① 卢雪崑:《牟宗三哲学》，第 139 页。
② 卢雪崑:《牟宗三哲学》，第 464—465 页。

对象在"一定关系"中名曰现象,所谓"一定关系"即是在感性模式下而与感性主体发生关系,即显现到感性主体上来。不在此种关系中,而回归于其自己,即名曰物自身,物之在其自己,或对象在其自己。此即是作为物自体的理智物,而非在一定关系中作为现象的感触物。我们可以这样去思对象,即依在或不在一定关系中之方式而思之;在一定关系中,名曰现象;不在一定关系中,即名曰物自体,对象在其自己。我们这样便形成"物自身"之概念(形成一对象在其自身之表象)。这样思之而形成"物自身"一概念是并无过患的。这所形成的概念即是"物自身"这个概念,"物自身"一义。①

牟宗三判定对象是现相还是物自身有一个核心标准,就是对象是否在"一定关系"中:在"一定关系"中为现相,不在"一定关系","回归于其自己",为"物自身"。牟宗三这样讲,是因为在他看来,道德之心影响天地万物属于后一种情况,即不在"一定关系"中。然而问题在于,道德之心影响天地万物,本质是道德之心对天地万物发生影响,是对天地万物加以道德性的说明。既然如此,就说明此时的天地万物已与道德之心保持着"一定关系",就在"一定关系"之中了,怎么能说此时的对象不在"一定关系"之中,就是物之"如相",就可以称为

---

① 牟宗三:《智的直觉与中国哲学》,《牟宗三先生全集》第20卷,第150—151页。

"对块在其自己",则将有物自身一眼。

另一段材料也应如是观:

> 当我们说"一色一香无非中道"时,此时我们并不是把色香看成是一个现实的物体存在(事实概念的物体存在),而是把它们看成即是"中道",这是一个价值意味的存在。当我们说"挑水砍柴无非妙道"时,亦复如此。当我们说"鸟啼花落,山峙川流,饥食渴饮,夏葛冬裘,至道无余蕴矣"(王东崖语),亦复如此。当我们把这些看成是"有限存在"时,那已不自觉地把它们看成是现象了。有限是事实概念式的决定的有限,它当然非有时空性不可,亦非有流变性不可,那不能不是现象。可是当我们说它们是"在其自己"之存在,它们必然地不是现象,因此,它们不能有时空性、有流变相,因此,它们即不是事实概念式的决定的有限,而是取得一无限意义的价值意味的存在了。①

在牟宗三看来,道德之心具有创生存有的功能,"山河大地""一草一木"都在其"觉照"之下。这种"觉照"属于神感神应,本质上是智的直觉,"觉照"下的对象不再是现相,而是物自身。为此他举了一色一香、挑水砍柴、鸟啼花落的例子,强调

---

① 牟宗三:《现象与物自身》,《牟宗三先生全集》第 21 卷,第 117 页。

没有道德之心的"觉照",这些对象没有道德的价值和意义,有了道德之心的"觉照",这些对象才有了道德的价值和意义,改变性质,成为了中道、妙道、至道,成为了物自身。

这里问题重重。道德之心"觉照"不是认识问题,不需要借助时空和范畴,但前面已经证明,其思维方式既不是康德意义上的作为"本源的直观"的智的直觉,也不是牟宗三所理解的不需要时空和范畴,作为"无执"的智的直觉,其对象根本谈不上物自身。就以此处的一色一香、挑水砍柴、鸟啼花落来说,这些对象要变得有意义,至少要有中道、妙道、至道这些道德内容,没有这些内容,这些对象不可能有道德的意义。尽管这些道德内容不是时空范畴之"执",但也是道德内容之"执"。离开了这些道德内容,一色一香、挑水砍柴、鸟啼花落如何能够显现为中道、妙道、至道?反之,具有了中道、妙道、至道的一色一香、挑水砍柴、鸟啼花落,已经具有了道德的内容,如何还能称为物自身呢?

由此说来,我们需要重新审视牟宗三"人虽有限而可无限"这一著名命题。此处的"有限"指没有智的直觉,因为没有智的直觉,必须借助范畴,受其影响只能达到现相。此处"无限"指有智的直觉,因为有智的直觉,不受范畴的影响,可以直达物自身。智的直觉既对"自觉"而言,又对"觉他"而言。承认人对本心仁体有直觉,这是儒家一贯的主张,将这种直觉理解为康德意义上的智的直觉,尽管不合康德的原意,但有重要价值,就此而言可以在特定限度内承认人有"无限性"。然而,牟宗三讲智的直觉,最重要的意义还在于"觉他",仍十道德存有,仍十将道德偃君所仍界非,为物自身,道德存有的本质是道德之心影响外部对象,由于不是认知问题,这个过程不需要借助范畴,加之人到了一定的境界达到了"化境",确实完全可以做到大无大相,但道德之心创生存有的活动离不开道德的内容,离开了道德的内容不可能有道德存有,就此而言,道德内容客观上发挥着类似范畴的作用,其对象绝对不应界定为物自身。从这个意义上说,"觉他"仍然是"有限",而达不到牟宗三所希望的"无限"。"人虽有限而可无限"这一著名命题需要重新加以评估。

作者发表的与"善相"问题相关文章之名录

1.《未冠以存有论名称的存有论思想——牟宗三〈心体与性体〉存有论思想辨析》,《现代哲学》2004 年第 2 期。

2.《牟宗三超越存有论驳议——从先秦天论的发展轨迹看牟宗三超越存有论的缺陷》,《文史哲》2004 年第 5 期。

3.《〈智的直觉与中国哲学〉存有论思想辨析》,《思想与文化》第 4 辑,上海:上海人民出版社,2004 年。

4.《先秦儒家与道德存有——牟宗三道德存有论献疑》,《云南大学学报》(社会科学版)2004 年第 5 期。

5.《牟宗三超越存有论义理疏解》,《哲学门》2004 年第 2 册,北京:北京大学出版社。

6.《〈现象与物自身〉存有论思想辨析》,《复旦哲学评论》第 2 辑,上海:上海辞书出版社,2005 年。

7.《从纵贯系统看超越存有论的缺陷——以明道为中心》，《东岳论丛》2005 年第 1 期。

8.《圣人与存有——论牟宗三道德存有论的两个理论缺陷》，《南京师范大学文学院学报》2005 年第 1 期。

9.《横摄系统与超越存有——从朱子看牟宗三的超越存有论及其缺陷》，《学术月刊》2005 年第 2 期。

10.《超越存有的困惑——牟宗三超越存有论的理论意义与内在缺陷》，《复旦学报》（社会科学版）2005 年第 5 期。

11.《牟宗三"自觉"思想的理论意义》，《复旦学报》（社会科学版）2006 年第 5 期。

12.《牟宗三何以认定康德的物自身不是一个事实的概念?》，《哲学研究》2007 年第 11 期。

13.《康德的物自身不是一个事实的概念吗? ——牟宗三关于康德物自身概念之诠释质疑》，《云南大学学报》（社会科学版）2008 年第 3 期。

14.《牟宗三纵贯纵讲的存有论内涵》，《华东师范大学学报》（哲学社会科学版）2012 年第 5 期。

15.《"觉他"的思维方式不是智的直觉——牟宗三的"觉他"与康德的智的直觉关系辨析》，《哲学研究》2013 年第 1 期。

16.《牟宗三存有论的理论意义与方法缺陷》，《云南大学学报》（社会科学版）2013 年第 2 期。

17.《康德意义的智的直觉与牟宗三理解的智的直觉》，《文史哲》2013 年第 4 期。

18.《无相的疑惑——关于牟宗三以"放得下"论无相建构

相即式合一的一种讨论》,《中国哲学史》2013 年第 3 期。

19.《智的直觉抑或意向性的直接性？——对牟宗三的"觉他"学说的重新定位》,《复旦学报》(社会科学版) 2013 年第 6 期。

21.《智的直觉与善相——牟宗三道德存有论及其对西方哲学的贡献》,《中国社会科学》2013 年第 6 期。

22.《牟宗三"觉他"思想陷入误区原因梳理》,《文史哲》2015 年第 1 期。

第四章　再议"圆善"

一、为什么说"牟宗三未能解决康德
意义上的圆善问题"

1985年,牟宗三出版了《圆善论》,旨在借助中国哲学的智慧解决康德未能真正解决的圆善难题。牟宗三关注这个问题,得益于写作《佛性与般若》时受到的佛教判教思想的启发。注重判教是佛教的一个传统,以判定学派义理之高下,学理之圆与不圆。在牟宗三看来,这方面讲得最好的,莫过于天台宗,故以天台为圆教,借助其学理,以解决康德的圆善问题。

为此,牟宗三认真梳理了康德的圆善思想。在他看来,在康德道德哲学中有两种善,首先是无条件的纯善极善,其次是整全而圆满的善。前者是纯德之善,后者是配享幸福的善。道德当然要追求纯德之善,但光有此还不够,还必须有整全而圆满的善。这种整全而圆满的善,同样是实践理性的目的。

既然如此,如何将纯德之善与幸福欢乐起来,就成了一个问题。纯德之善可能给人带来福,也可能为人带来苦。如果带来的不是福而是苦,人们虽然可以用"祸兮福所依,福兮祸所伏"自我安慰,但并非长久之计。只有让人相信,只要坚心向善,尽管一时不能有福,但终将有福,理论才是完整的、有效的。这种既有德,又有福,就是康德所说的"圆善"。康德这方面的理论过去多译为"至善",牟宗三则改译为"圆善",取"整全而圆满"之意。

牟宗三十分重视《圆善论》,在其序言中列举了解决圆善问题的五个必要条件:一,必先了解道家无之性格与佛家般若之性格的共通性,否则无法明白儒家属于纵贯纵讲之系统;二,必先了解纵贯纵讲与纵贯横讲之差异,儒家属于纵贯纵讲,道家与佛家属于纵贯横讲,否则无法明白三家之不同;三,必先了解儒释道三教皆承认无限智心,否则无法明白三教皆肯定人可以有智的直觉;四,必先了解三教皆承认无限智心的作用,否则无法明白三教何以均能证成圆善问题;五,必先了解分别说与非分别说之不同,否则不能知何以必在两义兼备之非分别说中成立圆教,因而亦不能知何以必在此究极圆教中始得到圆善问题之圆满而真实的解决。言语词气之间不难看出,牟宗三认为,这些环节他都做到了,故而自信地宣称,经过他的努力"始得到圆善问题之圆满而真实的解决"①。

---

① 牟宗三:《圆善论》"序言",《牟宗三先生全集》第 22 卷,台北:联经出版事业有限公司,2003 年,第 15 页。

为便于理解和把握,我将牟宗三解决圆善问题的思路分疏为两个步骤。一是"诡谲的即"。牟宗三在佛家各派中尤重天台,定其为圆教。牟宗三这样做,是因为天台有一套"诡谲的即"的智慧。这一智慧其他门派虽然也有,但天台讲得最好。天台判教重在讲一个"即"字,如"生死即涅槃""烦恼即菩提"。生死与涅槃,烦恼与菩提,说到底属于无明和法性的关系。如果将无明和法性看成彼此隔绝的异体,依而不即,犹各自住,那就是别教。反之,将二者视为同体,并非完全隔绝,依而复即,纯依他住,并无自住,则为圆教。牟宗三将天台这一智慧引进圆善问题,创立"诡谲的即"这一概念,旨在说明,圆善之福不能空讲,必须结合成德过程来讲,苦与福,罪与乐,彼此相即,不能截然分开,在此过程中,会有一种奇妙的转化,将成德过程中的苦和罪转化为福。这套义理又名为"非分别说",意即不将"生死"和"涅槃","烦恼"和"菩提"截然分割,而是将其结合起来,辩证地看待。

二是"纵贯纵讲"。这一步骤旨在分判佛家与儒家之不同。① 佛家意义的圆善,除了讲"诡谲的即"之外,还要重视佛性问题,有一个"存有论的圆"的观念。所谓"存有论的圆",又称"存有论的圆满教"②,其核心是佛性问题,意即以佛性为基础,对一切问题有一个根源性的说明。这一义理的理想形态是"性具"系统,而不能是"性起"系统。儒家思想在这方面

---

① 为了集中讨论的主题,不使其过于分散,这里暂时不谈道家意义的圆善问题。

② 牟宗三:《圆善论》,《牟宗三先生全集》第22卷,第269页。

更进了一步。儒家义理的特点,在于在"性具"的基础上更有一个"敬以直内,义以方外"的纵贯骨干。这个纵贯骨干就是道德本体。道德本体有强烈的创生性,不仅可以决定人成德成善,而且可以使原本没有道德色彩的宇宙万物具有道德的意义和价值,从而改变人们对于事物的看法,完成将成德之苦转化为道德之福的转变,保障有德必有福。换言之,儒家义理的圆善必须既讲"诡谲的即",又讲"纵贯纵讲"。"纵贯纵讲"由此成为了牟宗三解决儒家意义的圆善的必不可少的一个步骤。

我在研究中发现牟宗三这两个步骤内部都有瑕疵。"诡谲的即"的问题在于混淆了幸福的两种不同性质。牟宗三清楚看到,在康德那里幸福是实实在在的物质性的东西,用他的话说,是属于"物理的自然",属于"气"①的。但牟宗三认为,康德以上帝存在来保障这种幸福的做法不合理,于是另辟蹊径,讲一个"诡谲的即"。"诡谲的即"有两个要点。一是"即",苦与福,罪与乐,性质不同,但彼此不离,彼此相即。二是"诡谲",意即奇异、奇妙,苦与福,罪与乐不仅彼此相即,而且相互转化。根据我的理解,"诡谲的即"虽然是一个新提法,但它大致相当于儒学历史上人们常讲不断的"孔颜乐处"。"孔颜乐处"特别重视道德之乐不能离开道德生活,而"诡谲的即"中的"即"所凸显的正是这个意思。道德之乐得来不容易,因为道德在很多情况下必须作出牺牲,这些牺牲独

---

① 牟宗三:《圆善论》,《牟宗三先生全集》第22卷,第235、226页。

立地看只是苦,只是罪,不是人们所期望的,但在有德之人的感受中,这些苦,这些罪,又是成德的必经之路,经过一种转化后,可以变成内心的愉悦,成为道德之乐。"诡谲的即"中的"诡谲"所强调的正是这一精神。以"孔颜乐处"解读"诡谲的即"毫无障碍,无所不通,而这也成了我研究牟宗三圆善思想的一个重要特点。顺着这个路子走,我发现牟宗三相关思想隐含着一个严重问题:康德圆善所要保障的是物质幸福,而通过"诡谲的即"所能得到的只是成德过程中内心的一种满足感,二者并不同质。也就是说,通过"诡谲的即"确实可以说明成德的过程人可以感受到内心的愉悦,这种愉悦也是一种福,即所谓"道德幸福",但道德幸福只能局限在精神领域,不能代替物质幸福。道德幸福与物质幸福是两个不同的领域,两者可以相互作用、相互影响,但不可彼此替代。有了物质幸福不一定就有道德幸福,有了道德幸福也不一定就有物质幸福。牟宗三通过"诡谲的即"所能说明的只是道德幸福,只是"孔颜乐处",只是儒家历来器重的精神幸福,而不是康德圆善思想所要求的物质幸福。

"纵贯纵讲"的问题在于未能充分讲明道德幸福的生成机理。说明道德幸福是如何生成的是一项重要工作。牟宗三以"纵贯纵讲"说圆善,其实就是以其存有论说圆善。他力图证明,道德之心是一活物,不仅可以创生道德善行,而且可以创生道德的存有;在这种创生之下,原本没有道德意义的宇宙万物被赋予道德的意义和价值,同时也改变了人们对于成德成善过程中作出的牺牲的看法,由原先的苦和罪变为内心的愉悦,成为道德幸福。我将牟宗三这种做法概括为"赋予说"。对于牟宗三的这种做法,我持怀疑态度。在我看来,道德幸福主要不是由道德之心在创生存有过程中赋予出来的,而是道德之心成德成善后内在要求得到满足的结果。儒家认为,良心善性人人都有,这是人固有的道德本体。道德本体遇事定会呈现,向人们提出要求,迫使人们按照它的要求去做。如果人们果真这样做了,就满足了它的要求,就会得到内心的满足,感受到内心的愉悦,这种愉悦就是道德幸福。我将这种理解称为"满足说"。"赋予说"和"满足说"是两个不同的路子,照我的理解,"满足说"比"赋予说"更为直接,更利于点出问题本质。①

以上面的分疏为依据,我得出了这样的结论:"始得到圆善问题之圆满而真实的解决"这一自我评价并不准确,"牟宗三未能解决康德意义上的圆善问题"。② 当然,我这样讲不是要全面否定牟宗三的努力,我承认牟宗三将康德圆善问题引入儒学研究有很强的开创性,大大提高了儒学的理论层次,其成绩在当时无人可以比肩;我这样讲也不是要否认牟宗三为解决圆善提供了新的智慧,我清楚看到了这种新智慧,承认它的巨大价值,认为它更符合中国哲学的特质。我只是想指出,

① 参见杨泽波:《"赋予说"还是"满足说"——牟宗三以存有论解说道德幸福质疑》,《河北学刊》2011 年第 1 期;另见杨泽波:《贡献与终结——牟宗三儒学思想研究》第四卷,第 105—120 页。

② 杨泽波:《牟宗三解决康德的圆善问题了吗?》《哲学研究》2010年第 10 期;另见杨泽波:《贡献与终结——牟宗三儒学思想研究》第四卷,第 137—156 页。

牟宗三的努力所能得到的只是心灵的感受,属于儒家所说的"孔颜乐处",集中在精神领域,而不是康德所要求的通过上帝作为信念保障的物质幸福,而以"赋予说"解释道德幸福生成原因的做法,其合理性也有待斟酌。要而言之,我不接受牟宗三关于《圆善论》的自我评价,一是因为"诡谲的即"和"纵贯纵讲"这两个步骤内部都有瑕疵,有待讨论,其中尤以"纵贯纵讲"为甚,二是因为通过这两个步骤所能达成的只是道德幸福,只是儒学历史上讲的"孔颜乐处",而不是康德提出圆善问题所要求的物质幸福。如果牟宗三不是这样讲,而是客观地指出,康德有其圆善问题,儒学亦有其圆善问题,这两个问题表面相似,背景却有很大的不同,儒学的方式不可能解决康德意义上的圆善问题,但其独特的智慧更有价值,更值得珍惜,由此可以开辟一个完全不同的方向,进而大大彰显中国文化的特色——那我是完全赞成的,没有任何反对的理由。遗憾的是,牟宗三对自己努力所能达到程度的表述有欠准确,加之解决圆善问题的两个步骤本身有很大的讨论余地,引出的很多问题都极为缠绕,难以把握,以至于在牟宗三儒学思想坎陷论、三系论、存有论、圆善论、合一论五个部分中,圆善论成了难理解程度仅次于存有论的部分。《贡献与终结——牟宗三儒学思想研究》第四卷有这样一段文字,较好地表达了我的感受,特引述如下:

　　由于这里的环节复杂,盘根错节,尽管很早就有人对牟宗三是否真的解决了康德意义的圆善问题提出过疑问，近年来也不断有人重提这一话题，但人们很难真正看透其中的奥妙，清晰掌握牟宗三圆善论的真实思想，更别说道破其中破绽了。一些人往往认为，牟宗三是现代新儒家最重要的代表之一，是大人物，大人物一般是不会有错的。有错的只能是自己，是自己悟性太低，理解不了如此高深的思想，没有勇气检讨其学理是否可能真的存在不足，只是出于善良愿望拼命往好处去想，人云亦云。可想来想去总是想不通，最后只好作罢，仰天一声长叹，放在一边不再搭理。《圆善论》出版后的命运大致如此。①

二、区分不同意义的圆善为牟宗三
辩护难以达到目的

卢教授不接受我的上述结论，为牟宗三加以辩护。与其他学者不同，她的辩护主要围绕分辨圆善的不同含义展开。在卢教授看来，学界关于康德圆善论的研究存在很多问题，其中最重要的是将圆善理解为以上帝做保障以确保德福准确地配称。她说：

> 长久以来，康德学界一直流行着对康德圆善学说的

---

① 杨泽波：《贡献与终结——牟宗三儒学思想研究》第四卷，第157—158页。

种种曲解。学者们错误地将康德圆善学说视为一种"关于以上帝保障德福一致的说法",粗浅地将康德所论的"上帝"等同于基督教信仰中人格化的造物主的"上帝"。如此一来,康德整全的圆善学说就被学者们肢解割裂,弄成一个乞求神恩来分派幸福的、情识泛滥之"戏论"。①

这是说,学界多年来曲解了康德的圆善思想,将康德所说的上帝等同于基督教中人格化的造物主,以它来保障德福一致。如此一来,圆善学说就成了一个乞求神恩分派幸福,情识泛滥的"戏论"。卢教授对这种现象非常不满,抱怨说,她数十年致力于康德研究,其成果却始终得不到学界的认可,"乃至讲到'康德乞求上帝来保障圆善实现'等等,学者们大抵按既定调子说话,仍百口一辞,千人同调,就像学术论坛从来没有卢雪崑这个人发生过不同的声音"②。

卢教授强调,康德所说圆善不是这个意思:

"德福一致如何可能"之问题,只不过是康德借古希腊哲学家讨论"圆善"之一个问题为引子,实质上,康德的圆善说之根本问题并不在解答个人如何可能达至"德

福一致"的问题,而是"圆善"作为自由意志应实行,如何
通过道德法则之命令以促使每个人(乃至人类全体)致
力于在世界上实现自由合目的性(德)与自然合目的性
(福)谐和一致的道德王国。①

德福一致是古希腊哲学家常常争论的一个问题,但这只是
一个"引子",康德讨论圆善问题的真正目的,是通过道德
法则之命令使人成德成善以实现自由合目的性,并将这种
合目的性与自然合目的性谐和为一,以建立一个道德
王国。②

　　这种道德王国就是康德所说的"伦理共同体":

　　　　大同世界,或曰伦理共同体,也可以称为道德世界,
　　它是一切人遵循道德法则命令而联合起来,于天造地设
　　的世界中创造一个依道德目的和秩序而成立的世界。王

---

① 　卢雪崑:《牟宗三哲学》,第262页。
② 　在一个注释中,卢教授引用康德的论述,分析了道德行为与目的王国的关系。她说:"从个人由道德义务而行来说,并不需要一个目的,道德行为就是行其所当行;但是,每一个人为自己的所作所为在整体上设想一个可以由理性加以辩护的终极目的,这不可能是无关紧要的。(Rel 6:5)终极目的是依照自由之概念而来的结果,正是意志自由所从出的道德法则要求实现通过我们而可能的终极目的。在终极目的之关联中,一个人作为道德者不仅关心他自己如何成为道德的,还要关注他会在实践理性的指导下为自己创造一个怎么样的世界,而他自己作为一个成员置于这一世界中。(Rel 6:5)人依照道德法则的要求去实现终极目的,也就是要实现一个道德的世界,康德称之为第二自然,(KU 5:275)也就是一个目的王国。"卢雪崑:《牟宗三哲学》,第62页。

道之大同世界,乃践仁弘道之终极目的,此可以说就是康德所言"最好的世界"。①

"伦理共同体"是康德的重要思想。康德提出圆善问题,根本目的是要"创造一个依道德目的和秩序而成立的世界",这个世界也就是康德所说的"最好的世界"。人类通过努力,达到这个"最好的世界",也就实现了圆善。

上面分别涉及了两种意义的圆善,一个是以上帝做保障以确保德福配称的圆善,一个是以"伦理共同体"为代表的"最好的世界"的圆善。前者可以称为"德福一致之圆善",后者可以称为"伦理共同体之圆善"。卢教授进一步强调,牟宗三的圆善与这两种圆善都不相同,它是由天台圆教启发而成的一个特殊系统:

> 牟先生之思考"圆善"问题,虽说康德之"圆善论"是一个诱因,但愚意以为,此只是一个借机,"圆善"一词在牟先生亦只是借用。实质上,先生的"圆善论"与"无限心"大系统一脉相连,其要旨在:"从圆教看圆善"。②

> 显见,牟先生之"圆教成就圆善"的思理是源于天台圆教,"圆教确立,用于圆善",此所论"圆善"根本不

---

① 卢雪崑:《牟宗三哲学》,第221页。
② 卢雪崑:《牟宗三哲学》,第259页。

同于康德所论"圆善",牟先生本人机说:"由此圆教之显出始可正式解答圆善之可能,此则不同于康德之解答。"①

这两段表达的是同一个意思:牟宗三的圆善可以概括为"圆教之圆善"。牟宗三写作《圆善论》虽然起因于康德的圆善思想,但那只是一个"借机",只是一个"借用",其真正的用心是建立无限心大系统,"从圆教看圆善"。"此所论'圆善'根本不同于康德所论'圆善'"一句最为关键,清楚说明在卢教授看来,牟宗三所论圆善既不是"德福一致之圆善",也不是"伦理共同体之圆善",不能将它们混为一谈。

由上可知,按照卢教授的疏解,共有三种意义的圆善。一是"德福一致之圆善",这是人们对于康德思想的误解;二是"伦理共同体之圆善",这是康德原本意义的圆善;三是"圆教之圆善",这是受天台圆教思想启发而成的圆善,是牟宗三论圆善的主旨。"牟先生之'圆善论'既不是西方传统中那种'德福一致'问题的讨论,也不是康德的圆善论。它是依中国传统智慧方向,由天台圆教启发,而通过判教所创立的系统。"②非常可惜,学界关于牟宗三圆善思想的讨论往往只是局限于寄希望以上帝来保障德福准确配称,既不了解康德晚年特别重视的"伦理共同体"的思想,更不明白牟宗三讲圆善

---

① 卢雪崑:《牟宗三哲学》,第260—261页。
② 卢雪崑:《牟宗三哲学》,第262页。

只是受到康德相关思想的激发,其关注的重点是圆教,是以圆教成就圆善。

以此为基础,卢教授不接受我"牟宗三未能解决康德意义的圆善问题"的判定:

> 依愚见,既是两种不同的解答,则无所谓是否"有进于康德",也不必能以此就批评康德"并非是一圆满而真实的解决"。是以,愚意以为,牟先生之《圆善论》虽由康德"圆善论"问题激发,然却是完全不同的学说。[1]

这是说,牟宗三讨论圆善问题重点在于圆教,在于三教的融通,与康德的致思方向完全不同,因此完全没有必要计较牟宗三是否解决了康德的圆善问题,这样一来,我关于"牟宗三未能解决康德意义的圆善问题"的判定,就没有意义了。

对卢教授这种看法我有不同的理解。阅读《圆善论》都会了解,牟宗三确实有融通儒释道三教的用意,但这种融通离不开圆善这个大背景。[2]《圆善论》第六章"圆教与圆善"的

---

[1] 卢雪崑:《牟宗三哲学》,第 261 页。

[2] 徐波认为,在《中国哲学十九讲》《现象与物自身》和《圆善论》等著作中,牟宗三将圆教模型视为一个具有普遍哲学意义的公共模型,用以对不同哲学流派的特色进行分析和整合,最终实现了圆教"各自纯净,各自丰富,各自限制"的"各美其美"。从圆教概念入手,可以对牟宗三晚期哲学的开放性乃至整个现当代新儒学的理论意义有更为全面的认识。参见徐波:《"圆教"之"各美其美":牟宗三哲学的范式转化及其开放意义》,《学术月刊》2022 年第 9 期。

内容安排可以为证。这一卓分别讨比了"佛家之圆教与圆善""道家之圆教与圆善""儒家之圆教与圆善"。首先是佛家之圆教与圆善。牟宗三指出,依据天台判教,"未能通至界外之'无限界'以说明一切染净法之存在"①为小教,反之则为大教。即使为大教,如只达到阿赖耶识,只承认后天熏习,仍然不是了义之通方别教。只有像《大乘起信论》那样,从如来藏自性清净心讲起,才可称为了义通方别教。但即使如此,仍达不到圆教的层次。只有天台才是圆说、圆教。天台立教对佛性有自己的解说,重视性具,有一个"存有论的圆"的观念,以保住一切法。不仅如此,与一般分解地说"断烦恼证菩提"或者"迷即烦恼,悟即菩提"不同,天台特别重视"烦恼即菩提""生死即涅槃"。"即"不是分解的"即",而是诡谲的"即"。如果将生死与涅槃,烦恼与菩提,视为异体,彼此隔绝,依而不即,犹各自住,就是别教。反之,如果将其看成同体,依而复即,纯依他住,并无自住,才是圆教。天台宗之所以为圆说、圆教,除有"存有论的圆"的观念外,关键就在这个"即"字。般若、解脱、法身之三德,属于德的范围,但这三德都不自住,不离三千世间法。通过"诡谲的即",三千世间法透显三德,无不如意,同时也就是福。佛家德福一致之圆善由此而成。

　　其次是道家之圆教与圆善。在牟宗三看来,尽管道家没有像佛家天台宗那样详细分判别教与圆教,但同样具备这方

①　牟宗三:《圆善论》,《牟宗三先生全集》第 22 卷,第 264—265 页。

面的义理,其核心仍在"诡谲的即"。道家式"诡谲的即"之
"即"大致相当于向秀、郭象注《庄子》所说的那个"迹"。卮
言、重言、寓言都是"迹","谬悠之说,荒唐之言,无端崖之辞"
也是"迹"。道家"诡谲的即"是通过这些"迹"以明道的。牟
宗三进而强调,老庄虽已含道家圆教的基本规模,但到了魏晋
才真正把这一道理解说明白。王弼判定老子"是有者",意在
表示老子还没有真正达到"解心无染"的境界,如果达到了这
一境界,于一切生活出处进退皆无妨碍,表面上虽是"迹",实
则皆是化境之"冥"。能够将万事万物所有的相冥而化之,有
就是无,无就是有,"迹"就是"本","本"就是"迹",才是最高
的境界。另外,圣人不能不做事,做事就必陷于"迹",受于天
刑,但圣人"解心无染",无心于"迹","迹"而能冥,"迹"即于
本。世人以为这是圣人之桎梏,必去此桎梏方可为至人,然则
在圣人眼目中,心甘情愿受此天刑,当此天之戮民。由此说
来,在道家圆境中,无限智心朗照顺通于具体事物中,必然有
其表现,由此以成玄德,这是圆善中"德"之一面;一切圆圣皆
是天之戮民,然其所受桎梏之戮在"诡谲的即"的视角下即是
其福之所在。桎梏天刑是其一切存在状态之迹,然而即迹而
冥之,迹即是其德之所在;迹随本转,则迹亦是其福之所在。
由此便保障了德福一致之可能,这是道家意义的圆教与圆善。

　　牟宗三最后处理的是儒家之圆教与圆善。在这方面牟宗
三着力最多,指出儒家义理的圆教由道德意识入手,由此有一
"敬以直内,义以方外"竖立创生的宗骨,这一宗骨不仅创生
道德,同时也创生存在,将宇宙万物涵泳在其润泽之中。就圆

善问题而言,创生万物的存在这一条更为重要。牟宗三引用王阳明"有心俱是实,无心俱是幻"的名句来说明这个道理。"有心俱是实"是说有了无限智心的润泽和调适,一切均具有了意义,成为了真实,成为有;"无心俱是幻"是说没有无限智心的润泽和调适,一切均没有意义,成为虚幻,成为无。在牟宗三看来,儒家道德的这种存有论意义早在孔子践仁知天的思想中就基本具备了,其后的孟子、《中庸》、《易传》、《大学》,以及濂溪、横渠、明道、象山,直至阳明,都是沿着这一路向发展而来的。在这个过程中,阳明提出四句教,达到了很高的境界。但四句教只是四有,还不是圆教,到了龙溪的四无才能谈圆教。四有与四无有所不同,四有有自体相,仍处在有的境界之中,四无则无自体相,达到了无的境界。更为重要的是,四有只讲"意之所在为物",这里的"物"是行为物,指道德之善行,如意在事亲,则事亲为一物。四无则进一步讲"明觉之感应为物",这里的"物"则指存在之物,意即良知对于宇宙万物负有创生润泽之责。这样一来,在四无之境中,人们依心意知之天理而行而成德成善,这是德的一面,明觉之感应为物,物随心转,物边顺心即是福,这是福的一面。既有德又有福,圆善由此而成。牟宗三强调,儒家相关思想涉及存在,故为"纵贯纵讲",而佛道两家相关思想没有这方面的内容,故为"纵贯横讲"。有了"纵贯纵讲",再辅之以五峰的"天理人欲同体而异用,同行而异情",强调德福彼此相即,儒家义理便达至了圆满,成为了圆教,证成了圆善。

透过牟宗三对三教的梳理,可以清楚看出,儒释道三教虽然有"纵贯横讲"和"纵贯纵讲"之别,但中心都离不开德福关系,都是以自己的方式说明德福何以能够达成一致。这在牟宗三下面一段文字中可以看得十分清楚:

> 无限智心能落实而为人所体现,体现之至于圆极,则为圆圣。在圆圣理境中,其实义完全得见:既可依其自律而定吾人之天理,又可依其创生遍润之作用而使万物(自然)有存在,因而德福一致之实义(真实可能)亦可得见:圆圣依无限智心之自律天理而行即是德,此为目的王国;无限智心于神感神应中润物、生物,使物之存在随心转,此即是福,此为自然王国(此自然是物自身层之自然,非现象层之自然,康德亦说上帝创造自然是创造物自身之自然,不创造现象义的自然)。两王国"同体相即"即为圆善。圆教使圆善为可能;圆圣体现之使圆善为真实的可能。①

康德为了解决圆善问题,设定了上帝的存在。这种做法虽然在其系统中有其合理性,但也引出了很多困难。在牟宗三看来,解决圆善问题不需要如康德那样讲什么上帝,依中国文化传统,只需要讲一个无限智心即可。以无限智心代上帝,无限智心不是虚的,能够真正落实。在圆圣理境中,一方面依自律

---

① 牟宗三:《圆善论》,《牟宗三先生全集》第 22 卷,第 323—324 页。

天理而行以成德,另一方面依创生作用使万物有存在,在此过程中使物之存在随心转而成福。圆圣依无限智心之自律天理而行即是德,此为目的王国;无限智心于神感神应中润物、生物,使物之存在随心转,此即是福,此为自然王国。两王国"同体相即"即为圆善。透过牟宗三这些论述可以看到,牟宗三分判儒释道三教,尽管有分别各家短长加以融通的意思,但根本目的还是要说明德福如何能够达成一致。

这样一来,我们就不得不质疑卢教授为牟宗三所作辩护的合理性了。在卢教授看来,圆善有不同含义,既有"德福一致之圆善",又有"伦理共同体之圆善",还有"圆教之圆善";牟宗三解决这个问题是在圆教的意义上展开的,是"从圆教看圆善",以"圆教成就圆善",与康德的关注点和思路并不一样;因此,我们实无必要纠缠牟宗三是否解决了康德意义上的圆善问题。然而,根据上面的分析,即使如卢教授所说,有三种意义的圆善,牟宗三属于"圆教之圆善",既不同于"德福一致之圆善",又不同于"伦理共同体之圆善",但不应忘记,牟宗三讨论这个问题毕竟是由康德圆善引出来的,最终目的还是要解决这个问题。相对于"德福一致之圆善"和"伦理共同体之圆善",牟宗三经过努力所建立的"圆教之圆善",无非有两种可能:相对于"德福一致之圆善"而言,圆教通过"诡谲的即"和"纵贯纵讲"能够得到的只是"物随心转"之福,属于精神领域,而非物质领域;相对于"伦理共同体之圆善"而言,因为"伦理共同体"涉及的是社会层面的问题,圆教通过"诡谲的即"和"纵贯纵讲"不涉及这方面的内容,所能发挥的作用更是有限。这两个方面都决定了牟宗三无法真正解决康德意义上的圆善问题,不管是"德福一致之圆善",还是"伦理共同体之圆善"。"牟宗三未能解决康德意义上的圆善问题"这一结论有稳固的理据,是难以推翻的。

三、"伦理共同体之圆善"不能完全解决 德福关系的问题

如上所说,卢教授为牟宗三辩护的一个重要举措,是将康德的圆善区分为"德福一致之圆善"和"伦理共同体之圆善"。在她看来,学界过去相关研究多集中于前者,忽视了后者,其中也包括她的老师牟宗三。"牟宗三先生就被这种讲法困惑,故说:'因为人之德与有关于其存在(即物理的自然)的福既不能相谐一,何以与人绝异的神智神意就能超越而外在地使之相谐一,这是很难索解的'。"①这是说,牟宗三虽然专门研究圆善问题,但限于历史条件,同样未能关注康德的伦理共同体思想。这方面的内容有很大的潜力,因为儒家所说大同世界与康德这一思想相通,从这个角度进入,重新研究圆善问题,将会打开一个完全不同的新局面:

　　吾人已论明,康德的实践的形上学包含着一个人类终极目的的"圆善"学,故此亦可以称之为实践的智

_____

① 卢雪崑:《牟宗三哲学》,第211页。

慧学，同时，儒家的道德形上学化为实践的智慧
学也包含一个"圆善"学，此"圆善"学不同于牟先生
创建的圆善论体系。因此，愚意以为，吾人有必要依
照康德实践智慧学之理路而论一个以"大同"为终极
目的，以"仁者人也"、"人能弘道"为纲的儒家的"圆
善"学。①

康德的实践形上学是高超的实践智慧学，包含着一个人类终
极目的的"圆善"学，儒家的道德形上学也有这种特性，包含
着同样性质的"圆善"学。因此，我们有必要依照康德实践智
慧学的路子来建立一个以"大同"为终极目的的圆善体系。
这段材料中"此'圆善'学不同于牟先生创建的圆善论体系"
这一表述非常重要，它告诉读者，尽管牟宗三也讲圆善，但受
当时条件的限制，未能注意"伦理共同体"和"大同"的内容。
时至今日，我们有了条件，应该重新发掘康德的这一思想，从
这个角度来讲圆善，以弥补牟宗三的不足。

这是卢教授的一个重要思想，不惜反复申说：

究其实，康德并不仅限于个人的成德修养而论工夫，
不仅停在个人日常生活论实践理性之真实使用，他提出
"道德法则要求实现经由我们而可能的圆善"(Rel 6:5)，
即把实践理性之真实使用扩展至每一个人为实现自由合

---

① 卢雪崑：《牟宗三哲学》，第210—211页。

目的性与自然合目的性结合以在世上建立目的王国之不懈努力的进程。同样,孔孟"成人之教"是通着"王道之学"的;所谓"内圣外王之道"是也。"仁者,人也"就包含"人能弘道"(见《论语》〈卫灵公第十五〉)。本心(仁)成就人自身为道德者,并且创造世界为道德世界(大同世界)。乃至天地万物为一体的道德目的论下的宇宙整全。此乃儒家道德的形上学即实践的智慧学本有之义。①

康德并非仅仅关注于个人之成德,同时更关心由道德法则出发,建立一个自由合目的性与自然合目的性相结合的目的王国。儒学亦属于这个道理。它的眼界并非仅限于个人,同时更强调人能弘道,以实现内圣外王之道。这个内圣外王之道,就是创造道德的世界,也就是大同的世界。康德与儒学在这一点上并无二致。

从这种立场出发,卢教授对牟宗三"德"的观念作了修正:

> 愚意以为,牟先生此处"以纯洁化一己之生命"、"德者得也"训"德"实在是就个人德性修养而论,而与儒家通康德而训"道德"不同。依孔孟哲学,"道德"乃"己欲立而立人,己欲达而达人","成德"乃"仁者仁也"、"人能

---

① 卢雪崑:《牟宗三哲学》,第73页。

弘道"以创造大同世界。[①]

> "道德"并不只是个人修心养性之学,"道德"是"弘
> 道"。此即涵着说:道德乃创造的预告的人类史之动源。
> 本心之天理指导人成德不是为着修德以求福,也不是为
> 了获取通过极乐世界或彼岸天堂之保证,而是朝向大同
> 社会的实现,在世界上创造出"一个作为由于我们的参
> 与而可能的圆善的世界"。[②]

牟宗三根据"德者得也"的观念,将"德"训为"得",强调"纯
洁化人之感性生命便是'德'"。卢教授认为,这种说法过于
狭窄,与儒家所讲"道德"的内涵不合。儒家讲"道德"并不
局限于个人之"德",而含有"弘道"之意,以实现"大同世
界"为目的。这一思想刚好与康德"伦理共同体"的主张相
通。康德讨论圆善问题并非只关注个人成德过程中如何得
到福,最终目的是建立一个"伦理共同体"。这个"共同体"
是"圆善的世界",在这个世界中,人人都是目的而不是手
段,建成了这个世界,圆善问题才能得到根本的解决。要而
言之,要实现"伦理共同体"不能只讲"德",而应该进一步讲
"道德"。

卢教授刻意将"德"与"道德"区分开来,意在表明儒家
学理并非只关注个人心性,还包含治国平天下,实现天下大

---

① 卢雪崑:《牟宗三哲学》,第 263 页。
② 卢雪崑:《牟宗三哲学》,第 221 页。

同的内容。不只讲"德"而是进一步讲"道德",有利于实现儒家意义的"大同世界",康德意义的"伦理共同体",最终解决圆善问题。卢教授这种理解在我看来有很大的商量余地。在儒家学理系统中,"德"与"道德"并没有严格的区分,"德"本身就包含"道德"的意思,或者说就是"道德"的简称。将这两个原本内涵相同的概念强行分离开来,对解决问题很难有实质性的帮助。当然这还不是问题的关键,最重要的是,圆善问题有广义狭义之分。广义圆善包含社会制度问题,狭义圆善只属于伦理道德层面。就广义的圆善而言,没有人反对儒家希望建立好的社会制度以保障人们过上幸福的生活。就狭义的圆善而言,虽然不能完全脱离社会制度层面,但仅限于在伦理道德范围之内讨论道德与幸福的关系。《圆善论》的视野明显不是广义,而是狭义。我们当然可以将其归因于牟宗三未能注意到康德晚年"伦理共同体"的主张,但"大同世界""治国平天下"是儒家的口头语,以牟宗三对儒学的深刻把握,他不可能不了解这方面的内容。牟宗三不从广义只从狭义讨论圆善问题,不是一时疏忽,恰恰证明了其思想之缜密。这是因为,如果把问题扩大化,进一步讨论广义的圆善,那就不是伦理学的问题,而是政治学的问题,是如何建立一个公平社会的问题了。更为重要的是,就算将视域扩大到广义的圆善,重点放在社会制度层面,成功构成儒学正义论并将其落实,现实生活中的人仍然要受偶然性的影响,仍然会存在诸如有德者短命,有德未必有福等一系列问题,而这些问题除需要在社公制度层面想办法外，终究还必须以"诡谲的即"这种伦理学的方式来解决。换言之，即使我们通过努力真的建立了"伦理共同体"，建立了"大同世界"，圆善问题就彻底解决了吗？就不需要以圆教的方式调节人的心理以处理德福关系了吗？①

由此可知，牟宗三以"诡谲的即""纵贯纵讲"解决圆善问题，虽有内在瑕疵，但蕴含着深刻的用心。卢教授将重点放在建立"伦理共同体""大同世界"之上，表面看弥补了牟宗三的不足，实则远不及牟宗三深刻。无论人类历史发展多久，无论社会达到多么完善的程度，以"诡谲的即"来处理德福关系都是必要的。在我看来，这是牟宗三圆善思想中最有价值的部

① 这还不算"伦理共同体"本身的问题。有学者清楚看到了康德这方面思想中的内在矛盾，指出："康德这里说得非常清楚，他的出发点是'最高的伦理善'（das höchste sittiche Gut）不能通过单个人的'在道德上的完善'来实现，而是需要将'道德上完善的人'联合成为一个整体，于是所有人都不可能提供一个这样的'联合'原则，只能设想由'上帝'提供这样的至善原则，所以'伦理共同体'只可期待由上帝来实现。这就是康德伦理学的最大问题：他本来要求道德必须是最纯粹的法则，不能从经验、情感和任何质料的东西中取得任何根据，这种严格的纯粹道德，单个人是可以达到的。但这种纯粹的道德由于没有任何情感上的根源，所以其先天的实践性条件之一，就是对上帝存在的信仰。而将道德上完善的人联合成为一个体系，所需要的'最高的伦理善'的原则，由于其是'伦理的联合'，且又是'最高的善'，因此超越了任何人的能力，只能指望'上帝'自身来完成。这种设想，仅仅就其是'最高善'的伦理联合而言，我们是完全可以接受的。……而问题恰恰在于，伦理学如果仅仅是伦理学神学的准备和入门的话，我们能够仅仅从观念上'止于至善'，但毕竟伦理学作为实践的人类学或者伦理人类学而言，我们似乎并不能满足于这样一种脱离人类生活本身的'至善论'。"邓安庆：《康德意义上的伦理共同体为何不能达成？》，《宗教与哲学》第七辑，2014 年，第 39—40 页。

分。如果认为只要实现了"伦理共同体",实现了"大同世界",圆善问题就解决了,将精力都集中在这个方面,很可能会错失把握牟宗三这一极具学理价值之思想的契机。①

四、希望重新以天解决圆善问题是对牟宗三思想的极大倒退

在重视"伦理共同体"思想的同时,卢教授还仿照康德对于"上帝"的处理办法,强调康德讲的"上帝"与儒家讲的"天"有同等的意义,要解决圆善问题讲"天"非常重要:

> 吾人已论明,康德所论"上帝"与儒家的道德的形上学中"天",其含义与作用相同。二者都不是预先设立一最高者(上帝、天)主宰幸福的分配,而是从道德主体(意志自由、本心仁体)依其立普遍法则(道德法则、天理)而必然产生的终极目的(圆善),并由圆善之为意

---

① 韩东屏认为,学界关于有德的人能否同时有福的问题,虽然多有不同意见,但只要将"有德"之"德"确定为真道德,那么就能得出有德和有福可以兼得的结论。"在现实社会中,一个有德之人能不能同时是有福之人,实际取决于社会,即社会是不是人民当家作主,是不是以人的全面自由发展为社会终极价值,以及其制度性社会赏罚机制的实际赏罚效果是否与道德的价值导向一致。只有在这些方面都为'是'的社会,才能让有德之心也是幸福之人。"韩东屏:《有德与有福能否兼得》,《齐鲁学刊》2022 年第 3 期。在我看来,这仍然是以广义的圆善代替狭义的圆善。狭义的圆善问题无论社会得到怎么高度的发展,都是存在的,都不能因为社会制度的完善而取消,都需要以哲学的方式来解决。以广义圆善代替狭义圆善的思路,看起来解决了圆善问题,实则远不及牟宗三的思路更为深刻,更为合理。

自由（本心仁体）之客体性于世界存现所必然伸展至
"最高者"之意义。此中所论上帝、天,绝非外在于人的
力量或实体,唯独于与意志自由、本心仁体及其所立普
遍法则之联系中,上帝、天始获得其实在性及其内容与
意义。①

学界常常以为,康德讲圆善,是以设定一种超越力量的方式来
解决德福关系问题的。卢教授反驳说,康德学理中的"上帝"
不是预先设定一个神秘的最高者,以它给有德之人分配幸福,
而是首先肯认道德主体,再由此伸展到这个"最高者"。儒家
讲的"天"也是这个道理,"天"不是我身外的实体,而是由我
的道德主体而"伸展"者,是由道德出发引申出来的一个
对象。

虽然不能将"上帝"或"天"理解为实体,但卢教授强调,
它们对于解决圆善问题又是不可少的:

依孔子哲学传统,我们也可以说,在本心(仁)决定
人作为道德实存的定分中,天理向我们启示了一个不依
赖"物交物"的超感触界的生命,把我们的实存决定于
"万物一体"的道德目的秩序下的世界。依照这种实存
的决定,人类整体必定要成为这种"道德目的秩序的世
界"的创造者,并且,为着这个世界在世上实现,人类整

① 卢雪崑:《牟宗三哲学》,第474页。

体作为"目的王国"(即大同世界、人类伦理共同体),我们置定"最高者"(天),作为这个共同体的"元首",将根源于每一个人的普遍立法归于它,以便共同遵守。此外,我们还将它视为"自然的至上原因",也就是,它不但被置定为一个依照源于人自身的道德法则发布命令的最高理性,"同时又作为自然的原因"。①

按照康德道德宗教的思想,我们不能肯认人之外有一个最高者,但这并不妨碍我们愿意相信这一"最高者",愿意将其作为一种信仰。有了这种信仰,人类的最高理想才能实现。儒家的"天"通于康德的"上帝",所以儒家讲圆善也必须讲"天",正如康德讲圆善必须讲"上帝"一样。简言之,为了解决圆善问题,必须设定一个最高者,一个"元首",这个最高者,这个"元首",在康德叫"上帝",在儒家叫"天"。

卢教授在另一处继续写道:

> 道德本身不需要一个"天"的信仰,人自身本心(仁)之机能是充分足够的,但就天理包含着命令每一个人致力于在世上实现大同世界而论,事情就不仅关涉个人的道德行为,而必定也关涉到自然。为此,我们需要一个"天",它代表自然与道德的结合,天地万物隶属于

----

① 卢雪崑:《牟宗三哲学》,第82—83页。

此下，我们从持并它作为原批，田凝聚一切人的力量在

现实的自然中创造合道德目的的第二自然，亦即在世上

实现大同世界；人对"天"的信念并不要求对于它有任何

的直观中的给予，而就实践而言也不需要这种直观。因

为我们自身本心（仁）根本与"天"是否实存毫不相关，

我们依照本心天理在经验界行动，天理之定言命令对我

们来说，就如同亲眼见到代表最高道德者的"天"那样有

效，此有效性并不亚于假如能够对"天"的概念作出客观

的决定。①

个人之成德不需要天的信仰，因为根据儒家心学的道理，仁和

良心作为道德根据本身是足够的。但要在世上实现大同世

界，则需要讲天，因为天理本身即包含着这方面的内容。我们

需要以天作为一个原型，以它来凝聚人们的力量，实现自然和

道德的结合，实现作为大同世界的圆善。

由此出发，卢教授批评了对于天的一些不正确看法：

孔子"践仁知天"、孟子"尽心知性知天"所展示的道

德的形上学与康德从道德进路展开的形而上学相通，其

中包含"上帝"、"天"之根本义亦相通，均无外在超绝的

实体义。并且，也不会如杨泽波教授所以为的"借天为

说"，究其实，杨泽波教授本人视"天"（或上帝）乃情识作

---

① 卢雪崑：《牟宗三哲学》，第85—86页。

用的产物。而未能理解,"上帝"、"天"乃是作为从道德进路确立的道德的形上学之奠基的道德主体为实现其终极目的(圆善)而必然地伸展至者,其意义与真实作用是与道德主体之普遍必然性相连的。①

这段文字有两层意思。首先,孔子"践仁知天"和孟子"尽心知性知天"所展开的道德的形上学,与康德从道德进路展开的形而上学,彼此是相通的。儒家的核心概念是"天",康德的核心概念是"上帝"。这两个核心概念都是由道德主体引申出来的,"均无外在超绝的实体义"。其次,尽管如此,如同康德讲圆善必须讲"上帝"一样,儒家讲圆善也不能离开"天"。"'上帝'、'天'乃是作为从道德进路确立的道德的形上学之奠基的道德主体为实现其终极目的(圆善)而必然地伸展至者"这一冗长句子所要表达的,就是这个意思。

由此出发,卢教授还谈到了牟宗三《圆善论》以"无限心"系统解决圆善问题的不足:

但事实上,尽管《现象与物自身》首先依儒家论"知体之为道德的实体",以之立"无限心"义,并据之建立"两层存有论"。然吾人见到,此书中,依儒家论"无执存有论"以立"实践的形上学",跟牟先生依孔子"践仁知

①　卢雪崑:《牟宗三哲学》,第475页。

同，其中吃紧处在依儒家而立"实践的形上学"，并没有

天的位置。①

卢教授研究牟宗三思想的一个重要特点，是坚持牟宗三学理可分为道德形上学和无限心两个系统。②《圆善论》解决圆善问题，依据的是无限心系统，而非道德形上学系统。这一系统有很强的理论意义，但也有缺陷，因为其中"没有天的位置"。这个缺环影响很大。儒家学理一定要讲天，如孔子言仁必伸展至"畏天命"，孟子言本心必伸展到"事天"，这一思想与康德讲自由意志必伸展到"至上原因"(上帝)是相通的。因是之故，我们在理解牟宗三无限心系统的时候，一方面要承认其学理意义，另一方面也要注意不能以这一系统代替道德形上学系统。要而言之，解决圆善问题必须讲天。

　　我完全不赞成这种理解。前面讲了，牟宗三对康德圆善思想不满，一个核心因素是上帝。牟宗三清楚看到，"上帝"在康德圆善思想中占有重要位置：

　　　　德福一致既是超感性的关系，不是感触世界中所能有者，然则谁能保障其可能？曰：只有上帝(自然之创造

---

　　①　卢雪崑：《牟宗三哲学》，第 471 页。
　　②　参见本书第五章《再议"终结"》第三节"'终结'第二所指之延伸：如何理解智的直觉"。

者)能保之。上帝之存在是我们的力量之外者。圆善
中,德是属于目的王国者,福是属于自然王国者。这两王
国的合一便是上帝王国。因此,唯人格神的上帝这一个
体性的无限存有始能保障德福一致。因此,在此问题上,
我们必须肯定"上帝之存在"。灵魂不灭之肯定使圆善
中纯德一面为可能,因而亦主观实践地或偏面地使圆善
为可能者;而上帝存在之肯定则是客观而完整地使圆善
为可能者。①

依据康德学理,感性力量无法保障德福一致,必须依靠超感性
力量,而在超感性力量中唯一有这种能力的便是上帝,即所谓
"唯人格神的上帝这一个体性的无限存有始能保障德福一
致"。在圆善中,德属于目的王国,福属于自然王国,两个王
国的合一即是上帝王国。只有设定上帝,圆善问题才能得到
解决。

　　牟宗三不赞成康德的这种做法,态度十分坚决:

　　　　圆善所以可能之根据放在这样一个起于情识决定而
　　有虚幻性的上帝上本是一大歧出。他的智与意(即神智
　　与神意)经由其"与在人处而显的道德品质相应和"的因
　　果性而创造了自然并能使自然与在人处而显的道德行为
　　之道德品质相谐和,因而使人所期望之德福一致为可能,

---

① 　牟宗三:《圆善论》,《牟宗三先生全集》第22卷,第207页。

说一义世只异改名说明月,并不能使人有荐实而可信服的理解,即并不能使人有坦然明白的理解。因为人之德与有关于其"存在"(即物理的自然)的福既不能相谐一,何以与人绝异的神智神意就能超越而外在地使之相谐一,这是很难索解的。①

牟宗三严厉批评康德设定上帝以保障德福一致的做法,认为这是一大歧出,因为上帝本身就是虚幻的。这套理论一般说说还行,但难以真正令人信服。幸福涉及存在问题,这种存在是"物理的自然",为什么安置一个上帝,就能解决这个问题,让有德的人同时在物理自然方面事事如意,"这是很难索解的"。以上帝作为神智和神意的代表来解决幸福问题的路子实际很难走得通。

牟宗三继而批评康德相关理论存在着三大滑转:

原只是一轨约性的超越理念(一切实在之综集或综实在),其被视为一个体性的存有亦原只是一主观的表象(拟议),这是一根本的滑转——从理念滑转而为一个体性的根源存有,这主观的表象亦是滑转的表象。经过此一根本的滑转,然后它首先被真实化(对象化),被视为一客观的对象,复又被实体化,被视为是一独个的,是

_____

① 牟宗三:《圆善论》,《牟宗三先生全集》第 22 卷,第 234—235 页。

单纯的,是一切充足的,是永恒的,等等;最终则被人格
化,被视为是一最高的睿智体(最高的知性),而且具有
意志。被真实化(对象化),被实体化,被人格化,这三化
都是一些滑转。那根本的滑转以及此三化之滑转就是知
解理性在形成人格神的上帝之概念中的虚幻性(辩证
性)。①

康德学理中的上帝原本只是一个"超验理念",后来却变成了
"一个体性的根源存有",导致了三个方面重要变化:一是使
上帝真实化了,二是使上帝实体化了,三是使上帝人格化了。
真实化、实体化、人格化,是康德学理的三大滑转,这三大滑转
直接导致上帝概念的虚幻性,不真实性。

　　清醒察觉到康德学理中的上述问题后,牟宗三提出了以
"无限智心"代上帝以解决圆善问题的著名主张:

　　　　依此,撇开那对于超越理念之个体化(真实化对象
　　化)、实体化、人格化之途径,归而只就无限智心以说明
　　圆善可能之根据,这将是所剩下的唯一必然的途径。这
　　途径即是圆教之途径。此只就实践理性而言即可。于知
　　解理性方面,吾人随康德只承认其轨约的使用,不承认其
　　构造的使用(圆成的使用)。理性之构造的使用(圆成的

----

　　① 牟宗三:《圆善论》,《牟宗三先生全集》第 22 卷,第 242—
243 页。

使用)只能在实践理性之圆教途径中被呈现出来。康德所想的上帝王国(圆善世界),由目的王国与自然王国谐一而成者,亦将只能在圆教途径中朗现,除此以外,别无他途。[1]

牟宗三强调,必须以"无限智心"而不是上帝讲圆善。康德为了使圆善成为可能,设定了上帝的存在,以便在信念上保障有德之人一定会得到相应的福,这种做法放在基督教背景下尚可理解,但对于儒家而言实无太强的合理性。要想解决圆善问题,必须抛弃康德的路子,将问题回归到"无限智心"上来。这是唯一的正确途径,除此之外别无他途。

于是,以"无限智心"代上帝解决圆善问题,就成了牟宗三相关思想的核心,他这样写道:

> 上帝是一个体性的人格化的无限存有,这不是东方宗教所取的途径,因为其中有虚幻故。因此,儒释道三教舍上帝而言无限智心。此一无限智心有所事事于"存在",但这不是依上帝创造之之途径而说。因此,要想达至德福一致,必须确立无限智心。但光只一无限智心,虽可开德福一致之门,然尚不能真至德福一致。必须由无限智心而至圆教始可真能使德福一致朗然在目。因此,德福一致是教之极致之关节,而圆教就是使德福一致真

---

[1]　牟宗三:《圆善论》,《牟宗三先生全集》第22卷,第248页。

实可能之究极圆满之教。德福一致是圆善,圆教成就圆善。就哲学言,其系统至此而止。①

康德之所以提出圆善问题,有一个基督教的背景。在基督教传统中,人必须努力成德,但是如果这个过程不能给人带来幸福,终归不够圆满。因此需要设定上帝的存在,以其作为一种信念,保障有德者一定能够得到相应的福。这种做法隐含着一个根本性的矛盾:基督教中的上帝作为人格化的神,其本身就具有虚幻性,人们可以以信仰的方式相信它,但无法在理论上加以证实。中国文化没有西方基督教上帝的传统,不需要以上帝作为保障来解决圆善问题,而是将重点放在"无限智心"之上。"无限智心"又叫"无限心""自由无限心"。"无限智心"能够解决圆善问题,是因为"无限智心"有存有论的遍润性,可以成为天地万物之根基,在其影响下乃有圆教,有了圆教乃可达成德福一致。这其实就是前面讲的牟宗三解决圆善的第二个步骤:"纵贯纵讲"。以"纵贯纵讲"解决圆善问题,本质上是以存有论方式解决圆善问题,也就是牟宗三说的"把圆满的善(圆善)套于无执的存有论中来处理"②。既然以存有论的方式解决圆善问题,不管这个思路有多么严重的问题(即前面说的"赋予说"还是"满足说"),这种存有论的方式都是哲学的,"就哲学言,其系统至此而止",自然不需要再

---

① 牟宗三:《圆善论》,《牟宗三先生全集》第22卷,第263—264页。

② 牟宗三:《圆善论》序言,《牟宗三先生全集》第22卷,第11页。

讲什么上帝了。

将卢教授的论述与牟宗三的论述放在一起加以比较,不难发现二者有着很大的不同:牟宗三看到了上帝的虚幻性,决定以"无限智心"代上帝,以存有论的方式解决圆善问题;卢教授虽然不认为"天"是道德主体外的实体,但认为儒家要解决圆善问题,"天"的问题仍然轻忽不得。也就是说,同样论圆善,牟宗三不再讲"天",改说"无限智心",卢教授则仍然要讲"天",抓住这个问题牢牢不放。于是,我们必须作出如下选择:这两个思路哪一个更为合理?

我赞赏牟宗三的思路,不认可卢教授的思路。牟宗三在分析康德圆善思想的过程中注意到,康德讲的上帝是虚的,只能作为一种信念,无法发挥实际作用,所以才用儒家的"无限智心"代替上帝来解决这个问题。这种做法最有价值之处,是超脱了西方的宗教模式,以哲学的方式来看待德福关系问题。换言之,康德讲圆善离不开基督教的特殊背景,儒学不是这种意义的宗教,所以不可能真正解决这种意义的圆善问题。再换言之,在儒家学理系统中,圆善本是一个哲学问题,而非宗教问题,所以必须以哲学的方式,而不是以宗教的方式来讨论。[①] 卢教授似乎没有明白牟宗三的良苦用心,仍然坚持依照康德讲"上帝"的模式来讲"天",以实现圆善,强调实现圆善不能离开"天",不能不讲"天"。这里讲的圆善,根据上面

---

① 杨泽波:《从德福关系看儒学的人文特质》,《中国社会科学》2010 年第 2 期;另见杨泽波:《贡献与终结——牟宗三儒学思想研究》第四卷,第 175—182 页。

的分析,无非有三种可能,一是"德福一致之圆善",二是"伦理共同体之圆善",三是"圆教之圆善"。但无论哪种意义的圆善,天都不能发挥实际的作用。对于卢教授的做法,我们不妨借鉴牟宗三的口吻这样来追问:既然"天"是虚的,不是实体,它如何能够保障圆善的实现呢?如果天不能实际发挥作用,我们为什么还要将解决圆善问题的希望寄托在它的身上呢?

卢教授放弃牟宗三以"无限智心"代上帝的思路,重新讲天,与其对于儒家道德形上学的理解有关。在她看来,自孔子创立儒学之后,"践仁知天""尽心知性知天"就成了重要的思想传统,由此形成了儒家独特的道德的形上学体系。这套体系与康德的道德形上学相融相通,意义重大,讨论圆善问题须臾不可缺少。然而据我观察,卢教授在这里混淆了"作为道德形上根据的天"和"作为圆善信念保障的天"的界限。"作为道德形上根据的天"是指儒家为良心善性寻找的终极根源。先秦时期,自孔子讲仁,孟子讲良心以来,人们就面临着仁和良心的终极根源的问题,在当时的情况下,不得不利用传统的思维方式,将这个根据确定为天。这种做法有很强的理论意义,因为在传统思维方式中,天是超越的,甚至带有道德宗教的意味,将仁和良心的根据归给天,儒学也就具有了超越性乃至宗教性,大大加强了自身的力量。与此不同,"作为圆善信念保障的天"则是以天作为一种信念,以保障圆善的落实。这是两个不同的概念。儒家讲天只是为道德根据确立形上的源头,这种天不是实体,不是人格神,无力保障圆善(不管是何种意义的圆善）的实现。在历史上，儒学一直坚守这个界限。孟子"求则得之，舍则失之，是求有益于得也，求在我者也。求之有道，得之有命，是求无益于得也，求在外者也"（《孟子·尽心上》）的著名论述，将这个道理讲得非常清楚。道德根据内在于心，只要去求就能得到，因为它是"求在我者"；人爵一类的幸福，可以去求但能不能得到，要由命来决定，因为它是"求在外者"。因此，在历史上除少数人（如汉代的董仲舒）外，儒学的主流并不以天作为人能得福的保障，不以"作为道德形上根据的天"代替"作为圆善信念保障的天"。儒学既讲天，但又不以天作为德福一致的形上保障，儒家形上系统最微妙难解之处可能莫过于此。

牟宗三这方面的论述足以显示其思想之高明。一方面他非常重视儒家学说的超越性、形上性，另一方面又不以具有超越性、形上性的天作为德福一致的终极保障，哪怕这种保障只是信念的。卢教授就相形见绌了。她反复强调要建成"大同世界"（即实现"伦理共同体之圆善"）必须讲天，这样做表面看是为了彰显儒家的道德形上学，其实是回到了牟宗三批评的康德上帝的虚幻性。究竟应该以宗教的方式还是以人文的方式解决圆善问题，这是整个问题的关键。康德属于前者，哪怕这种宗教是道德性的。牟宗三属于后者，哪怕其以"无限智心"讲"诡谲的即"内部有诸多问题有待讨论。作为牟门入室弟子，卢教授不认可牟宗三的思路，重新彰显天的作用，以解决圆善问题，主观上是希望对牟宗三学理有所推进，实际上却是背离了牟宗三"就哲学言，其系统至此而止"的宗旨，其学理远不及牟宗三以"无限智心"代上帝合理,甚至可以说是一个根本性的倒退了。

作者发表的与"圆善"问题相关文章之名录

1.《孟子之乐的层级性质及其意义》,《云南大学学报》(社会科学版)2003 年第 1 期。

2.《四无与圆善——评牟宗三立四无为圆教以解决圆善问题》,《复旦学报》(社会科学版)2010 年第 2 期。

3.《"诡谲的即"与孔颜乐处》,《中山大学学报》(社会科学版)2010 第 2 期。

4.《从德福关系看儒家的人文特质》,《中国社会科学》2010年第 4 期。

5.《牟宗三解决康德的圆善问题了吗?》,《哲学研究》2010年第 11 期。

6.《"赋予说"还是"满足说"——牟宗三以存有论解说道德幸福质疑》,《河北学刊》2011 年第 1 期。

7.《牟宗三圆善论思想的意义与缺陷》,《云南大学学报》(社会科学版)2011 年第 2 期。

8.《我们应该如何研究〈圆善论〉》,《现代哲学》2011 年第 2 期。

第五章 再议"终结"

一、"牟宗三儒学思想方法的终结"的
两个具体所指

牟宗三是现代新儒家第二代的重要代表,对儒学思想的发展作出了杰出贡献,代表着二十世纪后半叶相当长时间内儒学研究的最高水准。学界对牟宗三儒学思想贡献的研究很多,但说法不够统一,我则主要将其概括为两个方面。一是对儒家心学学理有了深入的拓展。儒家心学是由孔子之仁,孟子之良心发展而来的,其思想的重要特点,是重视道德本体的体认问题。牟宗三在这方面的一个显著特色,是顺着熊十力关于良知是呈现不是假设的思路,强调对于道德本体的认知是一种直觉,而这种直觉即是康德所不承认人可以具有的智的直觉。道德本体不是死物,"即存有即活动",一旦通过直觉把握住了道德本体,道德本体就会发出强大动力,迫使人们

必须按它的要求去做,使整个学说充满活力。与此同时,牟宗三对于心学可能产生的问题也有很强的警觉,希望借助道体、性体保障其客观性,不流向弊端,为此甚至不惜打破传统旧说,将五峰、蕺山独立出来,创立了著名的三系说。二是对熊十力的新唯识论有了进一步的推进。将佛家唯识宗的基本义理引入儒学,创建新唯识论是熊十力最重要的理论贡献。牟宗三受其教益,很早就明白这方面的道理,不断加以阐发。后来,他进一步将这一思想与西方的存有论进行比较,强调中国哲学特别是儒学也有自己的存有论系统,因为道德之心有绝对普遍性,"涵盖乾坤""仁心无外",使宇宙万物具有道德的价值和意义,成为一种存在。在此期间他非常重视思维方式问题,提出了"人虽有限而可无限"的重要命题。人的有限性和无限性皆可开出存有:由有限性开出现相界的存有,又称"执的存有";由无限性开出本体界的存有,又称"无执的存有"。合而言之,即为两层存有,一是现相的存有,二是物自身的存有。后来,他又将这一义理运用于圆善问题和合一问题,成为其后期思想的重要内容。

与任何重要哲学家一样,牟宗三思想也难免有缺陷,这些缺陷对牟宗三造成了很大的负面影响。为了凸显其严重性,我不惜使用了"终结"这一比较严肃的表达方式,提出了"牟宗三儒学思想方法的终结"的命题。此处之"终结"不是说牟宗三哲学没有生命力了,完结了,而是说其思想方法存在着严重瑕疵,进一步发展的潜力已经不大了。这些瑕疵主要有两个所指:

终结"的第一个所怕是对仁和良心的认识过于陈旧。仁和良心是儒家心学的立论根基,历史上儒学家们无不强调其重要,牟宗三也是如此。检查他的相关论述,不难看出,他只是强调仁和良心是大根大本,要求人们必须按照它的指令去做,只是讲"天之所与我者""天命之谓性",以上天作为终极源头,而未能对其作出更为深入的理论分析。这种情况直接影响到牟宗三对于克治心学流弊的看法。心学发展到明代末期,弊端渐渐显露出来。猖狂者、超洁者表现虽有不同,但都背离了心学的真精神。牟宗三看到了这个问题的严重性,想方设法加以解决。按照他的理解,心学走向弊端根本原因在于心学的根基是心体。心体是主观的,纯任主观的心体发展,自然难以控制,从而走向弊端。为了防止发生这种情况,必须为心体增加客观性。他看到,在儒家传统中,蕺山在这方面的努力很有意义。蕺山为克服心学流弊,区分了心宗和性宗。心宗是主观的,性宗是客观的。一旦心宗出现流弊,需要请出性宗加以克治。大量研究已经证明,蕺山这种做法只能治表不能治里,不可能从根本上解决问题。三百年之后,牟宗三仍然沿用这一思路处理这个问题,其客观效果如何,当然也就值得怀疑了。

对仁和良心的理解过于陈旧,最大的影响尚不在此,而在于无法合理处理心学和理学的关系。牟宗三看到仁和良心非常重要,受传统心学思维方式的影响,不自觉地认为,道德根据只有一个,这就是仁和良心。象山、阳明重仁和良心,故为正宗。伊川、朱子虽然也讲仁和良心,但其讲法有缺陷,不到位,思想偏于《大学》,以格物致知讲道德,故为旁出。这种做法亟待讨论。从孔子创立儒学的那一刻起,其学理就既讲仁,又讲礼。以孟子为代表的心学顺着仁的路线走,自然有其根据。但以伊川、朱子为代表的理学也完全可以在《大学》中找到依据,而《大学》显然是顺着孔子礼的路线发展而来的。从大的视野看,心学和理学都不可缺,不宜划分何为正宗何为旁出。儒学历史上心学理学之争尽管非常热闹,但都可以在孔子学理中找到根据,都有自己的合理性。如果说伊川、朱子不合孔子之仁是旁出的话,那么象山、阳明同样不合于孔子之礼,也未必不是旁出。牟宗三没有看到这一层,强行划分正宗与旁出,表面看界限分明,立意超拔,其实是以心学而不是以完整的孔子思想为标准的,是将仁和良心作为成德成善的唯一根据。

"终结"的第二个所指是对康德智的直觉的思想理解严重失误。牟宗三早期和中期即已涉及智的直觉问题,但重视程度不够,直到《心体与性体》后才意识到其重要性,下了极大气力撰写了《智的直觉与中国哲学》《现象与物自身》加以系统研究。在他看来,智的直觉是不经过范畴(包括时空)的思维方式,与这种思维方式相对的对象即是物自身;如果可以证明人有智的直觉,那么认识就不再止步于现相,而可以直达物自身了。儒家历来重视对于仁和良心的体悟,这种体悟是直接进行的,不需要借助时空和范畴这些认识形式,其本质就是智的直觉。更为重要的是,道德之心不仅可以决定人的善行,也可以对宇宙万物发生影响,创生道德意义的存有。道德之心创生存有不需要借助认知意义的范畴，其曲柄方式相当于智的直觉。因此，由道德之心创生的那个存有的对象便不再是现相，而是物自身了。

牟宗三对智的直觉的这种理解隐含着极大的问题。康德意义的智的直觉是一种"本源性"的直观，即所谓"本源的直观（觉）"，也就是其自身可以给出质料的一种直观。因为人必须依靠外部对象的刺激才能形成质料，最终形成认识，所以不具有这种智的直觉。这种智的直觉或许上帝可以有，不过对此我们不能给出证明。康德提出这种主张，根本目的是要证明本体（自由、上帝、灵魂）是不可知的，因为自由、上帝、灵魂只是智思之物，无法为人提供质料，从而为认知划定界限。牟宗三没有从这个角度，而是从范畴之有无的意义上理解这个概念的。他认为，在康德学理中，人的认识总要受到时空和范畴的影响，所以只能得到对象之现相，不能得到对象之自身。儒家哲学不同，承认人可以有智的直觉，可以直达物自身，不再局限于现相。道德之心赋予宇宙万物以价值和意义即所谓"觉他"的过程，就属于这种思维方式，所以其创生的对象不再是现相，而是物自身。这里的问题非常严峻。牟宗三讲"觉他"，源自熊十力的新唯识论，旨在说明道德之心可以影响外部对象的存在，创生道德意义的存有，做到心外无境。道德意义的存有其本质是将道德之心的价值和意义赋予外部对象，使原本没有任何道德色彩的对象具有道德的价值和意义。既然如此，这种思维方式就已经明显夹带了人的痕迹，受到了它的影响，其创生的存有对象已经脱离了物之在其自己的身份,怎么能够称为物自身呢?

其后,牟宗三又将这种看法运用到圆善论与合一论的研究之中,引出了更多的问题。与圆善论相关的问题,主要表现为如何界定幸福的性质。牟宗三认为,"明觉之感应为物",这里的"物"指存在之物,意即良知对于宇宙万物负有创生朗润之责。人们依心意知之天理而行成德成善,这是德的一面,明觉之感应为物,物随心转,物边顺心即是福,这是福的一面。必须清楚看到,这种"物边顺心"之福只是内心的一种感受,大致相当于历史上讲的"孔颜乐处",是道德幸福,不同于康德圆善思想所要求的物质幸福。与合一论相关的问题主要表现为如何看待"无相"。牟宗三受其对智的直觉概念理解的影响,特别喜欢以"无相"讲本体,因为本体是"无相"的,所以美也就没有了任何相,成为了"无相之美"。在此期间,他忽略了一个基本问题:任何美都是一种相,世界上本没有无相的美。他大讲"无相之美",实际上是混淆了"审美而无审美之相"与"审美而美无美相"两个不同问题,以前者作为后者的论据。这一思想过程在逻辑上有严重的混淆,在义理上有严重的失误,而其总根子还在对于智的直觉的理解不够准确。

总的说来,在研究牟宗三儒学思想的过程中,我特别注重其思想方法问题,认为他在这方面有严重的不足。这些不足使其思想方法已经没有太强的发展空间,"牟宗三儒学思想方法的终结"这一命题所要凸显的就是这个道理。《贡献与终结——牟宗三儒学思想研究》"总序"中有一个自然段,比较集中地表达了我对这个问题的态度,不计篇幅略长,原文引

述如下:

通过上面的分析,牟宗三儒学思想方法的缺陷已经比较清楚地摆在我们面前了。概要而言,这种缺陷包括两个方面:一是对良心本心的理解过于陈旧,从而未能摆脱感性理性两分的模式,总体上坚持的仍然是两分方法;二是对康德智的直觉思想理解有失准确,认为道德之心创生存有的思维方式即是智的直觉,不仅直接将其创生的对象称为物自身,而且以此作为一种基本方法,扩展到圆善论和合一论之中。这两个方面的问题为牟宗三带来了诸多困扰。前者决定其不适当地判定朱子是旁出,乃至误将道德无力说成道德他律,无法真正说明儒家道德理论何以本身即具有活动性的问题。后者不仅使其存有论的表述有欠准确,直接将道德之心创生的存有界定为物自身的存有、无执的存有,而且造成了圆善论和合一论中若干重要问题的混淆。我相信,牟宗三上述思想方法已经过时了,失去了进一步发展的潜力和可能。套用习惯性的哲学术语,可以说已经"终结"了。本书书名《贡献与终结》中的"终结",就是针对这个问题而言的。如果现在谁还看不清这一点,再以两分方法为标准判定正宗与旁出,以道德他律来说道德无力,或者再以对智的直觉的不正确理解为基础,将道德之"善相"称为物自身,并以此来解决康德意义的圆善问题,以"无相"为基础,建构真美善的合一,那么他最多只能是在牟宗三的原地踏步,甚至扩大原有的错误而已。①

二、"终结"第一所指之延伸:如何理解仁和良心

(一) 卢教授不承认牟宗三对仁和良心解读的方法是陈旧的

卢教授不接受我关于"终结"的说法,强烈批评说:

> 如吾人一再申论,牟宗三通康德之最高洞识而确立的道德的形上学,乃道枢,它关联着人类发展之前景,即包含着创造的道德的未来人类史,也就是人类应当如何致力于终极目的(圆善)实现于世界的目标。明乎此,则可知,破除牟先生思想"终结"论,实乃当务之急。②

卢教授认为牟宗三通于康德思想建立的道德形上学系统,致力于在人类建立圆善的新世界,关联着人类历史发展的前景,意义重大,不是某些人讲什么"终结"所能撼动的。当前最紧迫的任务,就是破除这个"终结"说。

为此,卢教授做了很多工作,其中一个重要方面便是驳斥关于牟宗三理解仁和良心的方法过于陈旧的这种说法:

---

① 杨泽波:《贡献与终结——牟宗三儒学思想研究》第一卷"总序",第35—36页。
② 卢雪崑:《牟宗三哲学》,第488页。

> 须知,良心本心之为孔子哲学传统的大根大本,其义自孔孟始至牟先生已为孔子哲学传统一脉相承之共识,可谓"万古如一日",岂有如杨教授所言"过于陈旧"?!牟先生确然善绍孔子哲学传统,然岂能据之批评"他的思维方式仍然是传统的"、"陈旧"的?!①

良心本心是孔子思想的大根大本,是儒家哲学一脉相承的共识,牟宗三对此有很深的理解,极好的发挥,可谓"善绍",怎么能说其"思维方式仍然是传统的",是"陈旧"的呢?

这个问题带有根本性,须细细分疏。在传统的思维方式中,讲到仁和良心,无不以《孟子》的"天之所与我者",《中庸》的"天命之谓性"加以论说。牟宗三也是如此,他认为,自儒学诞生以来,经孔子的"践仁知天",孟子的"尽心知性知天",已经形成了一套独特的形上系统,这个系统最重要的因素是天,认为人的善性来自上天的赋予。然而,自我从事儒学研究伊始,便对这种说法抱怀疑的态度,一直思考这样一个问题:良心(包括仁)果真是上天赋予的吗? 后来,我将这方面的思考归纳为三个问题:

> 问题一,如果良心真的源于上天的禀赋,那么上天是如何赋予人以良心的? 古人常以孩提之童无不知爱其亲

---

① 卢雪崑:《牟宗三哲学》,第390页。

说良心,进而强调良心源于上天,这种说法在一定意义上有一定的道理,但今天拾金不昧、不乱扔垃圾、遵守交通规则同样是良心,这些良心也来自上天的赋予吗?

问题二,如果良心真的源于上天的禀赋,为什么古人与今人良心的表现会有很大差异?孔子那个时候施行三年之丧,否则内心会有不安,而在今天这种做法早已不流行,人们也不再以三年之内是否食脂闻乐作为是否有仁的标准。这个变化难道也是上天有意而为的吗?

问题三,如果良心真的源于上天的禀赋,为什么不同地域的人,其良心的表现会完全不同? 中国人因牛之觳觫而不忍宰杀,世界上有些地区的人见到杀牛反而兴高采烈,欢声雷动,难道这些地区的人没有良心吗? 上天赋予人以良心为什么要将其弄得如此不同呢?[1]

这里分别谈到了良心的起源、时间、空间的问题。如果真的相信良心来自上天的禀赋,那么如何回答这三个问题就成了很大的难题。而根据我的理解,在传统的思维方式中,这些问题是无解的。我们必须另辟新径,作出新的努力。多年来,我一直主张,人之所以有仁和良心,有两个基本的原因。第一个原因来自人作为有生命的类的一员的先天禀赋,我称为"生长倾向";第二个原因来自社会生活的影响和智性思

[1] 杨泽波:《"性即理"之"理"是形上实体吗? ——关于朱子天理概念的新思考》,《中国社会科学院大学学报》2022 年第 7 期。文句有修改。

维的内化,我称为"伦理心境"。生长倾向是伦理心境的底
子,是一个必不可少的基础,伦理心境则是生长倾向的进一
步发展。生长倾向是人的自然属性,是先天的,伦理心境则
是人的社会属性,是后天的,但这种后天同时又具有先在性。
仁和良心从根本上说是建立在生长倾向这个平台上的伦理
心境。

卢教授不同意我的这种解说,批评这种做法是经验主义
的,不符合儒家的一贯立场:

> 但他本人却仍然像不少经验论者那样,未免流于心
> 理学、社会学、思想史的层次来谈论哲学问题。尽管他本
> 人说:"哲学是人类对形上问题追问的反思,旨在解决人
> 类存在的根本性问题,必须能够引领时代。"但他的经验
> 论的立场,令他的"形上问题追问"无法达到儒家通康德
> 而臻至的形上学之高度,更遑论说能"解决人类存在的
> 根本性问题",以"引领时代"了。①

> 究其实,杨教授根本不是从哲学维度论"道德",其
> 所谈"道德"不过是经验的环境的伦理或社会行为
> 规范。②

不接受我对仁和良心的解读,批评其是经验主义,在学界不在

---

① 卢雪崑:《牟宗三哲学》,第388—389页。
② 卢雪崑:《牟宗三哲学》,第398页。

少数。① 为此我曾多次讲过,我诠释仁和良心首先讲一个生长倾向,不是出于经验的概括,其基础不是生物学,而是源于缜密的哲学分析。我思考的逻辑起点不是经验,而是内觉。人有内觉的能力,这种能力大致相当于笛卡尔"我思故我在"的那个"思"。这种"思"不是逻辑的,而是直觉的。人通过内觉可以觉察到自己的仁和良心,这种内觉就是整个问题的阿基米德之点。既然人有仁和良心,那么从理论上分析,它必然有其来源。有了这种来源,人才能成为自己,其类也才能有效绵延。生长倾向就是我对这种来源的描述和概括。生长倾向来自天生,是先天的,在人处理伦理道德问题之前已经在了,这可以称为"先天而先在"。我讲生长倾向完全是哲学式的,而非生物学的,经验主义的。

更为重要的是,生长倾向只是一个底子,仁和良心的主干部分是伦理心境。伦理心境来自社会生活和智性思维对内心

---

① 我经常能听到他人对我的这种批评。在这些学者看来,儒家生生伦理学以生长倾向和伦理心境解读仁和良心带有明显的二十世纪八十年代的痕迹,属于唯物主义的路数。最初我对此并不特别在意,近年来才意识到这是一个根本性的问题,必须予以澄清,在多个场合反复申明:儒家生生伦理学的逻辑起点是"我觉故我在",它既不是经验主义,也不是先验主义,既不是唯物主义,也不是唯心主义;我承认社会生活的存在,承认这种生活对人内心的影响,是以"内觉"为起点,在分别发现自己有欲性、仁性、智性后,以智性为工具一步步推论出来的,而不是以它作为整个学说的基础。为此,我在写《儒学谱系论》(北京:人民出版社2023年)时专门补写了一个小节,标题即为"否认经验主义,拒斥先验主义"(第41—47页),为凸显其重要,还将这一小节作为单文发表(杨泽波:《经验抑或先验:儒家生生伦理学的一个自我辩护》,《社会科学战线》2019年第2期)。然而,我的这种努力收效甚微,很难为人们理解,十分无奈。

的影响，社会生活本身是经验的（智性思维说到底也是来开经验），所以人们常常以为，以伦理心境解说仁和良心走的是经验主义的路子。需要强调的是，"伦理心境"虽然源于经验，但并不是经验本身，而是社会生活和智性思维在内心的一种结晶物。换言之，人们内心可以充当道德根据的伦理心境，不是社会生活和智性思维的一个个具体经验，而是其抽象物。更为奇妙的是，这种结晶物、抽象物虽然来自经验，是后天的，但又具有明显的先在性，在人们处理伦理道德问题之前就已经在了，在时间节点上是在先的。这就是我说的"后天而先在"。把握"后天而先在"的特点，对于准确理解仁和良心至关重要，否则无法解释为什么我们在社会生活中面对很多问题不需要新的学习就知道如何去做，而这些内容又不是生而即有的。①

　　总的说来，我解读仁和良心首先讲一个生长倾向，并非源

---

　　① 卢教授除了批评我是经验主义之外，还多了一个人禽之辨的角度。她说："杨教授为其所言'伦理心境'给出一个生物学而言的先天为基础，据此论人与动物之区分，此区分只是依生物学而作的划类的区分，根本不同于孟子言'人禽之辨'作为哲学命题，标举人之道德创造实体以区别于天地万物。"卢雪崑：《牟宗三哲学》，第 401 页。人禽之辨是儒家的重要话题，儒家讨论这个问题，旨在强调人有道德，禽兽没有，要成为人，必须讲德成德，否则与禽兽无异。但随着历史的发展，现在出现了很多新情况，迫使我们必须对这一传统观念作出修正。根据我的理解，人与动物都有生长倾向，在这一点上是一样的。人与动物的区别在于还有一个伦理心境，因为伦理心境来自社会生活和智性思维对内心的影响，如果社会生活和智性思维出了问题，很可能连累生长倾向，最终造成人不如禽兽的局面。因此，不是人必须讲道德，否则便与禽兽无异，而是人如果不讲道德，连禽兽都不如。参见杨泽波：《新人禽之辨》，《云南大学学报》（社会科学版）2017 年第 3 期。

于经验的归纳,伦理心境来自经验,但一旦形成,又具有先在性,正是这种先在性,使它可以成为道德的根据。因此,我不接受关于我是经验主义的任何批评。① 这个问题与李泽厚有密切关系。李泽厚晚年将自己的理论概括为三句话,其中最有价值的便是"经验变先验"。这一命题有很强的合理性,但很多人囿于传统,不能领会其内在的价值,对其多有讥讽。② 这些人不了解,"李泽厚并非不明白什么是先验,而是不满意西方哲学对先验这一概念的限定。他的方法是超前的,别人不理解他的初衷,跟不上他的思路,反而对其多加指责,可悲而可叹。"③我从不掩盖我以伦理心境解读仁和良心,当初就是受到了李泽厚的影响,走的就是"经验变先验"的路子。因为这种方法超越了传统的范式,有很强的超前性,所以一时不被理解当在情理之中,这也是我为什么调侃自己的书是"献给一百年之后有幸的读者"④的重要原因。卢教授对我的批评放在这个背景下就不难理解了。

(二) 陈旧方法引出的第一个问题:仁和良心等同于自由意志吗

　　沿用上述思路,卢教授非常重视牟宗三"康德说法中的

---

① 杨泽波:《经验抑或先验:儒家生生伦理学的一个自我辩护》,《社会科学战线》2019 年第 2 期。
② 参见杨泽波:《积淀说与结晶说之同异——李泽厚对我的影响及我与李泽厚的分别》,《文史哲》2019 年第 5 期。
③ 杨泽波:《儒学谱系论》,第 51 页。
④ 这是我在《儒家生生伦理学引论》扉页上的题词;另见该书"结语:儒学范式现代转化的完成"(第 435 页)。

自由意志心灵[...]体相即[...]第[...]思想，讲一步以自由意志诠释仁和良心。这构成了卢教授相关论述中的第一个问题。卢教授这样写道：

> 我们可以说，纯粹的实践的理性（自由意志），也就是本心（仁）作为人的实存之本质，此即孔子言"仁者人也"（见《中庸》第二十章），孟子亦言"仁也者，人也"（《孟子》〈尽心章句下〉），用康德的词语表达，就是人的超感触之本性（übersinnliche Natur）（KpV 5：43）。②

卢教授认为，在康德那里，自由意志是在其一切格准中制定普遍法则的能力，人的理性原本就有这种机能，而儒家讲的仁即相当于康德的自由意志，"仁者人也"所要表达的正是这一道理。

又说：

> 据此，我们能够说，一切堪称理性本性之学（哲学），无论出自哪一个民族，起源于哪一个时代，皆必须亦必定能经得起康德由批判所确立之标准。吾人赞同牟宗三先

① 牟宗三：《智的直觉与中国哲学》，《牟宗三先生全集》第20卷，第258页。

② 卢雪崑：《牟宗三哲学》，第3页。

生提倡孔子哲学传统与康德哲学会通之真知灼见,根据即在此。①

卢教授将康德的自由意志和儒学之仁相贯通,意在表明"理性本性之学"之重要。她强调,不管它来自哪个民族,起源于什么时代,只有经得起康德批判哲学进程的检验,才能算是真正的哲学。牟宗三以儒家的本心仁体来说康德的自由意志,意义就在这里;卢教授赞同牟宗三的这种做法,根据也在这里。

卢教授进而提出了"基础哲学"的概念:

> 近年来,吾依据数十年哲学研习之心得总结出:孔子哲学传统与康德哲学堪称为"基础哲学"。所谓"基础哲学",意谓为一切哲学流派奠基的哲学。"哲学"作为人们"寻根究极"的学问,以区别于一切搁置根源及终极问题不论,只研究时间空间中物事的科学。从这个意义来看,吾人就能指出:唯独孔子传统和康德真正地如理如实地解答了这个本质的哲学问题。概括地说,人类一切学问的根源归于人本身的心灵机能,而且这个根源不是在心灵机能之经验的性格,而是在其超越的性格。这个根,用康德的词语讲,就是自由意志,用孔子传统的词语讲,就是孔子所言"仁",即孟子所言"本心"。②

①　卢雪崑:《牟宗三哲学》,第10—11页。
②　卢雪崑:《牟宗三哲学》,第11页。

"█████，███████████，█████，█████████，█████是"为一切哲学流派奠基的哲学"。哲学不同于自然科学,它是人们"寻根究极"之学。世界上能够达到这一高度的,只有孔子和康德,即所谓"唯独孔子传统和康德真正地如理如实地解答了这个本质的哲学问题"。孔子和康德能够彼此相通,达到这个高度,皆因康德讲自由意志而儒家讲仁和良心。

将儒家的仁和良心与康德的自由意志作比较,是一个有意义的话题。康德认为,道德必须源于自己的自由选择,而不能出于外力的强迫。只有证明了人确实有自由意志,道德的大厦才能建构起来。自由分为两种,一是消极自由,二是积极自由。消极自由是与自然规律相对应的自由。人类没有这种自由,因为在自然要求面前,人们只能服从自然因果律。积极自由是指道德的自由,即人可以选择一种有价值的生活。这种选择也是一种自由,一种积极意义的自由。人可以有积极自由,可以为自己设定道德法则,而这些法则常常是违背自然因果律的,于是这种自由就成了整个道德学说的基石。自由问题在西方哲学中因为有宗教的背景,看起来十分复杂。而在中国文化系统中,指的其实就是人的道德自我选择能力。在现实生活中,人是独立的,不由神来决定,自己的内心就能判断是非,知道什么是对的,什么是错的,与此同时,内心还有强大的动能,决定必须选择正确的,放弃错误的。孟子"先立其大"的思想表达的就是这个道理。因为人有善性,有仁和良心,是的自然会去做,非的自然会去止。这种情况用康德术语表达,就叫人有积极意义的自由。将仁、良心与自由意志作比较,确实可以大大提高儒学的理论含量,将习以为常的道理上升到更高的理论层面。①

　　然而,从另一个方面看,这个问题又不是如此简单。长期以来我一直坚持主张,康德的自由意志与儒家的仁、良心虽然有一定的相似性,但不能将二者完全等同看待。康德建构自己道德学说的过程十分复杂。《道德形而上学原理》第一章的标题为"从普通的伦理理性知识过渡到哲学的道德理性知识"。从这一标题可知,在康德看来,社会当中存在着一种普通的伦理理性知识或一般的大众道德哲学,它虽然很重要,但还处在较低的水平上。天真无邪虽然很好,但很难保持自身,容易被引诱走上邪路。理想的做法是对其进一步抽象、提升,将其上升一步,从中得到最高的道德法则,使规范更易为人们接受,保持得更为长久。《道德形而上学原理》第二章"从大众道德哲学过渡到道德形而上学"更深了一层。康德指出,对于一个完整的道德学说而言,道德形而上学必不可少,因为道德的最高原则必须是独立于经验的,必须以纯粹理性为基础,必须先天地从理性中得出。只有把道德哲学放在形而上学的基础之上,把纯粹理性原则加以提高,等它站稳了脚跟后,才能运用综合的方法,通过大众化普及开来。因此,在康德看来,将道德哲学建立在形而上学基础之上是一步非常重要的工作,断不可缺。

---

① 参见杨泽波:《儒家生生伦理学引论》第二十五节第四小节"积极意义的自由何以可能",第144—146页。

甲做哪件有用的一类则基垂工作，并不在孔子视域之内，孟子更是不做的。孔子只是教人成德成仁，没有对其根据作进一步的说明。孟子创立性善论，建构自己的道德理论，进了一步，将良心的根源追寻到了天，借助古诗证明性善是事物的法则，而"先大其大"的思想也包含道德选择的内容，但他并没有像康德那样运用分析的方法，从良心良知中分析出道德规律来，更没有像康德那样强调"理性事实"可能会受到"根本恶"的影响，产生"自然辩证法"，必须将其上升一步，达至科学的水准。换言之，尽管在孔子的仁和孟子的良心中也可以找出类似自由意志的内容，但这些内容没有经过康德批判哲学进程的检验。认清康德与儒学的这个不同非常重要，它有助于我们明白，从表面看，孔子之仁，孟子之良心与康德的自由意志有相近的一面，但严格说来，二者的差别是非常大的，切不可将其等同看待。卢教授没有从这个角度出发，延续牟宗三的做法，以自由意志解说仁和良心，将两种不同性质的学说混在一起，从好处看是抬高的儒学的理论层面，从坏处看则是将儒学置于康德的羽翼之下，掩盖了孔子之仁，孟子之良心的根本特质。这再次说明，对仁和良心作出合理的说明，不停留于牟宗三的做法，破除传统的观念，是多么重要了。

（三）陈旧方法引出的第二个问题：无法合理处理心学与理学的关系

如何处理心学和理学的关系问题是由此引出的另一个问题。我注意到，在卢教授《牟宗三哲学——二十一世纪启

蒙哲学之先河》一书中,"共识"一词频繁出现。如下面
两段:

> 显见,并非前人对于良心本心的真正来源和真实性
> 质并无论及,而是杨教授本人不承认孔子哲学传统之共
> 识——本心仁体作为道德创造实体,乃是道德的形上学
> 之大根大本,任何时任何地于任何人皆有效。①

> 牟先生已一再论明,儒家哲学传统之共识在孔子践
> 仁知天、孟子尽心知性知天所显示的道德的形上学。而
> 儒家的道德的形上学关键在道德的创造主体之确立,此
> 创造主体乃由自身立普遍法则(道德法则、天理)并依自
> 立之普遍法则而行,据此创造人自身为道德之实存,以及
> 创造世界为道德的世界。②

儒学有一个由孔子"践仁知天",孟子"尽心知性知天"而显示
的道德形上学的传统,这是一个"共识"。有了这个"共识",
才能确立道德主体,才能建立普遍法则。有人不承认朱子是
旁出,不接受牟宗三的三系论,皆源于不认可这个"共识"。

根据前面对于仁和良心的解读,仁和良心之所以能够作
为道德本体而存在,是因为它是伦理心境,伦理心境有先在
性。但是,人要成德成善,光有伦理心境是不行的,还需要不

---

① 卢雪崑:《牟宗三哲学》,第 391 页。
② 卢雪崑:《牟宗三哲学》,第 429—430 页。

断学儿，说理它对什么平那果真是伏偎表现为半通、学礼、学乐,但蕴含着很强的发展潜力,以至于后来经荀子、朱子的努力,发展为一个较为完善的系统。这种情况说明儒学思维结构有很强的特殊性。自孔子创立儒学伊始,内部就有智性、欲性、仁性三个部分,而不是西方哲学那种理性和感性两分的模式。智性与西方的道德理性大致相当,欲性与西方的感性大致相当。儒学最有价值的地方,是在智性和欲性之外,还讲一个仁性,而仁性就是孔子之仁,孟子之良心,也就是我所说的伦理心境。正因为看到了这个问题的巨大意义,将儒家学说中与成德成善相关的因素分疏出智性、欲性、仁性三个要素,建立三分法,破除两分法,便成了我一生最重要的工作。

有了三分法,对儒学发展的整体脉络就有了新的认识。我发现,儒学两千年的发展内部有一个可以名之为“一源两流”的奇妙现象。“一源”指孔子。孔子心性结构是智性、欲性、仁性之三分,在这一结构中,智性和仁性都是道德的根据。“两流”指孔子之后学术思想沿着两个不同的方向发展。孟子顺着仁性的道路走,创立了性善论,作出了重大贡献。但遗憾的是,他忽视了学习认知对于成德成善的重要作用,学理中缺少智性的位置,而这也成了后来心学“流弊问题”的祸根。荀子发现了孟子的这一缺陷,创立性恶论加以反驳。在此过程中,他特别重视学习认知的作用,事实上是以智性作为自己学理的基础。智性虽然重要,但内部没有动能,这又成了后来理学“活动问题”的伏笔。一千多年后,到了宋明,仁性之流进化为心学,代表人物是象山和阳明,其特点是重视良心本心,反求诸己。智性之流变形为理学,代表人物是伊川和朱子,其特点是重视《大学》,将思想重点置于格物致知之上。以往的儒学研究眼光往往过于狭窄,或局限于孟子与荀子之争,或局限于心学与理学之争,有了三分法,有了"一源两流"的视野,很容易明白,这些不同派别之争本质上都是仁性和智性之争,"流弊问题"和"活动问题"不过是其具体表现而已。

这样一来,心学和理学的关系就比较清楚了。心学的基础是仁,是良心,但成德成善光有仁和良心还不行,还必须对仁和良心加以再认识,而担负这项工作的,只能是智性。智性在孔子那里还比较简单,只是一般性的学习和认知。荀子沿着这个方向继续往前走,提出了"虚一而静"的著名主张。但这项工作直到朱子才有了实质性的发展。朱子重视《大学》,强调格物致知,要求"推及吾之知识,欲其所知无不尽,穷事物之理,欲其极处无不到",在"格物致知补传"中更明确提出了"因其已知之理而益穷之"的主张。从三分法的角度来看,这实际上是讲,必须借用格物致知的方法,对心中已知的仁和良心加以再认识,而其本质就是运用智性对仁性加以再认识,使之达到更高的层面。这个道理与康德所说不能满足于"理性事实",还必须通过哲学的方式将其提升,使之真正可以成为科学的形而上学,具有类似的意义。正因于此,我们绝不能把仁和良心视为唯一的道德根据,不能只讲仁性,还必须讲智性,不能只讲心学,还必须讲理学。非常遗憾,卢教授排斥三分法,没有这样的视角。在她看来,仁和良心是儒学的中枢核心,是成德成善的

世一根据，说成两千年儒学发展的"共识"，从而抽离了以仁

基础,理当判为旁出。以这种方式处理心学和理学的关系,

明显偏于一隅,难称全面。

略有讽刺的是,牟宗三虽然坚持心学的立场,定朱子为

旁出,但并没有完全否定朱子学理的意义,而是提出了"以

纵摄横,融横于纵"①的方案,希望将其合理的部分容纳进

来,形成一个新的完整的学说系统。按照牟宗三的划分,心

学是纵贯系统,理学是横摄系统。纵贯系统掌握得好,还应

该将横摄系统好的内容吸纳进来,横摄系统掌握得好,还应

该将纵贯系统好的内容吸纳起来,组合为一个纵横两度相融

相即的完整系统。在这个完整的系统中,纵贯为本,横摄为

末,纵贯为经,横摄为纬,纵贯为第一义,横摄为第二义。这

种方案尽管也有缺陷,因为本质上它只是站在心学立场上对

理学的一种收编,理学一系必然不能心悦诚服,很难达到综

合的目的,②但牟宗三至少还向这个方向作了努力,还有这

样的设想。而卢教授在为"旁出说"辩护的过程中,只是强

调良心本心是孔子哲学传统的大根大本,是儒家学说的"共

识",以良心本心(即仁性)作为道德的唯一根据,不承认智

---

① 牟宗三说:"最高综和形态是在以纵摄横,融横于纵。"牟宗三:
《心体与性体》第三册,《牟宗三先生全集》第 7 卷,第 388 页。又说:"此
两形态显然有异,但以直贯横,则融而为一矣。"牟宗三:《从陆象山到刘
蕺山》,《牟宗三先生全集》第 8 卷,第 80 页。

② 杨泽波:《牟宗三以纵摄横融横于纵综合思想的意义与不足》,
《东岳论丛》2003 年第 2 期;另见杨泽波:《贡献与终结——牟宗三儒学
思想研究》第二卷,第 244—252 页。

性的作用和意义,连"以纵摄横,融横于纵"也省略了,不讲了。这种思想格局明显偏小,其合理性甚至远远赶不上牟宗三。正因于此,我始终消除不了这样的疑问:卢教授以此为牟宗三辩护,究竟是要把牟宗三思想推向前进,还是要扩大其原有的不足,拖其后腿呢?

三、"终结"第二所指之延伸:如何理解智的直觉

(一) 牟宗三之"智的直觉"与康德之"理智的直观"

卢教授反对"终结"这一说法的另一个理由,是不同意我认定牟宗三误解了康德智的直觉的概念。这个问题牵涉的问题本来就多,加上卢教授的相关理解与学界又不相同,致使问题更为复杂,梳理起来难度很大。我注意到,卢教授相关的工作是从区分牟宗三与康德在这个问题上的不同开始的:

> 愚意以为,有必要明确地将中国哲学所含的"智的直觉"与康德批判哲学中所言"理智的直观"区别开。①
>
> 明乎此,则可知,牟先生依中国哲学而论的"人可有智的直觉"与康德依批判而提出的"人不能有理智的直观"是根本不同的哲学问题。②

---

① 卢雪崑:《牟宗三哲学》,第138页。
② 卢雪崑:《牟宗三哲学》,第139页。

在卢教授看来，生言一讲"智的直觉"依据的是中国哲学的传统，与康德所说"人不能有理智的直观"是两个不同的思路。一个是牟宗三所言的"智的直觉"，一个是康德所言的"理智的直观"，这是两个不同的问题，应注意加以区分。

首先看康德所言的"理智的直观"：

> 康德所言"理智的直观"（intellektuell［e］Anschauung），其意指一种不同于人所具有的知性之能力，它可被设想为一种积极的认识能力，"一种并不伴随任何感官的而仅仅通过纯粹知性而来的直观"（A854/B881）。在康德的批判哲学中，所谓的"理智的直观"只不过是我们能思之而没有矛盾而已，我们对之不能形成丝毫概念。尽管人们可以想上帝有这种"理智的直观"，正如人们可以想上帝是全知的。牟先生中译"intellektuell［e］Anschauung"为"智的直觉"，如此一来就将其本人所言"智的直觉"与康德所言"理智的直观"混同了。①

康德 intellektuell［e］Anschauung 应该译为"理智的直观"，意指一种积极的认知能力，不需要感官刺激，仅仅通过知性即可获得的直观（即上文所说的"本源的直观"）。对于这种直观，我们只能思之，使之成为一个没有矛盾的概

---

① 卢雪崑：《牟宗三哲学》，第 139 页。

念,不能加以证明,就好像我们可以想象上帝是全知全能的,但不能对其加以证明一样。然而,牟宗三没有从这个角度来理解,而是将其与本人所言的"智的直觉"混在了一起。

再来看牟宗三所言的"智的直觉"。卢教授这样写道:

> 若就儒家所论"本心明觉"言一种"智的直觉",吾人可以说,那是就实践理性在意欲机能中立法而论对道德法则之直接意识,同时就是对意志自由之意识。①

这一段中需要特别关注的是头一句"若就儒家所论'本心明觉'言一种'智的直觉'"。这里讲得很清楚,儒家一直重视"本心明觉"问题,强调人对本心仁体的认知是通过直觉进行的,这种直觉即为"明觉",牟宗三就是以这种"明觉"来谈"智的直觉"的。

尽管康德的"理智的直观"与牟宗三的"智的直觉"是两个不同的概念,但卢教授强调,康德与牟宗三的思想又有一定的近似性:

> 牟先生从"一个能发布定然命令的道德本心"来说明道德"是一个真实的呈现"。此义通于康德论自由通过纯粹的实践理性发布道德法则而呈现自身。如吾人已

---

① 卢雪崑:《牟宗三哲学》,第138—139页。

论册，依康德，世性化育与不中义讲明目据真识，此识非一种智性的直觉；亦即道德法则之意识。一般所谓道德意识含义模糊。依康德确切地说，道德意识即道德法则之意识。牟先生透过发布道德法则的本心来指出其中即含一"智的直觉"，同样标出道德法则之意识。①

根据儒家传统，本心仁体发布法则，同时人也可以直接体认这些法则，这种直接体认，按照牟宗三的诠释，就是"智的直觉"。与之相近似，康德也认为"自由通过纯粹的实践理性发布道德法则而呈现自身"，在此过程中，人对于道德法则有"直接意识"，这种"直接意识"可以说就是牟宗三所说的"智的直觉"。

卢教授进而分析说：

康德所言"直接意识到道德法则"、"径直导致自由概念"，就表示一种直接的道德意识。……这种道德觉识是智性的，用阳明的词语说，可称之为本心良知之"明觉"，但值得注意，此"明觉"不能等同于"觉情"，更不能视之为"理智的直观"。若依康德，吾人就道德法则之意识而言一种"智性的直觉"那是可允许的。……依此，吾人可说，牟先生依儒家道德心而揭明的"智的直觉"即康德所论象征性的直觉。②

---

① 卢雪崑：《牟宗三哲学》，第 148 页。
② 卢雪崑：《牟宗三哲学》，第 148—149 页。

与学界通行看法不同,卢教授认为,康德所言"直接意识到道德法则""径直导致自由概念",指的是一种"直接意识"。这种"直接意识",虽然不同于康德所说的"理智的直观",但与儒家历来承认人可以直接体认本心仁体有很强的相通性。从这个意义上看,康德并不反对牟宗三所说的"智的直觉"。

由此出发,卢教授对时下的康德研究提出了批评:

> 不少康德专家忽略这个关键,因之,总是要求康德在实践领域进行的推证,同样要严格地以范畴推证为标准;又或者以为康德既宣称"自由之概念的实在的可能性通过道德法则而呈现,是唯一一个理性的理念其可能性先验地认识",那么,康德就得证明我们对"自由"有直观;甚至要求纯粹实践理性事实也必须如同在说数学和自然科学是事实那样,得到同样的证明。①

这段话义理较为曲折。大意是说,按照一般的理解,人们习惯性地认为,既然康德属于批判哲学,那么对于以自由为核心的道德法则就必须是推证的。但这种理解忽视了,在康德那里,人对于自由意志有"直接意识",这种"直接意识"大致相当于牟宗三所说的"明觉",也就是智的直觉。就此而言,康德与牟宗三又有一致性。

---

① 　卢雪崑:《牟宗三哲学》,第146页。

以此为据，卢教授不同意牟宗三补救了康德"智的直觉"思想的一般看法：

> 实在说来，牟先生对于康德学界长久以来对"物自身不可知"的诘难的困扰，因而想到以"人可有智的直觉"来补救康德。尽管如吾人已一再论明，牟先生所言"智的直觉"根本不同康德所论人所不能有的"理智的直观"，也没有补救可言。①

康德学界一般认为，人没有"智的直觉"，对自由意志没有"直接意识"。牟宗三也深受影响，强调应该依据儒家传统，承认人有这种能力，弥补康德思想的不足。但在卢教授看来，根本不需要作这种弥补，因为康德原本就承认人对自由意志有"直接意识"，这种思维方式就是牟宗三所大力彰显的"智的直觉"。换言之，康德原本就有这方面的思想，根本不需要什么补救。

经过上面的分疏，卢教授如何理解牟宗三"智的直觉"这一概念，其思路已经比较清楚了。这里面实际有四个步骤：第一步，将牟宗三的"智的直觉"与康德的"理智的直观"区分开来，强调这是两个不同的概念，意指不同，不能相互混淆；第二步，依据儒学传统，承认对本心仁体的体认是直接进行的，这种思维方式即为儒家意义的"智的直觉"；第三步，与学界一

---

① 卢雪崑：《牟宗三哲学》，第 147 页。

般看法不同,强调康德同样承认人对于自由意志有"直接意识",这种思维方式尽管不是"理智的直观",但与儒家所说对于本心仁体的体认有很强的相通性,可以说就是一种"智的直觉";第四步,因为康德在一定程度上承认人可以有"智的直觉",原本就有这方面的思想,所以牟宗三根本不需要补救康德。这四步实可凝结为一句话:对于本心仁体(儒家)的直接体认,或对自由意志(康德)的"直接意识",即是"智的直觉"。

(二) 卢教授窄化了牟宗三智的直觉概念的内涵

卢教授的上述看法,特别是认为康德也有"智的直觉"的思想,不仅与学界通行的看法不同,更是完全有异于牟宗三,为研究带来了不小的困难。这里涉及环节较多,为使主题不过于分散,下面只集中篇幅证明其中存在的一个问题:卢教授窄化了牟宗三"智的直觉"概念的内涵,未能准确把握这一重要思想的精神实质。

要对这个问题有准确的了解,需要首先明了牟宗三为什么要讲"智的直觉",而要达此目的,一个有效的办法,是深入了解牟宗三的师承背景。师承之所以重要,是因为为师者在学问上有自己的一得之见。弟子拜入老师名下,老师会将自己的所得所见传授给他,使其直入堂奥。牟宗三作为熊十力的入门弟子,自然会受到熊十力思想的深刻影响。熊十力早年学习佛家唯识宗,后对其学理不满,创立了自己的新唯识系统。为了便于掌握熊十力的思想,我曾将其核心概括为"一体两现"。[1]一体就是"吾学贵在明体"的"体",也就是道德本体,"两现"指两种不同的呈现,一是道德践行意义的呈现,由此而成德成善,二是道德存有意义的呈现,由此而创生道德的存有。牟宗三受其师思想的影响,不仅特别重视本体问题,人讲心体与性体,而且其思想始终沿着两个方面发展,一为"对内",二为"对外"。"对内"有不同的称谓,如"函万德"、"反身而诚,乐莫大焉"、"成己"、"自觉"、"行为物",特指基于儒家心学立场对于本心仁体的体认,感知自己的道德根据,以成德成善。"对外"同样有不同的名称,如"成万化"、"感通无隔,觉润无方"、"成物"、"觉他"、"存在物",特指道德之心与宇宙万物发生关系,将自己的价值和意义赋予宇宙万物,使其成为道德的存在。在《智的直觉与中国哲学》中,牟宗三又分别给这两个方面起了一个更有代表性的名称,这就是"自觉"和"觉他"。"自觉"的方向是对内的,与道德践行之呈现相对应,"觉他"的方向是对外的,与道德存有之呈现相对应。一个对内,一个对外,方向不同,但思维方式都是呈现,都是智的直觉,没有例外。

问题不在"自觉",而在"觉他"。我在"再议'善相'"一章第二节"为什么存有论的对象不能称为'物自身'"中讲过,牟宗三关于智的直觉的论证不够严密,在三个环节上存在重

---

① 参见杨泽波:《十力学派遗留的一个问题及其解决办法》,《云南大学学报》(社会科学版)2019年第3期。

大疏漏：一是误解了康德智的直觉概念的内涵，二是以"自觉"证"觉他"，三是混淆了"范畴之无执"和"化境之无执"的界限。① 其中特别重要的第二个环节，即以"自觉"证"觉他"。在牟宗三看来，儒家历来重视对本心仁体的直接体认，这种直接体认即是他所理解的那种无需范畴的"智的直觉"，而道德之心对宇宙万物发生影响，同样不需要借助范畴，也是直接进行的，所以同样可以说是"智的直觉"。因为是"智的直觉"，而与"智的直觉"相对的是本体（物自身），所以受到道德之心影响的对象不再是现相，而是物自身了。这里面的问题很多，也是牟宗三研究中争议最大的几个焦点之一。需要注意的是，尽管以"自觉"证"觉他"在学理上造成了一定的混乱，但在牟宗三那里，"智的直觉"一定包含"觉他"的内容。换言之，牟宗三论智的直觉既对"自觉"而言，又对"觉他"而言，两个方面缺一不可。因为"自觉"是儒学老生常谈的话题，"觉他"则是从熊十力继承下来的新内容，更有意义，更为重要，所以以"觉他"讲智的直觉才是牟宗三思想的重点。遗憾的是，卢教授将视线完全收缩到了"自觉"的范围内，不再以"觉他"讲"智的直觉"了。

　　看一看卢教授对牟宗三"执"与"无执"思想的理解，这个问题就更加清楚了。牟宗三后期思想的一个重要特点，是以"执"与"无执"建构两层存有论。"执"是有限心，由此而成现

---

　　① 参见本书第三章《再议"善相"》第二节"为什么存有论的对象不能称为物自身"。

相的存有；"无执"是无限心，由此而成物自身的存有。说来
说去，是两层存有，而非一层存有，而区分现相存有与物自身
存有的根据，即在"执"与"无执"。卢教授对牟宗三这一著名
理论有不同的理解，她说：

> 依东方精神哲学而言，"执"与"无执"之对反以说明
> 精神修养之法门，牟先生据此佛家智慧而作出两层存有
> 论："执的存有论"与"无执的存有论"，为其"圆善论"奠
> 基，并提出以天台宗"一心开二门"为"共同的架构"，实
> 在承天台"判教之智慧而通儒释道三教建立起一个'圆
> 善论'体系"。①

此段中"'执'与'无执'之对反以说明精神修养之法门"的说
法十分吃紧。意思是说，圣人修养好，境界高，可以做到"无
执"，一般人修养差，境界低，只能做到"执"。这一表述充分
说明，卢教授是把"执"与"无执"的问题置于精神修养问题来
理解的。

接着又说：

> 尽管依牟先生，由最高的儒家圣人之精神境界而
> 论，可言"无执"的自由无限心，同于释、道；以开"真如

① 卢雪崑：《牟宗三哲学》，第156页。此段原文标点似乎有误，为
尊重原著，不作改动。

门",而以"执"的"生灭门"对反。但孔子哲学传统之儒家言"仁"、"本心"并非由"执"与"无执"所能说明。"仁"、"本心"同于康德批判哲学之"自由意志"(纯粹的实践理性)乃人类心灵禀具的普遍立法机能,人因着依其立道德法则(天理)而行,则创造自身为道德的实存同时创造世界为道德的世界,故"仁"、"本心",同于"自由意志",乃道德的创造实体,即:唯一普遍的实践的形而上学之实体,此根本不同释、道言"道心"、"真常心"。①

这是说,从境界的角度可以谈"执"与"无执",儒道佛皆然。但不能就仁和本心谈"执"与"无执"。仁和本心与康德说的自由意志相通,都是形上实体,由此可创造自身为道德的实存,创造世界而为道德的世界。这些问题与"执"与"无执"没有直接关联。

由此出发,卢教授得出如下结论:

> 据此,吾人或可指出,牟先生以本心、道心、真常心为"实有体",是就"成圣、成真人、成佛"以取得"实有性"而言,据此而立的一种"基本的存有论"当该是境界形态的,或曰仅就东方精神哲学而立论的。此必须与孔子哲学传统及康德哲学显示的普遍的实践的形而上学所由以

---

① 卢雪崑:《牟宗三哲学》,第157页。

奠基的道德的创生的情怀此区别开来。依后者,并非就
个人"成圣、成真人、成佛"之根据而言"实有体",而是就
每一个人禀具的本心(自由意志)而言的道德创造实体,
以建立存有论,是道德的、创造的。①

这里再次讲到"执"与"无执"是就"境界形态"而言的,涉及的
是"东方精神哲学"领域。儒家的本心仁体不涉及这些问题,
因为它是一个"实有体",只负责创造个人之道德,世界之
道德。

卢教授这些论述较为复杂,不易把握,但她讲"执"与
"无执"是从境界角度进入的这一点则是非常清楚的。这
个问题影响很大。境界涉及的是个人修养问题,修养问题
属于"自觉"的范围。这就说明,卢教授基本上是在"自觉"
范围内谈"智的直觉"的。卢教授的这种理解与牟宗三有
很大不同。上面讲过,牟宗三思想的关注点不离"自觉"和
"觉他"两个方面。前者是说人们可以直接体认本心仁体,
此为"自觉",这一点卢教授讲到了。后者是说道德之心可
以直接影响外部对象的存在,此为"觉他",这一点卢教授
则没有着重讲到。换言之,卢教授解读智的直觉,虽然偶尔
也谈到"觉他",但这种讲法不仅有问题(他是以道德目的
说明相关道理的,而我已证明,即使以道德目的为根据,也
不能认为受道德目的影响的天地万物为物自身),而且明

---

① 卢雪崑:《牟宗三哲学》,第157—158页。

显不是其思想的重点,其思想的重点完全落于"自觉"之上。

卢教授没有意识到这里的问题,反而批评我说:

> 愚意以为,杨教授这种说法有可商榷处,依牟先生规划的儒家的道德的形上学,本心仁体(道德之心)创造万物,此言"物"是依道德法则产生而关联为一道德世界之物,故是物自身之物,而非如杨教授所说"外部物件"(当为"外部对象"——引者注)。因其对牟先生所言"觉他"之物持错误想法,视之为"外部物件"(当为"外部对象"——引者注),故他提出"不需要通过认识形式这一中介"的说明不能用于"觉他"。①

这是批评我讲"智的直觉"特别关注"外部对象",丢失了牟宗三思想的宗旨。前面讲了,自受教于熊十力以来,牟宗三明白了道德之心不是死物,有极强的创生性,既可以成就个人之善行,又可以影响以"山河大地""一草一木"为代表的外部对象,使其具有道德的价值和意义。因此,他讲智的直觉除了指向内部,阐明人对本心仁体可以有直接的体认之外,一定还指向外部对象,强调道德之心通过智的直觉可以赋予"山河大地""一草一木"以道德色彩,使其成为道德的存在。研究牟宗三智的直觉的思想,如果只重对本心仁体的体认,只重"自

---

① 卢雪崑:《牟宗三哲学》,第442—443页。

觉，不重"外部对象"，不重"觉他"，那么道德之心影响外部
对象的思维方式问题，就无法得到关注了，就会失去牟宗三讲
"智的直觉"的根本意旨。

总之，牟宗三是在"自觉"和"觉他"两个方面讲智的直
觉的。由于卢教授对牟宗三存有论有根本性的误解，不了
解存有论是指"就一物之存在而明其如何有其存在"，而不
是指"本心仁体或自由意志之真实存有性"，①将内容完全
局限在对于本心仁体或自由意志的直接体认上，窄化了牟
宗三"智的直觉"的内涵，不仅未能把握牟宗三相关思想的
精神实质，而且错失了发现牟宗三相关思想重大失误的
机会。

（三）将牟宗三学理分割为二：卢教授上述
失误引出的一个结果

卢教授将牟宗三"智的直觉"的对象收缩为"对内"，轻
视了"对外"，只重"自觉"，不重"觉他"，窄化了这一概念的
内涵，导致其对牟宗三整体思想的理解产生了较大的偏差。
将牟宗三思想强行划分为前后两套系统，是一个重要的例
证。卢教授在分析牟宗三思想的时候，反复强调这样一个
观点：

---

① 参见本书《再议"善相"》第一节"一个基础性问题：什么是'存
有'"。

　　无人能怀疑,牟宗三先生作为一位融会古人慧识而独创系统的创造性的哲学家,然何以说:牟先生乃真能洞识哲学之本质而开辟中国哲学与西方哲学会通之宏规的第一人,则在学界仍未有深入研究,可说远未达至共识。于此,吾人或可指出,牟先生哲学之成果贡献应分开两大方面:一是以绝对的唯心论为奠基而通儒释道三教的精神哲学之体系;一是以儒家道德的形而上学为拱心石的纯粹的哲学体系。①

卢教授认为,牟宗三是融通中国哲学与西方哲学的第一人,但如何概括其学理贡献,人们的看法还不统一。在她看来,牟宗三哲学内含两个系统,一个是以儒家学理为基础的道德形上学系统,一个是以融通儒释道三教为一的无限心系统。牟宗三的理论贡献主要当从这两个方面概括和总结。

　　关于第一套系统,卢教授这样写道:

　　　　牟先生于《心体与性体》筹划出儒家的道德的形而上学之规模,其要点:"意志之自由自律",以及道德界与自然界(存在界)通而为一。用先生援用的"云门三句"来表达:"截断众流"句,就是关于道德理性的第一义。就是要"显出意志的自律,照儒家说,即显出性体心体的主宰性"。"涵盖乾坤"句,是道德理性的第二义。就是

_____

① 卢雪崑:《牟宗三哲学》,第31页。

"直遇王其形而上的宇宙论的意义,而为天地之性,而为宇宙万物的实体本体","道德性的实理天理之与实然自然相契"。"随波逐流"句,是道德理性的第三义。就是"要在具体生活上通过实践的体现工夫","作具体而真实的表现"。①

由《心体与性体》筹划出的儒家道德形上学,是牟宗三哲学的第一套系统。这套系统牟宗三曾援引"云门三句"即"截断众流""涵盖乾坤""随波逐流"来表达。"截断众流"是彰显意志的自律,用儒家的话说,即是性体心体的主宰性。"涵盖乾坤"是道德主体显现形而上的宇宙论意义,而为天地之性。"随波逐流"是在具体生活上通过实践的体现工夫。三项合并起来,其核心就是意志的自由自律以及道德界与自然界通而为一,而这也就是儒家道德形上学的系统。

卢教授进而引用牟宗三的话,将这一系统提升为"道枢":

　　明乎此,则可知,实践理性充其极而达至"道德的形上学"之完成,是一个圆融的智慧。用牟先生的话说,"这一个圆融的智慧义理本身是一个圆轮,亦是一个中心点,所谓'道枢'。"吾人见出儒家通康德而成立的唯一

① 卢雪崑:《牟宗三哲学》,第230页。

的普遍的形上学是一个"圆轮"、"道枢",既为"圆轮"、"道枢",就可容纳一切开合。①

实践理性充其极达到道德形上学,是一圆融的智慧,这一智慧是整个学说的中心,也就是"道枢"。这一"道枢"是儒家可以与康德思想相通的基础,有了这一基础,可以容纳一切开合。

再看第二套系统,这套系统是从《现象与物自身》开始的:

> 在该著作中,牟先生依据自己的思路("对人类的有限心为现象"与"对无限心而言为物自身"之二分)作出"现象"与"物自身"之区分。并进一步,依据佛家对人的认识力所采取的态度而立:"识"乃"执",是成圣、真人、佛所要通过工夫发布而去除的:无限智心是"无执",乃是离认识力之"执"而言者。以此,通儒释道三家而作出两层存有论:"执的存有论"与"无执的存有论",并建立一种通儒释道三家而言的形上学。牟先生名之为"实践的形上学"。②

《心体与性体》的任务是提出道德的形上学之规划,《现象

---

① 卢雪崑:《牟宗三哲学》,第241页。
② 卢雪崑:《牟宗三哲学》,第228页。

与物自身》则非常关心人虽有限而可无限的问题,因有限而有现相,因无限而有物自身,由此作出现相与物自身之区分。该书还引用佛家智慧,强调"执"与"无执"的划分,"识心"是"执","无限智心"是"无执"。因"执"与"无执"而有两层存有论,即"执的存有论"与"无执的存有论"。这一思想一直延续到后期的其他著作,特别是《圆善论》之中。

既然是两套系统,如何处理二者的关系就成了一个重要问题:

> 不必讳言,若吾人以为牟先生毕其一生精力而作出的无限心大系统,即以圆教成就圆善而立的"无执的存有论"(道德的形上学)可收摄或取代牟先生规划的儒家的道德的形上学,则差矣! 愚意以为,非但不可替代,而是要提请注意:牟先生本人提出的中西文化大综和、儒家哲学与康德全新的形上学之会通,仍有待后人完成。吾人立志接续牟先生之中西哲学会通之志业,仍有很长的路要走。①

无限心大系统(第二套系统)是牟先生毕其一生努力而完成的工作。但这套系统不能替代道德形上学系统(第一套系统)。不仅不能替代,而且还要注意,这个道德形上

---

① 卢雪崑:《牟宗三哲学》,第 271 页。

学系统的价值尚未被人们充分认识到,还需要后人不断努力。

将牟宗三思想划分为前后两个不同系统,是卢教授重要的努力方向,内容涉及方方面面,其中特别重要的就是智的直觉的问题。她说:

> 依此义可见,先生建立的"圆善论"中,就儒、释、道三教而论"通过实践以纯洁化人之生命而至其极者"(成圣、真人、和佛)所言"智的直觉",与先生就儒家道德意识而论的"智的直觉"并不相同。前者依据通过工夫达至"成圣、真人、和佛"之境而言;后者是依据每一个人本心立普遍法则而呈现的直接的道德法则意识而论。故此,愚意以为,吾人可将牟先生所论"智的直觉"划分开两部分,一是作为道德法则之直接意识而言的"智的直觉",此归于儒家的道德的形而上学;另一为依佛教"转识成智"的基本智慧而论,可归于牟先生的精神哲学(圆善论)。①

牟宗三讲"智的直觉"可分为两种情况。一是依据工夫而达至的成圣、成真人、成佛境界而言的"智的直觉"。二是每个人通过本心立普遍法则而对这些法则有"直接意识"而言的"智的直觉"。前者是牟宗三的道德形上学,为第一套系统,

---

① 　卢雪崑:《牟宗三哲学》,第 152 页。

后者是牟宗三的精神哲学，为第二套系统。总之，这属于两个不同的系统，不能混而不分。

下面一段可视为上述思想的简要总结：

> 吾人一再提出要将牟宗三先生哲学之成果分开两大方面，也就是要将其"以儒家道德的形而上学为基石的纯粹的哲学体系"与其"融通儒释道三教的无限心大系统"区别开来。后者又称为"圆善论"体系，此体系作为牟先生独创的系统是圆满自足的。前者是接上西方哲学的顶峰康德纯粹哲学而确立儒家的道德的形而上学体系，堪称一项致力于中西哲学系统大综和的宏大事业，这项事业乃是康德批判地确立的理性本性之学（纯粹的哲学）的接续与善绍。①

牟宗三哲学可分为两套系统，一是"以儒家道德的形而上学为基石的纯粹的哲学体系"，二是"融通儒释道三教的无限心大系统"。第一套系统可以与康德哲学相通，实现中西哲学的大综合。第二套系统是牟先生独创的圆满自足的学说。这两套系统各有其意义，各有其价值，都是牟宗三哲学的重要贡献。总之，是两个系统，要准确理解牟宗三思想，必须把两个系统分开。

由上可知，按照卢教授的理解，牟宗三思想包含着两

---

① 卢雪崑:《牟宗三哲学》，第275页。

个系统,一个是道德的形而上学的系统,一个是无限心的系统。为方便表述,我将其分别概括为牟宗三Ⅰ和牟宗三Ⅱ。这是两个不同的系统,要准确把握牟宗三整体思想,必须注意这两个系统的不同。我不赞成卢教授这种做法,认为牟宗三哲学是一个完整的系统,没有牟宗三Ⅰ和牟宗三Ⅱ之别,只是一套,不是两套。自受教于熊十力后,牟宗三从早期开始直至中期,其思想就同时指向两个方面,既对内,又对外。对内为"自觉",对外为"觉他"。"自觉"是指基于儒家心学的立场对于本心仁体的体认,感知自己的道德根据,以成德成善。这是自孔子论仁,孟子论良心以来一以贯之的主张。牟宗三的贡献是打破传统心学和理学的两分模式,将五峰、蕺山独立出来,与象山、阳明,伊川、朱子鼎立为三,判定前两系为正宗,后一系为旁出。这方面的成果在学界引起了极大的反响,但严格说来属于儒家学理的"老内容"。"觉他"是指道德之心与宇宙万物的关系,意即道德之心如何将自己的价值和意义赋予宇宙万物,使其成为道德的存在。这方面的内容历史上也有人涉及(如横渠讲为天地立心,明道讲仁者与天地万物为一体,阳明讲观岩中花树),但与传统相比,应该算是"新内容",理解起来难度较大。正因如此,牟宗三于此一直多有论述,从《认识心之批判》到"外王三书"(《道德的理想主义》、《历史哲学》和《政道与治道》),再到《心体与性体》,一直绵延不断。其中不乏一些很有特色的说明方式,如呈现、朗照、润泽、觉润、痛痒、妙运、神化、创生、生化、成全、实现、价值，十分精彩。①

随后不久，牟宗三意识到康德智的直觉思想之重要，撰写《智的直觉与中国哲学》和《现象与物自身》专门加以研究。再后来，又将这两部著作的研究成果用于圆善问题以及合一问题之中，著有《圆善论》一书和《商榷：以合目的性之原则为审美判断力之超越的原则之疑窦与商榷》长文。这些著作共同构成其后期思想的主要内容。虽然牟宗三后期思想的重点转移到智的直觉上来，但其关注的中心仍然没有超脱早、中期思想的两个方面，既有对内又有对外。牟宗三注意到，儒家讲道德，首先必须确立道德的根据，这种根据即是孔子之仁，孟子之良心。儒家对于仁和良心的认识不是逻辑的，而是直觉的，是直接的体认，直接的把握。此时他意识到，这种直接的体认，直接的把握，与他一向理解的那种不需要范畴的"智的直觉"正相吻合，于是认定我们应该光明正大地承认人可以有"智的直觉"，不必沿着康德的路线走，将这种思维能力归给上帝。这讲的是对内。更为重要的是，道德之心不仅可以成就个人之道德，也可以对宇宙万物发生影响，创生道德存有。这是牟宗三从熊十力那里学到的最有价值的内容。巧的是，牟宗三意识到，创造道德存有也不需要借助范畴，这同样符合他所理解的智的直觉的标准，进而宣称道德之心影响宇宙万物的思维方式也是智的直觉。这讲的是对外。后来，他

---

① 参见杨泽波：《未冠以存有论名称的存有论思想》，《现代哲学》2004 年第 2 期；另见杨泽波：《贡献与终结——牟宗三儒学思想研究》第二卷，第 67—71 页。

又将这一原则用于圆善论和合一论的研究之中,以"诡谲的即"和"纵贯纵讲"解说圆善,以"无相"论合一。这些内容表面看与对外没有直接关系,其实都是其原则的具体应用。

这样我们就可以明白了,牟宗三哲学只有一个系统,没有两个系统。后期思想多了智的直觉的内容,大讲无限智心,并不是另起炉灶,而是早、中期思想的进一步深化和展开。将牟宗三思想分割为前后两个系统,似乎有一个牟宗三Ⅰ和牟宗三Ⅱ,不利于从整体上把握牟宗三的思想。据我分析,卢教授之所以这样做,根本原因还在对存有概念理解不够准确,不明白牟宗三论存有的核心是"就一物之存在而明其如何有其存在",而不是"本心仁体或自由意志之真实存有性",这一思想在其早、中期著作(如"外王三书",特别是《心体与性体》)中早就多有涉及,只是到了后期(尤其是《现象与物自身》《圆善论》)才彻底点明而已。如果卢教授能够认识到这一点,明白以"觉他"为核心的存有论是牟宗三一生的追求,是其一以贯之的主张,早、中期与后期表述虽有不同,中心思想却无二致,没有牟宗三Ⅰ和牟宗三Ⅱ之别,相信就不会将牟宗三哲学强行分割为二,破坏其思想的完整性了。

四、我们今天应该如何继承牟宗三的思想遗产

最后再谈谈我们应该以什么姿态面对牟宗三,继承其思想遗产的问题。《牟宗三哲学——二十一世纪启蒙哲学之先河》一书始终贯穿着这样一个观点:牟宗三哲学是世界哲学的高峰:

　　　　哲学智慧，因月升峰之顶峰是康德。"而牟宗三先
生是立于康德哲学这高峰上，消化之而会通孔子哲学传
统，以决定孔子哲学传统为一个道德的形上学之系谱。
就牟先生此成就而言，吾人可说，牟宗三哲学乃位于世界
哲学之高峰。①

　　　　吾人亦可说："牟宗三者，非中国人也，而世界之人
也；非二十世纪之人，而百世之人也。"②

康德是西方哲学之高峰，牟宗三在此基础上，不仅努力消化康
德，而且将其与孔子哲学相融通，创立了道德形上学的学理系
统。因此，牟宗三哲学是世界哲学之高峰。类似的表述在该
书中多有所见。③

　　以此为基础，卢教授又将牟宗三哲学称为"最高度哲学
慧识"。在回顾自己长年跟随牟宗三学习，如何一步步与其
哲学洞见与慧识相契接的时候，她这样写道：

---

① 卢雪崑：《牟宗三哲学》，第 123 页。

② 卢雪崑：《牟宗三哲学》，第 126 页。

③ 在该书的结束语中，卢教授再次重申了这一主张："牟先生作为
个人，其论说固然会有错，然经牟先生通康德与儒家之最高洞识而阐明
的形而上学，是道枢，也就是客观化了的，即是世界的、人类的。此所以，
吾人可说，牟宗三哲学乃位于世界哲学之高峰，而吾人亦可说，儒家哲学
未来的发展，乃至人类道德史之前景，端系于吾人如何承接牟先生开辟
的道路向前推进。"卢雪崑：《牟宗三哲学》，第 488 页。这是说，因为牟宗
三将康德与儒学相通，阐明了道德的形而上学，这一学说是"道枢"，是客
观化的，面对整个人类均有效，所以牟宗三哲学是世界哲学的高峰。哲
学今后的发展，人类今后的发展，全系于这一思想传统，我们今后的任务
就是承接这一传统，不断向前迈进。

用一般人带轻蔑味道的话说,这是"跟着讲"。岂知,要跟上一个最高度哲学慧识而又极度复杂丰富的体系,准确地表述其中的概念与命题,绝非易事。故常暗中庆幸有那一段"跟着讲"的过程。若无这样一段磨练,又如何有后续之师生慧命相续之前行?!①

牟宗三哲学是"最高度哲学慧识",跟随牟宗三学习,就是要掌握这一慧识,进入其哲学体系之堂奥。要做到这一点并非易事,但非常庆幸,她有这样一段经历,以接续师生慧命,不断前行。

值得注意的是,卢教授有时不惜使用"顶峰"的说法,以凸显其用意:

吾人于上文亦一再申述,牟先生确立"道德的形上学",以此从哲学之高度与深度为儒家义理性格作客观之衡定。依此,确定了孔子哲学传统之端绪,用其传承系谱。并且,一旦衡定孔子哲学传统为"道德的形上学",即区别于仅仅为"伦理学"、"人文主义"、"精神人文主义"等说法,而确立其为纯粹的哲学(理性本性之学)而立于世界哲学之顶峰。②

牟宗三从哲学的高度和深度对儒家学理作了新的阐释,确

①　卢雪崑:《牟宗三哲学》,第 292 页。
②　卢雪崑:《牟宗三哲学》,第 119 页。

立了道德的形上学系统，这种学理不是伦理学、人文主义可以替代的，它是一种纯粹的哲学，立于世界哲学之"顶峰"。

因此，卢教授坚持反对我对牟宗三的批评：

> 吾人已一再申论，孔子哲学通康德而成之从道德进路建立的形而上学，乃唯一纯粹理性本性之学，此乃道枢，"万古一日"，不可移易者。岂是杨教授所能撼动?!杨教授一方面低贬前贤，另方面标榜自己的"新方法"。难道他真以为哲学之创新就凭一个人有胆量批评前贤而标榜已说则可大功告成，是非对错毫无判准?!①

这里有两个说法非常重要：一是"唯一"，即孔子通康德所建立的道德形上学是"唯一"纯粹的理性本性之学；②二是"万古一日"，即因为牟宗三通康德所建立的道德形上学有其唯一性，所以它不仅是整个学说的中心，而且是"万古一日"，不可变更的。

----

① 卢雪崑：《牟宗三哲学》，第 393 页。

② 卢教授关于"唯一"的说法很多，如下面两段："纯粹的哲学只能有一种，它是基于人类共同的理性而寻根究极之学，其'根'是人所共同的道德创造实体——本心(仁)，即康德言'意志自由'；其'极'是人所共同的道德创造实体充其极创造自由与自然结合的道德世界——儒家言'天地万物为一体'、'大同'，即康德言'目的王国'、'人类伦理共同体'。"卢雪崑：《牟宗三哲学》，第 49—50 页。"吾人提出唯一的哲学，是就哲学之为理性之学而论的，亦即就人类'寻根究极'的活动而言者。依此义，哲学乃'人同此心，心同此理'之学，岂有多种多样之理?!"卢雪崑：《牟宗三哲学》，第 110 页。

平心而论,当我读到这些文字的时候,一方面敬佩卢教授对牟宗三的尊敬与仰慕,另一方面也不得不感叹,如果这样研究哲学,哲学就死定了。哲学是人类对形上问题追问的反思。每个哲学家都希望为此给出自己的答案,但受种种条件的限制,每个人又都只能解决自己所能解决的问题,不可能达到绝对真理。哲学没有唯一标准,只有不停探索;哲学没有满分,只有不断进取。哲学最重要的意义在于不断发展,每个人都付出自己的努力,将这艘思想的航船不断推向远方。康德亦不能例外。卢教授称康德是西方哲学的"顶峰"①,但如果真是"顶峰",那其后黑格尔、胡塞尔、海德格尔、维特斯根坦等众多哲学家有就完全没有存在的必要了。如果因为牟宗三通于康德,达到了"顶峰",那就等于说这艘航船已经达到了彼岸,没有必要再发展了。这本是哲学研究最基本的常识,但卢教授为了彰显牟宗三哲学之伟大,居然使用"最高度哲学慧识""顶峰"这样的字眼,实在令人瞠目结舌。

这个问题与我的一本小册子的书名有关。《贡献与终结——牟宗三儒学思想研究》出版后,五卷本的体量彰显了它的厚重,但也妨碍了它的传播。朋友建议我出一个简编本,以扩大影响。一开始我并不同意,后来才改了主意,将五卷本各卷作为结语的最后一章抽出来,编成一个约十万字的小册子,收入梁涛主编的"中国哲学新思丛书"之中。这本小册子的书名颇费思量,几经反复,最后定为《走下神坛的

---

① 卢雪崑:《牟宗三哲学》,第 275 页。

牟宗三》。小册子面世后,在学界有不小的反响,但书名也引起了争议。在一些学术会议上,牟门一些弟子对我有善意的提醒,认为"神坛"的说法不妥,他们从未将牟先生视为神。这次卢教授对我的批评也包含这方面的用意,言语更为直接,明确指出:"牟先生被公认为一位具创辟性的哲学家,一位真正的哲学家,而不是空头的哲学界学霸,他的位置就绝不会在'神坛'上。"①

其实,我这样做并非故作惊人之语,赚取他人的眼球,而是出于自己的真实感受。受政治环境的限制,很长一段时间,大陆学者很难接触海外新儒家的著作,改革开放后,才有了这样的机会。因为当时思想十分僵化,一旦接触了这些著作,眼界一下子打开了,兴奋异常,很多人,包括我自己,一下子成了现代新儒家的信徒。但在这个过程中,以什么姿态面对牟宗三一直是一个比较麻烦的问题。在1992年山东大学举办的"牟宗三与当代新儒家学术思想研讨会"上,我广泛接触到了从事牟宗三研究的一些学者。在一次私下交谈中,我表示牟宗三确实很重要,一定要好好学习,好好研究。谁知一位学者听了后竟然讲,他从不敢谈什么学习和研究,只是下决心一辈子追随膜拜而已。这种讲法令我大为惊讶,感叹牟宗三这个课题在一些人心目中早已不是哲学研究了。当时大陆很多人都有一种困扰,即牟宗三是不能批评的,谁批评谁就是捅"马蜂窝"。我多次讲过在2005年经历的事

---

① 卢雪崑:《牟宗三哲学》,第277页。

情。当时我参加了在武汉大学召开的第七届新儒学国际学术讨论会。我在小组会上发言的题目是"牟宗三三系论的理论贡献及其方法终结"。可能是因为这个题目比较敏感，本来是小组讨论，会场不大，却挤得满满的，约有三四十人，牟门弟子很多都在场。我的发言引起了极大的反弹，很多问题提得非常尖锐，用语也很不客气。我当时的感觉就像是进寺院捅了人家的神像，孤立无援，压力极大。后来，我不止一次跟港台朋友解释说，不管你们是不是有此故意，在大陆不少学者看来，牟宗三在你们心中俨然就是一尊神，至少在客观上给人以这样的强烈印象。

　　近些年来情况大为好转，开展正常的学术讨论已经没有了阻碍，不再担心因批评牟宗三而遭到什么不测了。但没有想到，卢教授这本新书一下子又把我的视线拉回到过去，似乎又回到了二三十年前。卢教授对"神坛"的说法十分敏感，不承认将牟宗三视为神，强调她只是客观了解，只是师生慧命相续而行，"岂能以浅薄的口吻斥之为'神化'、'个人崇拜'。"①吊诡的是，卢教授反手批评大陆学者神化了牟宗三，指出："无疑，早年大陆上出现过的牟学崇拜热当该结束了，牟宗三从来就不是什么神坛上的神"②，"若说杨教授要表达他本人曾将牟先生捧上'神坛'，现在却认为牟学可休矣，此纯属他个人之事，吾人不必置喙"③。应该承认，大陆开展现代新儒

① 卢雪崑：《牟宗三哲学》，第292页。
② 卢雪崑：《牟宗三哲学》，第29页。
③ 卢雪崑：《牟宗三哲学》，第277页。

究研之机,有将神拾高牟宗三的倾向,但据我观察,绝大多数研究者,尤其是"五〇后学者"①,头脑还是清醒的。拿我自己来说,经过特殊环境的磨炼,早就不相信神了,无论是政治上的,还是思想上的。因此,我从未把牟宗三作为神来看待,始终将其定位为哲学家与之对话,不存在之前将其捧上神坛,后来认为他的哲学不行了,再将其请下来的情况。我之所以不畏忌讳标以"神坛"二字,主要是出于多年前与港台同仁接触时的印象。这种印象经过多年的消化已经淡化了很多,但没有完全消失。仅以这次讨论为例,虽然卢教授反复申述她只是客观了解,不是敬神,对牟宗三一些观点也作了若干修正,但透过"世界哲学之高峰""最高度哲学慧识""顶峰"这类不恰当的用语,我还是嗅到了浓厚的敬神气息。检查一个人的态度,不是看其辩白什么,而是看其具体讲什么,不是看其具体讲什么,而是看其字里行间透显出什么姿态。字里行间显现的姿态比信誓旦旦的辩白更有说服力。这也再次说明了我将那本小册子起名为《走下神坛的牟宗三》是有现实意义的,有很强的针对性,并不唐突,我一点不后悔这样做。

---

① 卢教授说:"大陆上有一批称为'六〇后学者',大陆思想文化解禁之初,不乏人当初对牟先生当作偶像崇拜,然终于因与牟先生之慧命无实存之感应,最终纷纷提出对牟宗三哲学的'反省'和'检讨'。杨泽波教授是其中一位。"卢雪崑:《牟宗三哲学》,第385页。这里有几个问题需要澄清。一,我不是"六〇后学者",而是典型的"五〇后学者"。二,我早就过了将某人作为偶像崇拜的年龄,从没有将牟宗三作为偶像崇拜。三,我一直坚持对牟宗三思想一边学习,一边检讨,而不是"最终"才对其"反省"和"检讨"的。四,说我"与牟先生之慧命无实存之感应"并不妥当,我在肯定牟宗三思想的贡献,继承其思想遗产方面做的工作,一点不比别人少。

　　与此相关还有一个如何面对牟宗三研究中的不同意见的问题。牟宗三作为现代新儒家第二代最重要的代表人物，在学界有很大的影响，相关研究热度一直不减。从诠释学的意义看，每个人都是从自己的角度理解对象的，所以一定会有不同的理解，不同的意见。这都属于正常现象。牟宗三研究是一个很大的平台，这个平台是敞开的，每个人都有权利进入，门口不设关卡，不验明来者身份，不看是否具备资格。卢教授似乎不是这样，在她的著作中，常常摆出一副牟宗三亲传弟子兼康德专家的姿态，指点江山，臧否一切。《牟宗三哲学——二十一世纪启蒙哲学之先河》直接或间接涉及人物众多，包括李泽厚、李明辉、李瑞全、郑家栋、李杜、谢文郁、杜保瑞、梁涛、程志华、陈迎年、张晚林等等，但这些多是其批评的对象，很少见到她对这些人研究成果的肯定和吸纳。这很容易给人一种印象，好像只有卢教授懂牟宗三，懂康德，①其他人这也不行，那也不对，远在门外，不值一谈。卢教授批评别人频繁使用诸如"儿戏之谈"（第421页），"自说自话"（第402页），"根本无知于"（第391页），"完全无知于"（第427页），"混淆视听，皆成题外话"（第440页），"瞎讲"（第388

————————

　　①　这种印象并非空穴来风，请验证于下面的文字："笔者本人从事康德哲学研究及写作四十余年，对于康德学界种种流弊与困局有切身感受。每有论文、著作投稿于杂志社、出版社，收到杂志社、出版社寄来评审人意见书，总不免如康德当年慨叹：'思维模式'的转变真难！数十年来，评审人意见书收到不少，没有一人是能够回到康德本人的著作之了解来与本人对话的，更遑论说对康德批判哲学有通贯整体的把握。"卢雪崑：《牟宗三哲学》，第104页。

内），"牛德"（第 480 页）、糊涂（第 413 页）、"讥讽立议"（426 页）等等在正常学术讨论中极为罕见的词语，甚至轻易斥责他人"不知'道德'为何物"（第 439 页），"哲学训练不足"（第 28 页），"缺少纯粹哲学之素养"（第 427 页）。每次读到这些地方我都有一种幻觉，感觉这不是开展学术讨论，而是尊贵的管家在严格审核来其家里的打工者，高高在上，指手画脚，怒斥他们的活干得一团糟，声言要吊销他们的打工资格。

在此过程中，卢教授对大陆学者的研究现状也表达了很大的不满和担忧，以明显带有指导态度的口吻这样写道：

> 以目前大陆学术界所呈散漫无归，大本不明的现状来看，大陆的儒学界要转变，唯赖致力于做好人类理性本性之学的奠基工作。要对孔子哲学传统有客观的了解，对康德彻底颠覆西方传统旧思维的全部批判工作有通盘研究，而吾人可指出：牟宗三哲学在这两方面的工作都是指导性的。[1]

在这段文字背后，卢教授的高傲姿态已溢于言表了。在她看来，大陆儒学界的现状很不理想，"散漫无归，大本不明"。如果要有所进步，必须致力于做好人类理性本性之学的研究，对内而言，要对孔子哲学传统有所了解，对外而言，要对

---

[1]　卢雪崑：《牟宗三哲学》，第 30 页。

康德的批判哲学有所了解。而要做到这些,必须认真研究牟宗三哲学,因为牟宗三哲学对这两个方面都有指导性的意义。

卢教授对我的批评就更加不客气了。本书前面几章已分别就"坎陷""旁出""善相""圆善""终结"等问题作了回应,不再赘述,这里仅就学术研究的态度作一点补充。我发现,卢教授在展开批评的时候常常伴有一种过于随意的联想。比如,她批评五卷本《贡献与终结——牟宗三儒学思想研究》只是我"论文的结集"①。我不知道她是以什么根据得出这一结论的。了解我写作习惯的都知道,我研究一个对象都是先写书,然后再将其中有价值的部分抽出来单独发表,一来征求学界同行的意见,二来应付各种各样的考核。《贡献与终结——牟宗三儒学思想研究》也是如此,无论是理念设计还是具体写作,都是以专著为单位的一个有机整体,绝不是单篇文章七拼八凑的论文集。又如,她说我将坎陷论置于五卷本的第一卷,是因为我"极为重视牟先生的坎陷说"②。这就更奇怪了,我在书中有清楚的交代,五卷本是按照牟宗三思想的时间顺序安排的,③因为坎陷论是牟宗三最早形成自己特色

①　卢雪崑:《牟宗三哲学》,第 27 页。

②　卢雪崑:《牟宗三哲学》,第 403 页。

③　我在《贡献与终结——牟宗三儒学思想研究》第一卷说得很清楚:整套书之所以分为五卷,分别讨论牟宗三儒学思想的坎陷问题、三系问题、存有问题、圆善问题、合一问题,是因为这样做既"照顾了历史的顺序,又兼顾了思想的内在逻辑,做到历史与逻辑的一致,使读者一提到牟宗三,马上就可以按照时间的顺序列出其最具代表性的思想。"杨泽波:《贡献与终结——牟宗三儒学思想研究》第一卷,第 8 页。

的理论,所以人将其安排在第一卷,并不是因为我对坎陷论特别看好,认为其理论价值高于其他(我一直坚持认为,牟宗三最重要的贡献是存有论,而不是三系论,更不要说是坎陷论了)。又如,我采用牟宗三的用语,将坎陷概念的内涵分疏为"让开一步""向下发展""摄智归仁",其中"让开一步"是第一层含义。我在讲解这一说法时说得十分明确,"让开一步"是暂时从我们的强项即道德层面抽出身来,发展我们的弱项即科学和民主的意思,这一步必须在"摄智归仁"的基础下展开。卢教授却批评说,我讲"让开一步"是"不相信道德的力量",是主张"道德无用"论。难道卢教授不知道"让开一步"是牟宗三的原话吗?难道牟宗三这样讲也是主张"道德无用"吗?再如,前面讲过,卢教授批评我"曾将牟先生捧上'神坛'"。① 我实在不明白她这种看法的根据何在。自我 1991 年写作第一篇关于牟宗三的论文②开始,就始终坚持将牟宗三作为一位哲学家与之对话,一方面学习研究,一方面努力发现问题、解决问题,从未仰视牟宗三为神。卢教授说我将牟宗三推向神坛,能拿出哪怕是一条具体材料吗?如果不能,贸然下这样的断语,随意性是不是太强了呢?以这种随意性何谈严肃的学术讨论呢?

为了寻找个中原因,我详细分析了卢教授的行文,发现这

---

① 卢雪崑:《牟宗三哲学》,第 277 页。

② 杨泽波:《论牟宗三性善论研究》,《复旦学报》(社会科学版)1991 年第 3 期。

很可能是她不肯认真阅读他人作品,任由自己主观想象发挥所致。比如,《牟宗三哲学——二十一世纪启蒙哲学之先河》第五章第三节是专门批评我的,其中关于存有论的部分有两万字左右。这一部分引用我的材料约有三十则,除几处无关紧要的地方外,二十六处出自《走下神坛的牟宗三》,而出自《贡献与终结——牟宗三儒学思想研究》第三卷的仅有一处,且这一处还只出于该书的"前言"。前面讲过,《走下神坛的牟宗三》分为五章,这五章只是《贡献与终结——牟宗三儒学思想研究》各卷最后结语章的合集,每章约一万字,涉及存有论的部分多一点,也不足两万字,而第三卷整体约有五十余万字。只依据不到两万字的结论,就批评他人对牟宗三存有论的理解这也不对,那也有误,不得不佩服卢教授理解力之强。"坎陷""旁出""圆善""终结"等问题的情况也大致如此。因为卢教授不屑于完整阅读他人的作品,只读一些结论性文字,任凭主观想象自由驰骋,其理解不准确乃至有重大失误,当然就难以避免了。

依我个人的标准衡量,卢教授在这些问题中透显出来的学术态度很难说是严肃的。这不是一个小问题。从学术研究的一般经验看,除非涉及自己熟悉的领域,读者很难判断一部著作的观点是否正确,只是出于善良的愿望,愿意相信它是正确的。可一旦有机会进入自己擅长的范围,发现某些观点并非源于作者的认真研究,只是出于随意联想,读者自然会推测该作者的其他观点乃至其他著作是不是也属于这种情况,进而产生强烈的不信任感,其著作的可信度随之大大降低。这对一个学者以前出版的作品性的。在学术研究日渐严谨的大背景下，希望并相信这种情况在今后的牟宗三研究中不会再有了，从特定意义上说，这也可以算是一种"终结"吧。

作者发表的与"终结"问题相关文章之名录

1.《牟宗三三系论的理论贡献及其方法终结》，《中国哲学史》2006 年第 2 期。

2.《论牟宗三儒学思想方法的缺陷》，《哲学研究》2015 年第 1 期。

3.《从"十力学派"的视角看牟宗三儒学思想的贡献》，《社会科学研究》2015 年第 2 期。

4.《我写〈贡献与终结〉的心路历程》，《思想与文化》，上海：上海人民出版社，2016 年。

5.《"七七、七八"现象与我的哲学研究之路——复旦大学哲学学院杨泽波教授访谈录》，《哲学分析》2017 年第 5 期。

6.《真幸运，我找到了那个"三"》，《孟子研究》（第一辑），中国文史出版社，2018 年。

7.《经验抑或先验：儒家生生伦理学的一个自我辩护》，《社会科学战线》2019 年第 2 期。

8.《"积淀说"与"结晶说"之同异——李泽厚对我的影响及我与李泽厚的分别》，《文史哲》2019 年第 5 期。

9.《做好"常人"——儒家生生伦理学对一种流行观点的修

正》,《哲学研究》2019 年第 5 期。

10.《何为善：儒家生生伦理学的解读》,《社会科学》2019 年第 7 期。

附录一:论杨祖汉教授对牟宗三圆善思想的理解

　　圆善论是牟宗三后期思想①最重要的成果之一,学理深奥,环节曲折,问世以来一直伴有不同的理解。台湾"中央大学"杨祖汉教授近来发表了《论杨泽波教授对牟宗三先生圆善论之批评》一文②,对我的圆善论研究予以了积极肯定,也提出了诚恳批评,态度客观,言语平实。我认真拜读了这篇大作,受到不少启发,也产生了一些不同的想法。本文仅就其中

---

　　①　我将牟宗三思想区分为早、中、后三期。早期思想主要指《认识心之批判》和"外王三书"。中期思想主要指《心体与性体》(包括之后的《从陆象山到刘蕺山》)。后期思想则以《智的直觉与中国哲学》、《现象与物自身》为代表。这两部著作的一个共同点,是以智的直觉为核心对之前已有的存有论思想进行新的阐发。这一做法对其后的思想,如圆善论和合一论,产生了重大的影响。参见杨泽波:《贡献与终结——牟宗三儒学思想研究》,上海:上海人民出版社,2014年,第一卷,第12页。
　　②　该文发表于《玄奘佛学研究》第三十七期(2022/3)。与此相近的还有《〈圆善论〉中所涵的特别哲学见解》,收入颜炳罡主编:《儒家文明论坛》(山东大学出版社,2019年);《牟宗三先生的〈圆善论〉中所蕴含的安身立命之道》,《儒学评论》第十四辑。

较为重要的三个问题谈谈我的理解，向祖汉兄求教。①

一、如何理解康德圆善思想中的"幸福"概念

　　研究康德圆善思想，首先要准确理解其幸福概念的内涵。自我从事牟宗三儒学思想研究以来，一直将康德与圆善相关的幸福界定为"物质幸福"。所谓物质幸福是指"物质生活愿望的满足所达成的幸福"，与这种幸福相应的为"物质意义的圆善"。② 祖汉兄不同意我的这种理解，这样写道：

　　　　康德所说的幸福，并非如他所说的为物质的幸福，康德是从幸福离不开自然，而自然的存在服从自然律，并不服从人实践道德而给出的自由，自由与自然不同，于是人所处的自然，并不能有必然的符合或相一致。固然幸福不能离开自然，但这里重点是在于自然与人的意志相符，如果人所处的自然或他的生活遭遇，与他的意志相符顺、无不如意，那就是幸福，这自然与人的意志相符而无不如意，并非只是物质方面的幸福，此一分辨在赖柯助的讨论中已经说明白。③

意思是说，道德属于自由，幸福属于自然。自由可以决定道

<hr>

　　① 徐波看过本文初稿，提出了很好的意见，对全文的完善有重要帮助，在此表示感谢。
　　② 杨泽波：《贡献与终结——牟宗三儒学思想研究》第四卷，第92页。
　　③ 杨祖汉：《论杨泽波教授对牟宗三先生圆善论之批评》，第12页。

德,但不能决定自然。于是,如何将道德与幸福、自由与自然符合一致,就成了一个问题。康德所说的幸福,不是"物质的幸福",而是自然与人的意志的相符。"如果人所处的自然或他的生活遭遇,与他的意志相符顺、无不如意,那就是幸福",这一句最为关键,清楚道出了祖汉兄对幸福的理解。

此段引文末尾处"此一分辨在赖柯助的讨论中已经说明白"之语,特指赖柯助 2018 年发表的论文《误解与澄清:论杨泽波诠释牟宗三之德行与幸福的合理性》。因为赖柯助同样不接受我将康德圆善中的幸福界定为物质幸福,所以祖汉兄引用其成果来支撑自己的观点。这个问题涉及整个讨论的基础是否牢固,有必要首先在这里一并澄清。赖柯助认为:"依照一般常识的理解,无论是知识的爱好、艺术的爱好或宗教的爱好都是经验中的事(离不开经验),我们会将其认为是精神上的爱好,或实现之为精神上的满足,而不会认为它们是物质意义的爱好(这类的爱好比较偏向是直接从具体东西上所获得的满足,例如从最新的 3C 产品、名车、舒适的住所等),因此,仅从经验意义的爱好并非仅专指物质欲望。"① 赖柯助如此说,意在表明,除了物质的爱好外,还有知识的爱好、艺术的爱好、宗教的爱好,这些爱好属于精神的范围,不能归为物质幸福,"例如我们不会说阿基米德发现浮力时的愉悦是物质意义的,更不会说在获得新知时的满足是物质意义"。② 因

---

① 赖柯助:《误解与澄清:论杨泽波诠释牟宗三之德行与幸福的合理性》,《当代儒学研究》,第 24 期,2018 年 6 月,第 108 页。

② 赖柯助:《误解与澄清:论杨泽波诠释牟宗三之德行与幸福的合理性》,第 113 页。

此,"以'物质幸福'诠释康德'幸福'概念犯了'以偏概全'的谬误"。①

　　物质可以给人带来愉悦,知识、艺术、宗教同样有这种功能,但显然不能将知识、艺术、宗教带来的愉悦说成是物质幸福。赖柯助提出的这个问题有一定道理,我不持异议。事实上,多年来我一直坚持主张有三种不同的幸福,即物欲幸福(又称为"食色之乐")、认知幸福(又称为"事功之乐")、道德幸福(又称为"道德之乐")②。物欲幸福属于典型的物质幸福,认知幸福和道德幸福则不能简单这样归类。但必须强调的是,这里讨论的不是幸福包含哪些内容,如何使幸福概念周延的问题,而是确定康德圆善思想中幸福性质的问题。如果是前者(讨论幸福包含哪些内容,如何使幸福概念周延),我们可以说知识、艺术、宗教活动都可以得到愉悦,都可归入幸福之列。如果是后者(确定康德圆善思想中幸福的性质),我们就必须将讨论严格限定在康德特定的思想脉络中。康德在进行实践理性批判的过程中注意到,道德必须出于自律,但如果人们依照自律原则而成德,生活却不美好,享受不到幸福,那毕竟不够圆满,对人们的心灵会造成损伤。为此他设定上帝作为信念保证,让人们相信有德者终将有福,而这种福不是泛指的,不是指知识的获得、艺术的享受、宗教的体验,而主要

---

　　①　赖柯助:《误解与澄清:论杨泽波诠释牟宗三之德行与幸福的合理性》,第113页。

　　②　参见杨泽波:《孟子之乐的层级性质及其意义》,《云南大学学报》(社会科学版)2003年第2期。

是指按照道德的比例得到实际物质生活的幸福。

　　这里还有一个如何看待权力的问题。赖柯助引康德《道德形而上学的奠基》中的论述,以证明权力也属于幸福的范畴。① 从概念周延的角度看,获得权力引生的愉悦理当包含在幸福范畴之中,但这类情况较为复杂。一来权力引生的幸福仍然是人爵,是"求之有道,得之有命,是求无益于得也",不是天爵,不是"求则得之,舍则失之,是求有益于得也"(《孟子·尽心上》)。二来权力的幸福虽然与纯粹的物欲幸福不同,但其性质本身无法确定。牟宗三在疏解孟子所欲、所性、所乐的论述时讲过,"广土众民"是人人所欲的,属于权力的表现,但层次比较低,"此或大体可说是属于感性的",还谈不上所乐。只有做到"中天下而立,定四海之民"才有了一点道德价值,才可以谈所乐。但即使如此,其层次仍然赶不上所性,只有"仁义礼智根于心"的所性才是人生的最高理想。② 由此可知,由权力带来的愉悦,可分两类情况:如果只是为了满足权力的欲望,那么它仍然属于感性,可归于物质幸福;如果是为了安定四海之民,保其安居乐业、各得其所,那么它便带有了一点道德的属性,可归于道德幸福。换言之,权力引生的幸福既可以是物质的,也可以是道德的。康德将权力引生的幸福与财富、荣誉、健康引生的幸福放在一起讨论,没有刻

---

　　① 参见赖柯助:《误解与澄清:论杨泽波诠释牟宗三之德行与幸福的合理性》,第 112 页。

　　② 参见牟宗三:《圆善论》,《牟宗三先生全集》,台北:台湾联合报系文化基金会、联经出版事业公司,2003 年,第 22 卷,第 156—157 页。

意加以区分，从中可以很好地体会他是如何理解幸福概念的。
赖柯助引康德这段文字为自己证明，不仅论证力度不够，而且
适得其反——本意是要说明不能以物质幸福诠释康德的幸福
概念，而其引用的材料刚好证明了康德所论幸福的物质属
性。① 当然，严格说来，按照我的分疏，权力引生的幸福当归
于认知幸福，但认知幸福既可以是物欲的，也可以是道德的，
康德没有"所欲""所乐""所性"的观念，这种幸福不可能是道
德的意义，所以从大类上划分，权力引生的幸福只能归为物质
幸福，属于孟子所说的"所欲"的范畴。

　　同赖柯助的思路一致，祖汉兄也不接受我关于物质幸福
的界定，指出：

　　　　如果圣、佛的境界可以心物一如，如如之智证如如之
　　境，则是可以达到物随心转而无不如意之境，既然是无不

---

　　① 兹将康德此段原文引述如下："归于幸福名下的权力、财富、荣
誉，甚至健康和全部福祉以及对自己的状况的满意，如果不是有一个善
的意志在此矫正它们对心灵的影响，并借此也矫正整个行动原则，使之
普遍地合乎目的，它们就使人大胆，且往往因此也使人傲慢。更不用说
一个有理性且无偏见的旁观者，甚至在看到一个丝毫没有纯粹的和善的
意志来装点的存在者却总是称心如意时，决不会感到满意。"康德：《道德
形而上学的奠基》，《康德著作全集》第四卷，李秋零译，北京：中国人民大
学出版社，2005 年，第 400 页。细读这段文字可以清楚看到，康德是把权
力、财富、荣誉、健康等内容作为善的意志的对立面看待，希望以善的
意志对此加以矫正，影响人们的心灵和行动原则。康德甚至强调，如果
不是这样，那么对于有理性且无偏见的人来说，这些内容都是不能令人
满意的，意即如果只讲这种幸福，不讲善的意志，这种幸福没有太强的价
值和意义。赖柯助只看到了权力带来的幸福有其复杂性，忽视了康德将
权力带来的幸福作为善的对立面处理的根本用心。这对于争辩文字而
言，不能不说是一个很大的瑕疵。

如意,当然就是幸福,而且也不宜用有道德的幸福与物质
的幸福的区分,只要能有心境一如、一切法随心而转的情
况出现就可以了。①

圣、佛可以做到心物一如,一切随心而转,无不如意。"既然
是无不如意,当然就是幸福"。在祖汉兄的陈述中,"如意"二
字特别显眼,堪称其相关诠释的核心。② "如意"可作两种解
释:一是道德可以使客观环境发生改变,使其满足人的要求,
以实现圆善(如经过有德之人的努力,物质条件变得丰盈,工
作事业变得顺遂,使人心满意得);二是道德虽不能使客观环
境发生改变,但可以改变人观察问题的视角,使人与客观环境
相适应,以实现圆善(如借助某种观念重新看待生活中的苦,
进而不觉得是苦,反而能够从中感受到愉悦)。前面讲过,祖
汉兄承认,根据康德学理,道德归属自由,幸福归属自然,道德
可以改变人,但不能决定自然。③ 既如此,"如意"只能作第二
种理解,即人通过改变观察问题的角度,使自己与客观环境相
符顺,康德讲的幸福即是此意。

---

① 杨祖汉:《论杨泽波教授对牟宗三先生圆善论之批评》,第
12 页。

② "如意"这个说法原本来自牟宗三,出处很多,如:"一切存在之
状态随心转,事事如意而无所谓不如意,这便是福。"牟宗三:《圆善论》,
《牟宗三先生全集》,第 22 卷,第 316 页。

③ 这里不讨论有道德的人积极改造社会,构建合理的社会制度,
实现"伦理共同体之圆善",使人生活得更为美好的问题。因为即使建成
了这样的理想社会,实现了"伦理共同体之圆善",人能不能得到相应的
福,仍然要受命的影响,要受客观条件的限制。参见本书第四章《再议
"圆善"》第二节"'伦理共同体之圆善'不能完全解决德福关系的问题"。

祖汉兄这样诠释康德圆善思想的幸福概念,我不敢苟同。我在《贡献与终结——牟宗三儒学思想研究》第四卷详细处理过这个问题。在那里,我分析了康德《实践理性批判》为解决圆善问题提出的一个新的二律背反:要么对幸福的追求产生出德行意向的某种根据,要么德行意向产生出幸福。前者是不可能的,因为以追求幸福作为准则不是真正的道德。后者也是不可能的,因为幸福取决于对自然规律的认知,不可能指望通过严格遵守道德律得到幸福。但这个二律背反同样可以消除:"这两个命题中的第一个命题,即对幸福的追求产生出德行意向的某种根据,是绝对错误的;但第二个命题,即德行意向必然产生出幸福,则不是绝对地错……"①意思是说,以幸福作为德行的根据是绝对错误的,但认为德行必然产生幸福,则不是绝对错误的。下面的论述值得细细品味:

> 所以,尽管实践理性与自身有这种表面的冲突,至善仍是一个被从道德上规定的意志的必然的最高目的,是实践理性的真正客体;因为它在实践上是可能的,而按其质料与此相关的那些意志准则都具有客观实在性,这种实在性最初由于在德性与幸福按照一条普遍法则结合时的二律背反而受到冲击,但这只是出于误解,因为人们把现象之间的关系看作了自在之身本身与这些现象的关系。②

---

① 康德:《实践理性批判》,邓晓芒译、杨祖陶校,北京:人民出版社,2005 年,第 157 页。
② 康德:《实践理性批判》,第 158 页。

道德的原因虽然不能直接引生幸福之结果，但可以借助某种理知的自然创造者的力量，间接地实现这种联系。尽管这里有矛盾，有冲突，但圆善仍是一个目的，仍有可能性。这里康德并没有将幸福限定在"如意"的范围，而是从质料的角度来谈论这个问题的。

其实牟宗三也是这样理解康德幸福概念的。他在《中国哲学十九讲》谈到圆善时曾讲过："幸福必须寄托于现实世界与 physical body，而现实世界的一切并不是我们的道德所能掌握，只有上帝才能掌握。所以我们必须肯定上帝的存在，以保障德福之间的圆满关系。"[1]这里有"现实世界与 physical body"两个用语。它说明，在牟宗三心目中，康德所说的幸福是关于"现实世界"的，是关于"physical body"的。在《圆善论》中，牟宗三讲得更为明确："简单言之，幸福就是一个个体（一个人，一个理性的存有）之物理的自然与此个体之全部目的以及其意志之道德原则之相谐和。物理的自然有其自身之因果，此曰自然因果，亦曰机械的因果，用理学家的词语说，此是属于'气'的。"[2]这里改换了用语，强调幸福是关于存在方面的事，这种存在是"现实的存在"，属于"物理的自然"，是属于"气"的。牟宗三诠释康德幸福概念反复使用"现实世界""physical body""现实的存在""物理的自然""气"这些用语，

---

① 牟宗三：《中国哲学十九讲》，《牟宗三先生全集》第 29 卷，第 329 页。

② 牟宗三：《圆善论》，《牟宗三先生全集》第 22 卷，第 225—226 页。

清楚说明了其心目中幸福的性质。①

以上足以说明,将康德与圆善相关的幸福概念界定为物质幸福有扎实的学理基础。康德是在经验主义意义上使用幸福这个概念的。康德建构自己道德学说的一个重要目的,是为了反对经验主义的幸福观。在他看来,经验主义意义上的幸福不具有普遍性,要建构一种具有普遍意义的道德学说,不能以此为基础。所以他坚决反对将经验主义的幸福作为道德学说的目的。如果将康德的幸福概念只界定为"如意",特指心与物在精神上的相符顺,而不是物质条件发生实际的变化,以满足人们的要求,那么康德反对经验主义幸福观的深刻用心,就完全体现不出来了。将这个问题置于康德所处的宗教背景之下更有助于说明问题。宗教无一不是通过自己的方式(如死后进入天堂或进入极乐世界)保证信众可以享受到实实在在的幸福。在康德所处的时代,虽然理性精神有了很大发展,但基督教的影响并没有完全消退。康德在理论理性批判中规定上帝、自由、灵魂不朽为本体,只能思想,不能证明,将上帝逐出了人类认识的范围,在实践理性批判中又将其请了回来,就是因为

———————

① 赖柯助为此辩解说:"牟先生使用 physical body 只是为了说明:惟有身处现实世界而拥有 physical body 的行动者才有感性的生命,因此才有所谓的幸福不幸福,幸福是行动者实然生活中的事情。"(赖柯助:《误解与澄清:论杨泽波诠释牟宗三之德行与幸福的合理性》,第 112 页)这种说法的准确性似可商量。如果仅就单个用词来说,physical body 自然可以作多种诠释,但在《中国哲学十九讲》和《圆善论》中,这个用词是与"现实世界""现实的存在""物理的自然""气"联合使用的,共同形成一个概念群,将这些用语贯通起来,其对象明显是我们身外的那个物质世界,是指有德者按照比例得到物质条件的满足,享受物质方面实实在在的幸福。

他一方面看到了道德自律的意义，强调道德必须是纯粹的，另一方面又不得不考虑到基督教背景下现实生活中人们的感受。康德保留上帝以解决圆善问题，就是以上帝作为一种信念，让人们相信只要积极成德就可以配享到相应的幸福，使生活达至圆满。如果这种圆满像祖汉兄所说只是改变观察问题的角度，达到精神上的"如意"，那么康德为什么要费如此大的气力不怕被人诟病保留上帝呢？将康德圆善思想中的幸福概念理解为物质性的，而非精神性，属于物质幸福，而非精神幸福，有充分的理据，在康德研究中本不是一个特别有争议的问题，过于纠缠这个问题并没有太强的意义。

二、如何理解"诡谲的即"与"非分别说"

"诡谲"是牟宗三的重要说法，起源甚早，至少在《才性与玄理》(1974 年)中就有了：

> 圆教可自两方面说：一、自玄智之诡辞为用说，不滞一边，动寂双遣，自尔浑化，一时顿圆。二、自超越心体含摄一切说，一毁一切毁，一成一切成，无余无欠，一时顿圆。前者老庄玄智，本自具有。在佛教，则为般若破执，冥照实相。玄智，般若智，固相类也。①

---

① 牟宗三：《才性与玄理》，《牟宗三先生全集》第 2 卷，第 265 页。这则材料是徐波提供的，在此表示感谢。

这里由道家讲到佛家。道家有玄智,在其指导下,不滞一边,动寂双遣,一时顿圆。佛家有般若,在其指导下,一毁一切毁,一成一切成,亦可一时顿圆。玄智和般若属不同系统,但"固相类也"。这里讲到了"诡辞",这个术语事实上已经包含后来的"诡谲"之义了。

《佛性与般若》(1977年)梳理佛家圆教延续了这一思路。特别重要的是,该书的附录"分别说与非分别说"进一步划分了"分别说与非分别说"这两种不同的思维方式。他对《观察诸法行经》和《诸法无行经》进行比较时这样写道:

> 但《诸法无行经》则重在不分别说:"若有人分别贪欲瞋恚痴,是人去佛远,譬如天与地。"若《观察诸法行经》是决定何法当行,何法不当行,决定修习当行诸法之行,则《诸法无行经》即是从实相般若见诸法毕竟空,无所有,不可得之立场说"诸法无行"(诸法不转)也。此两经相连,一则分别地说诸恶莫作,众善奉行,"诸白法行,取而不厌";一则诡谲地说诸法无所有,不可得,无可行,即是修"无"行,不可思议行,不断断之断行,佛所行,亦即是实相观,般若行,以不行行也。此正是两种精神,一种是分别地说法立教义,一种是不分别地荡相遗执,皆归实相,实相一相,即是无相。[1]

――――――――――

[1]　牟宗三:《佛性与般若》,《牟宗三先生全集》第4卷,第1194页。

《观察诸法行经》局限于具体之相,强调诸恶莫作,众善奉行,《诸法无行经》则强调诸法无所有,不可得,无可行,重在修无行,不断断之断行。《观察诸法行经》的特点是"分别地说",《诸法无行经》的特点是"诡谲""不分别"。这里的"不分别地荡相遗执,皆归实相,实相一相,即是无相"就是"非分别说"。牟宗三将"诡谲"与"不分别"连在一起,明显是将二者同等看待的。

于 1985 年出版的《圆善论》进一步将上述思路用于解决康德的圆善问题:

> 此诡谲的必然亦可以说为是德福同体,依而复即,德当体即是福,福当体即是德;但此两"即"是诡谲的即,非分析的即,故前一即不成斯多噶,后一即不成伊壁鸠鲁。佛不坏九断九,即如在地狱,佛既就一切地狱法而成其德,则亦必就一切地狱法而成其福。因为佛毕竟是佛,他虽有惑业苦三相,然究非实地狱众生也。他就地狱法而成佛,此"就"是圆教下诡谲地必然地就;而地狱法之存在是圆教下性具之存有论的存在,故其存在有必然性,非暂时机感神通示现其存在,示现其存在之存在是偶然的,是一时之方便。就地狱法之必然的存在解心无染而成佛,则地狱法之存在处固成其德,同时亦成其福。①

---

① 牟宗三:《圆善论》,《牟宗三先生全集》第 22 卷,第 272 页。

圆善当由"德福同体，依而复即"而讲。德当体"即"是福，福
当体"即"是德。这两个"即""是诡谲的即，非分析的即"。牟
宗三以地狱法为例。"即如在地狱，佛既就一切地狱法而成
其德，则亦必就一切地狱法而成其福。""就一切地狱法"的
"就"字就是"诡谲的即"的意思，旨在说明，即使是地狱法，德
福一致亦有其存在的必然性。这里的奥妙不是分析关系能够
讲明白的，所以才称其为"非分析的即"。"非分析的即"既有
"非分析"（"非分别说"）的内容，又有"即"（"诡谲的即"）的
内容，要解决圆善问题，离不开"非分别说"，离不开"诡谲的
即"。

　　由上可知，"诡谲的即"和"非分别说"是牟宗三解决圆善
的两个重要概念。"诡谲的即"的渊源虽可追溯到道家，但更
主要还是来自天台判教的启发。虽然相关思想佛教其他门派
也有，但天台更加重视这个问题。不同于一般的"断烦恼证
菩提"或者"迷即烦恼，悟即菩提"，天台重在一个"即"字，即
所谓"诡谲的即"。"诡谲的即"内含两层意思。"第一层意思
是'即'。'即'字的基本意义是二者靠近、接触而又不完全相
合，也就是日常所说不即不离。第二层意思是'诡谲'。'诡
谲'从字面看指奇异多变、离奇古怪，放在这里可以理解为一
种奇妙、奇异、改变、转化。"[1]"非分别说"是由"诡谲的即"进
一步发展而来的一个概念。将烦恼与菩提，生死与涅槃截然

---

　　①　杨泽波:《贡献与终结——牟宗三儒学思想研究》第四卷，第
56页。

分割,彼此不同体,为"分别说",反之,烦恼与苦提,生死与涅
槃不截然分割,而是结合着讲,彼此互住,而无自住,为"非分
别说"。由此不难看出,"诡谲的即"和"非分别说"在内容上
紧密相关:"诡谲的即"可以理解为"'诡谲的即'地说",而
"'诡谲的即'地说"也就是"非分别说";"诡谲的即"必然引
申至"非分别说",而"非分别说"也必然落实于"诡谲的即"。
根据自己当初阅读的感觉,我以"诡谲的即"作为这两个概念
的代表①,将其视为牟宗三解决圆善问题的第一个步骤(另一
个步骤是"纵贯纵讲")。

　　祖汉兄与我对于"诡谲的即"的理解有所不同,主要表现
在以下三个问题上。第一,"诡谲的即"可不可以理解为"当
下即是"? 祖汉兄指出:

　　　　此段所说的如如智证如如境的境界,很能表达一切
　　法随心而转或圣德圣心所对的外境,完全由主体的智所
　　决定的意思。于是就可以证上文所说,有圣德者一切法
　　随心而转之意。如果是讲这种境界,哪里需要把原来是
　　苦境或对苦境的、不如意的感受,转化为顺心如意的感受
　　呢? 不必有这种牺牲或辩证的转变,而当下即是。②

---

　　①　我当时有这样的感觉,现在回想起来,可能是"诡谲"这一说法
非常新鲜,很有挑战性。其他学者如认为"非分别说"更为重要,完全可
以反过来,以"非分别说"来概括"诡谲的即"。两种做法可以并行不悖。
　　②　杨祖汉:《论杨泽波教授对牟宗三先生圆善论之批评》,第8页。

意思是说，如果达到了"如如智证如如境"的境界，根本不需要做一切法随心而转的工作，不需要把原先的苦和罪转化为顺心如意的感受，苦和罪当下就是福，一切法随心而转，即所谓"当下即是"。

又说：

> 达到圣人、真人或佛境界的人，如上文所说，是不管遭遇到怎么样的情况，都完全当下成为顺心如意的情况，一切法由纯净的心灵所决定，即都成为与此心灵一致的顺心如意的状态，即是说物当下由主体的心所决定，心是如何，物就是如何，这里当然可以说"诡谲的即"，因为不离开所遭遇的任何情况，而顿时是顺心如意，但并不需要如泽波教授所说的，通过辩证的过程而使心灵产生与原初面对事物不同的感受：即当下就是顺心如意，而不必从不如意或难受，转而为顺心如意，不需要有所谓辩证的发展，不需要翻转或改变，而是当下真正表现为事事如意之感。①

圣人、真人、佛与常人不同，不管遇到什么情况，都可以达到顺心如意的状态，心是如何，物即是如何。在这个意义上当然可以说"诡谲的即"，但祖汉兄认为，对于圣人、真人、佛而言，不需要如此劳神费力，不必从不如意转为如意，不需要辩证的发

---

① 杨祖汉：《论杨泽波教授对牟宗三先生圆善论之批评》，第5页。

展，一句话，"不需要翻转或改变"，"当下就是顺水划船"。

我不认可这种理解。在我看来，牟宗三为解决圆善问题提出"诡谲的即"是一个了不起的创见。这一观念告诉我们，天台之所以为圆教，就是因为有这个观念。在这一观念指导下，要保住一切法，实现圆善，不能脱离日常生活，必须就九法界来谈，不需"缘理断九"。九法界各有不同，其中地狱、饿鬼、畜生本身是苦，不是福。虽然经过转化，这种苦可以转化为福，但苦和福的界限必须首先划分清楚。佛(包括圣人、真人)的境界高，不同凡人，由苦转福的过程迅速而短暂，但转化的过程是不可少的。① 换句话说，谈圆善首先要确定苦和乐、妄和真、染和净的分际，苦就是苦，妄就是妄，染就是染，虽然经过转化它们可以分别转为乐，转为真，转为净，但二者的界限要先确定下来，不存在不经过转化苦即成为乐，妄就成为真，染就成为净的情况。

祖汉兄认为，达到了圣人、真人或佛的境界，"不需要翻转或改变"，一切皆是当下即是，或许与他对"不转转"这一术语的理解有欠准确有关。他说：

---

① 另外，特别强调圣人、真人和佛的作用，将实现圆善的希望寄托在他们身上，也不无商榷余地。这个问题我之前就与祖汉兄有过讨论，指出："究竟什么是圣人？关于什么是圣人的问题，在历史上本来就争论不断。即使可以证明谁可以称为圣人，那这种圣人也是极少数。如果一种理论只能证明极少数人可以达到德福一致，那么这种理论因为缺乏普遍性，也就没有多少实际意义了。"杨泽波：《贡献与终结——牟宗三儒学思想研究》第四卷，第104页。

由于即九法界众生而成佛,圆具一切法,一法不可少,那任何一法既然是可以不改其差别相、烦恼相,而当下是佛境界,则于佛或圣人他所遭遇的任何情况,就可以是福乐的所在,这种乐当然是顺心如意或一切法随心而转的(此所谓转,是即一切烦恼无明法不离开其差别相,而觉悟一切都是佛法,也可以说是"不转转"),由于有这存有论的圆具的说法,才能佛或圣人在其即于一切可能的存在情况,即于任何一法而实现福乐,可见此"存有论的圆具一切法"是很关键的理论,由于有存有论的圆具一切法,才可以保证佛或圣人遭遇到不管是人生哪一种情况,都可以成为常乐我净表现之处……①

从上下文看,祖汉兄似乎是把"不转转"理解为"不转"了。在佛教术语中,"不转转"与"不得得""不行行""不断断"含义相近。这些说法中后面的"转""得""行""断"为字之本义,而前"转""得""行""断"则是借义,特指不刻意,不执着。因此,"不转转"是没有执着心的"转",破除相的"转",是一种高级的"转",而不是"不转"。以"不转转"证明"不转",进而证明"当下即是",学理根据有欠稳妥。

第二,"诡谲的即"与"非分别说"是什么关系?因为祖汉兄特别重视"当下即是",所以他不同意我对"诡谲的即"的

① 杨祖汉:《论杨泽波教授对牟宗三先生圆善论之批评》,第16—17页。

理解，

> 如果了解牟先生圆善论中所说的"诡谲的相即"，是
> 非分别的说法，上述的质疑应该都可以消除。即是说并
> 非通过化苦为乐、去妄为真、转染为净的过程，才可以达
> 到"福"的境界，而是如果是圣、佛与真人生命的呈现，则
> 他所遇到的任何情境，不管表面是苦境或乐境、染境或净
> 境、善境或恶境，皆全体是福。……这两种表面相反的情
> 况或感受，相即在一起，这是所谓诡谲的，于是虽然是诡
> 谲的相即，但也就是当下是一，而没有转化的过程，或可
> 说转化是"顿"的转化，即是就说没有转化的过程，没有
> 想去转化现实的想法而当下顿现，而且这种顿现是可以
> 保住一切法的不同情况的……①

祖汉兄认为，牟宗三讲"诡谲的即"意在强调在圆教境界下，
没有必要刻意作化苦为乐、去妄为真、转染为净的工夫，苦就
是乐，妄就是真，染就是净。先将苦和乐、妄和真、染和净分开
来，再在此基础上讲"诡谲的即"，对于圣人、真人、佛而言，并
无必要。在他们的境界中，苦和乐、妄和真、染和净没有转化
的过程，即使说转化，也是"顿"的转，不是"渐"的转。

　　以此为据，祖汉兄批评我是"分别说"，尚未达到"非分别

---

　　①　杨祖汉：《论杨泽波教授对牟宗三先生圆善论之批评》，第9—
10页。

说":

> 于是吾人可说精神的种种辩证、层层上升的过程,在
> 此诡谲的相即之意义下已经过去了,这是当下即是而没
> 有翻转、改变可说。如果明白此意,则杨泽波所作的对牟
> 先生圆善论的各种批评,其实并未彻底了解这一圆境,他
> 还是处在分别说的层次来理解牟先生的说法。①

牟宗三圆善思想特别重视"非分别说",强调在圣人境界中,
当下即是,没有转化的过程,即使说转化也是"顿"的转化,因
此没有翻转、改变可说。我未能把握牟宗三这一义理,着重强
调翻转、改变,这其实仍然是"分别说",而不是"非分别说",
尚未达到这一高度,十分遗憾。

　　祖汉兄这种看法不无商榷余地。前文讲过,牟宗三很早
就有"诡谲"的思想了,在《佛性与般若》中进一步从"非分别
说"的角度对其进行了解说。在他看来,将无明与法性截然
分割,无明是无明,法性是法性,此为"分别说";反之,将无明
与法性统一起来,无明即法性,法性即无明,二者同体相即,各
为互住,而无自住,此为"非分别说"。牟宗三在解说"非分别
说"时曾指出它有三个特点,即:

---

　　① 杨祖汉:《论杨泽波教授对牟宗三先生圆善论之批评》,第
12 页。

(一)它是消化层,无所建立也;(二)它是诡谲的方式,非分解的方式故;(三)它圆具一切成就一切是般若之作用的圆具与成就(即不坏不舍弃),而却对于一切法并无根源的说明,因为它无所建立,无分解的或非分解的说明故,因而这般若之作用的圆具并非一存有论的圆具。①

这里分别从处于消化层,诡谲的方式,作用的圆具而非存有的圆具,来说明"非分别说"。细细分析,这三条同样适合"诡谲的即":"诡谲的即"也是在消化层处理问题,其思想方式也是诡谲的,这种诡谲也只涉及作用的圆具,不涉及存有论的圆具。

这种理解在牟宗三那里可以得到的支撑并不少,如下面一段:

　　它是非分解地,即诡谲地说的圆实教;它不与任何权教为对立,而是开决了亦即消化了一切权教而无说以说者,无立以立者。它固是一系统,然非分解说,故虽是系统(以是教故),然无系统相,以是故,它亦是无诤法,因而它是绝对的圆实,非主观地各圆其圆者。②

---

　　① 牟宗三:《佛性与般若》,《牟宗三先生全集》第4卷,第1210—1211页。
　　② 牟宗三:《圆善论》,《牟宗三先生全集》第22卷,第270页。

这是对天台圆教的说明。天台圆教不同于开决了的各种权教。这些权教虽也属于无诤法,但并无所立,只是"非分解地,即诡谲地说的圆实教"。这里明确将"非分解"(即"非分别说")与"诡谲地说"放在一起作为同义词来使用,已经清楚说明了"诡谲的即"与"非分别说"的关系。正因于此,我坚持认为"诡谲的即"与"非分别说"是属于同一层次的概念,表达的是相同的思想,"非分别说"没有超出"诡谲的即"的内容,只是"诡谲的即"更为理论化的一种表述而已。祖汉兄批评我偏重于"诡谲的即"未能上升到"非分别说"的高度,或许是将"诡谲的即"与"非分别说"分割为二了,好像在"诡谲的即"之外另有一个"非分别说"似的,这是我难以认同的。①

第三,"诡谲的即"("非分别说")能否解决康德意义的圆善问题? 不承认牟宗三解决了康德意义的圆善问题,是我研

---

① 《圆善论》"序言"有云:"非分别说又有属于'无限智心之融通淘汰之作用(无)'者,又有属于'存有论的法之存在'者(纵贯纵讲者与纵贯横讲者)。"(牟宗三:《圆善论》,《牟宗三先生全集》第22卷,"序言",第15页)有人或可据此认为,这里的两个"属于"不同,前一个"属于"("属于'无限智心之融通淘汰之作用(无)'者")指的是诡谲的思维方式,后一个"属于"("属于'存有论的法之存在'者")则涉及"存有论的法之存在",这一内容不是"诡谲的即"所包含的,所以"非分别说"包含了"诡谲的即"没有的内容,二者不是同等的概念。这个问题较为复杂。照我的理解,后一个"属于"似应作"涉及"解,意思是说"非分别说"既关乎诡谲的思维方式,又涉及"存有论的法之存在",而不宜理解为"包含",好像"非分别说"已囊括了"存有论的法之存在"似的。在牟宗三的佛教研究中,佛性和般若是两条基本线索,虽然二者不能完全分离,但毕竟是两个不同的系统。如果说般若已经"包含"了佛性,那么牟宗三就没有必要再讲一个"存有论的圆",强调佛性之重要了。这有点像儒家学理既讲本体又讲方法,本体决定方法,方法也涉及本体,但这只是"涉及"关系,不是"包含"关系,本体与方法属于各自不同的领域,无法越俎代庖。

牟先生是一個善思想的哲學家吧，但祖汉兄不懐疑我的上述结论，提出疑问说：

> 牟先生这种说法其实是相当合理的，当然成佛是一个难以达到的理想，但也不是没有实现的可能，而假如佛境界是可以实现的，则按照佛即九法界众生而成佛的圆教理论，又按照佛境的表现处，必具有常乐我净的四德，于是就使有德者必有福，或圆满的善成为可能，怎么会如杨泽波所说牟先生的说法不能解决德福一致如何可能的问题呢？①

在祖汉兄看来，根据牟宗三所说，在"诡谲的即"的视域下，一方面是德，一方面是福，时时处处皆是常乐我净，有德者必有福，圆善由此而成，德福一致的问题就解决了。我却否认了牟宗三的巨大努力，断言"牟先生的说法不能解决德福一致如何可能的问题"，这是他无法接受的。

这里需要作一个说明。我说牟宗三未能解决圆善问题不是否定牟宗三在这方面作出的努力，不是说牟宗三没有对德福一致作出新的说明，而是专就"康德意义"的圆善而言的。牟宗三下如此大的气力写作《圆善论》本是希望以中国哲学的智慧解决康德的这一难题。在他看来，康德提出圆善问题有很强的意义，只是设定上帝存在这种方式不行，所以才请出

---

① 杨祖汉：《论杨泽波教授对牟宗三先生圆善论之批评》，第17页。

中国哲学的智慧。但在我看来,牟宗三借助中国哲学的智慧,以"诡谲的即"以及"纵贯纵讲"(详见下文)解决问题,只能得到"物随心转""物边顺心"的结果。虽然这种结果有很高的价值,但只属于内心的满足,是精神幸福,与康德所要求的物质幸福性质有别。康德提出圆善问题有浓厚的西方基督教的背景,牟宗三解决这一问题的背景则是中国哲学特别是儒家文化。儒学不是宗教,与基督教的性质不同,这种不属于宗教背景的智慧不可能解决宗教背景下才可能遇到的圆善问题。"从儒家的立场看,康德意义的圆善问题原本就是无解的,不仅现在解决不了,将来也不可能解决。"①

为说明问题再引一段材料。牟宗三在说明他为什么关注圆善问题时讲,其最初的动机始于研究天台圆教,由此想到康德的德福一致问题,进而又想到了孟子天爵和人爵的思想:

> 顺孟子基本义理前进,直至天爵、人爵之提出,此则可以接触圆善问题矣。孟子未视圆善为一问题而期解决之。视之为一问题则来自西方,正式解答之则始自康德。康德之解答是依据基督教传统而作成者,此并非是一圆满而真实之解决。吾今依圆教义理解决之,则期予以圆满而真实之解决。②

---

① 杨泽波:《贡献与终结——牟宗三儒学思想研究》第四卷,第220页。
② 牟宗三:《圆善论》,《牟宗三先生全集》第22卷,序言第13—14页。

二十世纪初并像康德那样正式地圆善视为一个问题以期解决之,但其划分天爵和人爵实际已涉及了这方面的内容。天爵是德,人爵为福。理想状态是既有天爵又有人爵。现实生活却很残酷,可能只有天爵而无人爵。这就成了一个问题。这其实就是康德所遇到的圆善问题,而康德想到的办法是以上帝作为一种信念,保证有天爵的人必然得到人爵。牟宗三基于中国文化的传统,不认可康德的路子,这本是有意义的,但他通过"诡谲的即"以及后面要讲的"纵贯纵讲"所能达到的只是"物随心转""物边顺心"的福,只是内心的愉悦,只是"孔颜乐处",而不能保证有天爵必有人爵。

因为看到了牟宗三在这个关键环节上的失误,我虽然认可他的问题意识,赞赏他提出的解决方案更为阳刚,更为挺拔,更为合理,更为可信,但坚持认为他并没有能够真正解决"康德意义"(请注意"康德意义"这一限定词)的圆善问题,而只是对儒家义理的圆善作了自己的梳理。要而言之,康德有其圆善问题,儒家也有其圆善问题,二者学理背景差异很大,牟宗三只是借鉴天台智慧,重新诠释了儒家意义的圆善(暂且不论这一步工作是否有瑕疵),这种努力虽然极有开创性,甚至可以说开辟了一个新的学术方向,但不可能由此真正解决康德意义的圆善问题,"始得到圆善问题之圆满而真实的解决"①的断语并不准确。明确区分这两种不同的圆善(一是康德意义的,一是儒家意义的)问题,是整个讨论的基础,否

① 牟宗三:《圆善论》,《牟宗三先生全集》第22卷,序言第15页。

则无法正确评价牟宗三圆善思想的功与过，进而滋生诸多误解。《圆善论》出版后争议不断，圆善问题事实上已成为牟宗三儒学思想中争议最多的问题之一，可为明证。①

三、如何理解"存有论的圆"与"纵贯纵讲"

佛家由"诡谲的即"（"非分别说"）所达成的还不是真正的圆教。牟宗三由此提到了一个重要概念，这就是"存有论的圆"：

> 因为它无所建立，无分解的或非分解的说明故，因而这般若之作用的圆具并非一存有论的圆具。然则负"大小乘为大小乘"之责者，负"一切法之根源的说明"之责者，乃至负"存有论的圆具"之责者，必是在般若外之另一系之概念中。此另一系之概念即悲愿与佛性是。②

---

① 更为复杂的是，前面讲牟宗三清楚看到康德圆善思想中的幸福是物质意义的，后面又说牟宗三通过"诡谲的即"和"纵贯纵讲"所能达到的只是精神的享受，不是康德所要求的那种幸福，既如此，牟宗三为什么要断言他已经"圆满而真实"地解决了圆善问题呢？在我看来，这才是牟宗三圆善论研究最为困难的地方。我曾长时间阻滞于此，痛苦不堪，"把脑袋砸碎了的心都有"，直到最后才找到了一种可能，那就是概念发生了滑转，意即牟宗三看到与康德圆善相应的幸福具有物自身的性质，而他证明了儒家通过无限智心得到的幸福同样属于"物自身层之自然"，于是便宣称他以无限智心的方式解决了康德未能解决的圆善问题。（参见杨泽波：《贡献与终结——牟宗三儒学思想研究》第四卷，第146页）学界讨论牟宗三圆善思想，多不注意这个问题，十分可惜。

② 牟宗三：《佛性与般若》，《牟宗三先生全集》第4卷，第1211页。

这个问题是从《诸法无行经》说起的。上面讲过,《观察诸法行经》的特点是强调诸恶莫作,众善奉行,与此不同,《诸法无行经》重在"诡谲""不分别"。虽然有此进步,但它仍然只是"作用的圆具",而非"存有论的圆具"。"存有论的圆具"又称"存有论的圆"。这个问题之所以重要,是因为它涉及佛性问题。牟宗三尤为重视天台宗,是因为天台不仅重视"诡谲的即",对佛性的理解亦有不同,属于"性具"的系统。因为天台两个方面都照顾到了,"以性具为经,以止观为纬,织成部帙,不与他同"①,所以牟宗三定其为圆教。

与佛家相比,儒家②在这方面更有自己的优势,因为儒家论道德根据总体上说都比较重视"性具"问题,这方面的问题不大。更为重要的是,儒家的道德根据不仅可以决定成德成善,而且有很强创生性,可以赋予宇宙万物以意义,决定其存在。这一义理即为存有论,因为这种存有论是关乎道德的,亦可称为道德存有论。儒家的圆善必须从存有论的角度来谈,这方面的学理牟宗三称为"纵贯纵讲","纵贯纵讲"因此成了

---

① 牟宗三:《佛性与般若》,《牟宗三先生全集》第 4 卷,第 764 页。徐波《"圆教"之"各美其美":牟宗三哲学的范式转化及其开放意义》(《学术月刊》2022 年第 9 期)一文对这个问题有详细的分疏,指出:"在牟氏看来,'一心三观'等止观法门更多的是一种'作用上的圆',类似于般若共法之不偏不倚,但这只是构成圆教的一个必要条件,仅依靠'作用上的圆'并不能成就圆教。'作用上的圆'必须与所观之'一念心即具十法界''性具善恶'之'存有论上的圆'相结合,形成一种能够与存有论叙述相映衬的'非分别说',才能真正使圆教得以成立。"

② 受篇幅所限,本文没有专门处理道家意义的圆善,相关内容可参见杨泽波:《贡献与终结——牟宗三儒学思想研究》第四卷,第317—328 页。

牟宗三解决儒家义理圆善问题的第二个步骤。"纵贯纵讲"这一说法是《圆善论》正式提出来的,与"纵贯横讲"相对。佛教为"纵贯横讲"。"纵贯横讲"有两层基本含义:其一,不讲创生,只是横讲,非为纵讲;其二,尽管不讲创生,但仍能说明并保住一切法的存在,故仍属纵贯。用牟宗三的话说,就是"'纵贯横讲'者不言创生义而仍能说明一切法之存在或最后终能保住一切法之存在之谓也"。① 儒家则是"纵贯纵讲":

> 纵贯者,照字面解,是"竖起来而竖直地直贯下来"的意思。什么东西能竖直地直贯下来? 直贯下来贯至什么? 落实说,这是预设一道德性的无限智心,此无限智心通过其创造性的意志之作用或通过其感通遍润性的仁之作用,而能肇始一切物而使之有存在者也。②

"纵贯"是"竖起来而竖直地直贯下来"的意思。儒家学理有一个"敬以直内,义以方外"的竖立宗骨,它是无限智心,有强烈的创生性和遍润性。这种创生性和遍润性"能肇始一切物而使之有存在"。儒家义理以这个竖立的宗骨为基础讲仁心不容已,讲道德的创造,道德的润生。这个独特的义理系统即为"纵贯纵讲"。"纵贯纵讲"难度很人,不易把握,牟宗三小曾明言"纵贯纵讲的圆教不甚好讲"③。这里的关键在于"存

① 牟宗三:《圆善论》,《牟宗三先生全集》第 22 卷,第 319 页。
② 牟宗三:《圆善论》,《牟宗三先生全集》第 22 卷,第 319 页。
③ 牟宗三:《圆善论》,《牟宗三先生全集》第 22 卷,第 297 页。

用这一概念，存有、存在点一圆善思想中所指并不相同。

一是佛家意义的存有。上面讲了，牟宗三看到，佛教讲"诡谲的即"，讲"非分别说"固然有意义，但还不足以成为圆教，于是有了"存有论的圆"的观念。"存有论的圆具"与般若不同，般若只是"作用的圆具"，"存有论的圆具"则必须进一步说明一切法之根源：

> 此一系列之圆说皆是由三因佛性遍满常以及法之存在之说明而来者。至此圆说之法之存在，则十界法始能被稳定得住，此即佛教式的圆教之存有论。此圆教存有论，以非分别说故，故为真圆。真圆则无诤。以此圆教之无诤为经，织之以般若无诤为纬，则圆实佛成，此是佛之究竟了义。①

圆教必须由三因佛性遍满常以及法之存在来说明，至此各个法界才能稳住，这就是"佛教式的圆教之存有论"。也就是说，佛教之圆教必须在"非分别说"的基础上再进一步，达到"圆教之存有论"的高度，以说明一切法之根源，法之存在，才可成立。这些论述说明，佛教意义的存有是特就佛性而言的。

另外还可参考《中国哲学十九讲》的规定：

---

① 牟宗三：《佛性与般若》，《牟宗三先生全集》第4卷，第1219页。

所以成佛是即九法界的众生而成佛,没有任何一法可以去掉。如此,佛性即把一切法的存在保住了。可见不达到圆教,法的存在是无法保住的,而从保住法的存在这一点来看,我即给它规定一个名词,叫做"佛教式的存有论"(buddhistic ontology)。①

这仍然是以佛性说"佛教式的存有论"。佛性至关重要,要保住一切法的存在,保证众生即九法界而成佛,不能离开佛性的基础。牟宗三虽然重视天台"诡谲的即"的智慧,但严格说来,这种智慧并非只有天台才有,佛教很多门派都在一定程度上讲过,禅宗大盛后更是如此。要成为真正的圆教仅有这一步还远远不够,还必须结合佛性来讲。"诡谲的即"只是讲般若,虽然有意义,不可少,但如果不能即佛性,还只是"作用的圆具",而不是"存有论的圆具",不能对一切法作根源性的说明,不是真正的圆教。②

二是儒家意义的存有。《圆善论》附录"'存有论'一词之附注"对此有专门说明:

西方的存有论大体是从动字"是"或"在"入手,环绕这个动字讲出一套道理来即名曰存有论。一物存在,存

---

　　①　牟宗三:《中国哲学十九讲》,《牟宗三先生全集》第 29 卷,第 365 页。
　　②　参见徐波:《"圆教"之"各美其美":牟宗三哲学的范式转化及其开放意义》,《学术月刊》2022 年第 9 期。

……在处讲，但只能从存在着的"物"讲。一个存在着的物是如何构成的呢？有些什么特性、样相或征象呢？这样追究，如是遂标举一些基本断词，由之以知一物之何所是，亚里士多德名之曰范畴。范畴者标识存在了的物之存在性之基本概念之谓也。存在了的物之存在性亦曰存有性或实有性。讲此存有性者即名曰存有论。①

西方哲学有一个 ontology 的观念，他们一般从"是"或"在"字入手，分析物如何存在，有什么样相、特征，由此讲出一套道理来，以知一物之何所是，这就是存有论。中国哲学的重点不在就一物的存在分析其存在性，而在明一物所以存在的超越存在之理，这也是一种存有论。阳明"有心俱是实，无心俱是幻"的说法可以很好地说明这个道理。所谓"有心俱是实"是说，有了仁心的润泽和调适，一切均有了意义，成为真实，成为有；所谓"无心俱是幻"是说没有仁心的润泽和调适，一切均没有意义，成为虚幻，成为无。② 为此他还区分了两种不同的德，一是消极意义的德，一是积极意义的德。消极意义的德以佛家、道家为代表，因为它们只讲清净德、玄德。积极意义的德以儒家为代表，因为儒家讲道德创造。③ 只有积极性的德才有道德的创造性，才能使万物有意义能生长。

---

① 牟宗三：《圆善论》，《牟宗三先生全集》第 22 卷，第 327 页。
② 牟宗三：《圆善论》，《牟宗三先生全集》第 22 卷，第 70—71 页。
③ 牟宗三：《圆善论》，《牟宗三先生全集》第 22 卷，第 318 页。

　　牟宗三论儒家的圆善,其理论基础全在儒家意义的存有。依据这一义理,道德创造的宗骨可以创生存有,这种存有不仅可以赋予宇宙万物以道德的价值和意义,而且可以影响人们对于成就道德过程中所遇事情的看法,将在此过程中作出的牺牲转化为内心的愉悦,成为一种幸福。有了这个基础,人们一方面依心意知之天理而行,这是德,另一方面明觉感应为物,在明觉感应中,可以使"物随心转","物边顺心即是福"。既有德,又有福,德福一致,圆善乃成。在全面梳理牟宗三相关思想后,我将这种做法概括为"赋予说"。"所谓'赋予说'就是将道德幸福视为道德之心在创生存有的过程中将对象赋予道德的色彩而产生出来的一种说法。"①存有论是"纵贯纵讲"的基础,"纵贯纵讲"的核心则是"赋予说"。

　　如果说祖汉兄对"诡谲的即"的理解与我多有不同的话,对"纵贯纵讲"的理解差异就更大了。祖汉兄不接受"赋予说",不承认儒家意义的幸福是道德之心在创生存有的过程中赋予出来的,明确指出:

　　　　德福一致的福必须要有存有论的圆具作为根据,那是对于圣或佛境界中带出的幸福,是不管遭遇什么情况都有的,那是一个理论的根据或保证,而不是由存有论创生而给出了幸福,幸福之有或产生,是由于圣人之德使一

――――――――――

　　①　杨泽波:《贡献与终结——牟宗三儒学思想研究》第四卷,第110页。

切法随心而转，*有有论的说明并非相明权种情况*，这种福
的产生是在任何的存在情况中都可以有的，而说天道超
越而内在，人的道德心可以遍润一切法，呈现天道创生的
意义，也是把本有的天道的创生再一次落在人的实践中
呈现，可以说是畅通了原来有的存在的意义与价值，这是
人通过理性的实践而去除生命的障蔽，恢复存在界的价
值与意义，这就不能说是德性实践或天道生生赋予了德
性的幸福。故德福一致之福，依牟先生，既不只是道德的
幸福，也不是由道德心的活动而赋予的幸福，杨泽波之说
可能犯了上述两处的谬误。①

这段引文的中心思想可归纳为一句话：儒家意义的幸福不是
来自道德之心创生存有过程中的赋予。在祖汉兄看来，德福
一致之福是圣或佛不管在任何情况下因为"存有论的圆"而
形成的，而"不是由存有论创生而给出了幸福"。我不明白这
个道理，连续犯了两个错误：第一，没有看到牟宗三所说的福
不只是道德幸福；第二，幸福是原本就有的，不是道德之心赋
予出来的。由此说来，我以"赋予说"作为道德幸福的原因是
一个非常大的失误。

　　看到祖汉兄的这种指摘，深感有一个问题必须首先加以澄
清：虽然我有"赋予说"，但主张这一思想的不是我，而是牟宗

---

① 杨祖汉：《论杨泽波教授对牟宗三先生圆善论之批评》，第18—
19页。

三。也就是说，"赋予说"是我对牟宗三相关思想的概括，而不是我自己的主张。结合牟宗三思想发展的轨迹加以考查，这个问题可以看得非常清楚。存有论是牟宗三接续其师熊十力的新唯识论，一生都在努力发展的方向，经过《智的直觉与中国哲学》(1971 年)和《现象与物自身》(1975 年)的写作，达到了高峰。此后他又专心研究佛教问题，于 1977 年出版了《佛性与般若》。这部著作中虽然有"存有论的圆"的说法，但那只是偏就佛性而言，尚未想到以存有论解决康德的圆善问题。直到 1985 年出版的《圆善论》，以中国哲学智慧为基础解决康德的圆善难题，才直接以存有论来说明幸福的来源，解决圆善问题。

认清牟宗三这一心路历程非常重要，牟宗三下面一段文字需要细细思量：

> 本书则讲圆教与圆善，故先以古人所理解的哲学——实践的智慧学、最高善论，标之于此序，以实践理性作开端，把圆满的善(圆善)套于无执的存有论中来处理，即从圆教看圆善，此将使无执的存有论更为真切，使一完整的系统之圆成更为真切。①

此段中"套于无执的存有论中来处理"的说法尤其值得关注。它道破了这一关键点：牟宗三是以存有论来解决圆善问题，是用存有论说明幸福来源的。"此将使无执的存有论更为真

---

① 牟宗三：《圆善论》，《牟宗三先生全集》第 22 卷，序言第 11 页。

切,使"完整的系统之圆成更为真切"的说法进一步强调了
上述思想,意思是说,借助存有论的特殊视角,圆善问题方可
得到合理的解决,而无执存有论也将更为真切。《圆善论》梳
理儒学圆教与圆善的末尾,在分别讲述贤位教、圣位教、神位
教之后,牟宗三说:"圆圣者体现圆善于天下者也。此为人极
之极则矣。哲学思考到此而止。中间余义详见《现象与物自
身》。"①牟宗三讲儒家之圆善在强调神位教之重要外,为什么
要补上一句"余义详见《现象与物自身》"?我们知道,《现象
与物自身》是牟宗三阐发存有论的代表性著作。牟宗三此处
强调,说明儒家之圆善需要参阅《现象与物自身》,正说明他
是以存有论来说明圆善问题的。

通过上面的分析不难看出,祖汉兄在这个问题上存在着
一个较大的疏漏:他不同意"赋予说",进而批评我,但"赋予
说"只是我对牟宗三做法的概括,原本就不是我的看法,而是
牟宗三的主张。自我从事牟宗三儒学思想研究以来从未接受
这种主张。《贡献与终结——牟宗三儒学思想研究》第四卷
第四章第二节专门设立了一个小节,名为"道德幸福主要是
由存有论赋予的吗"。其中讲到,牟宗三看到康德设定上帝
存在以保障圆善得以实现的思路不可行后,决定以儒家的无
限智心代上帝来解决这一问题。这一工作分为"诡谲的即"
和"纵贯纵讲"两个步骤,其中"纵贯纵讲"更为重要,因为"诡
谲的即"佛家也讲,是共法,"纵贯纵讲"则是儒家的专利,是

---

① 牟宗三:《圆善论》,《牟宗三先生全集》第22卷,第324页。

其所长。牟宗三以"纵贯纵讲"论圆善,就是以"存有论"论圆善,而以"存有论"论圆善,就是以"赋予说"论圆善。按照他的说明,在存有论的视野下,道德之心可以赋予宇宙万物以道德的价值和意义,更为重要的是,与此同时还可以改变人们对于成德过程中作出的牺牲的看法,出现"物随心转"而成福的情况。对于牟宗三的这种看法,我一直持怀疑态度,从没有放弃这种立场。

祖汉兄把牟宗三的主张当成了我的主张,张冠李戴,原因颇费思量。在反复摸排后,我发现这可能与其未能严格区分牟宗三两种不同意义的"存有"有关。上面讲过,牟宗三是在两个不同意义上使用这个概念的,《佛性与般若》使用这个概念,指的是佛性,以说明一切法的根源,乃至有"存有论的圆"这一说法。《圆善论》使用这个概念,指的是儒家的存有论,说明道德之心如何影响宇宙万物的存在。如果不划清这个界限,对牟宗三存有论了解不透,只从"存有论的圆"的角度理解这个概念,将其限定在悲愿和佛性上,很容易忽视牟宗三借助无执存有论解决圆善问题的用心,不了解牟宗三以"纵贯纵讲"讲圆善的本质是以存有论讲圆善。① 据我观察,这个问题在牟宗三

---

①　这里有一个佛教圆教与儒家圆教的差异问题。在牟宗三看来,佛教之圆教,既要由般若讲,又要从佛性讲。由般若讲,意在强调"烦恼即菩提""生死与涅槃",这是"诡谲的即",是"非分别说"。由佛性讲,是"存有论的圆",是对一切众生的存在给出根源的说明,证明佛性是如来藏恒沙佛法佛性,保证一切众生皆有佛性,皆可成佛。有了这两条才能称为圆教,才能有佛教意义的圆善。牟宗三强调,儒家学理有其特殊性,只讲"诡谲的即"和"存有论的圆"还不够,因为它有一个道德创造的宗骨,这一宗骨有强烈的创生性,这一点佛教并不具备,因此还(转下页注)

圆善思想研究中普遍存在。在这个大背景下，牟宗三有此失误就不难理解了。这个问题影响很大。上一节讲过，我不赞成牟宗三"始得到圆善问题之圆满而真实的解决"的自我评价，是因为即使不论其梳理儒家意义圆善的思路是否有瑕疵，从大的环节上看，他也错置了两种不同意义的圆善，以儒家意义的圆善代替了康德意义的圆善。在对"赋予说"有了进一步了解后，回过头来重新审视这个问题，可以清楚看到，以存有论解说道德幸福生成原因(即"赋予说")的思路本身也不无问题。面对牟宗三的做法，读者完全有理由追问这样一个问题：道德之心可以创生存有，改变人们对很多事情的看法，但道德幸福是道德之心创生存有过程中赋予出来的吗？难道没有比存有论更为根本的说明道德幸福的途径吗？

因为对"赋予说"持怀疑态度，我对儒家意义幸福的原因作出了自己的说明，并将其概括为"满足说"。历史上关于什么是幸福有不同的解说，争议很多。在这方面康德"幸福是对我们的一切爱好的满足"①的说法尤为重要。如上所说，康

──────────

(接上页注)必须再讲"纵贯纵讲"。由此可知，依据牟宗三的分疏，在圆教问题上，佛教只需要"诡谲的即"和"存有论的圆"这两步就够了。儒家则必须再讲一个"纵贯纵讲"。这是因为，佛教的"诡谲的即"相当于儒学讲的方法，"存有论的圆"相当于儒学讲的本体，儒家的特色是有一个创生的宗骨，它有强烈的创生性，由这种创生性而成的学理就叫"纵贯纵讲"。因此对于儒学之圆教来说，除"诡谲的即"和"存有论的圆"之外，还必须有第三步，这就是"纵贯纵讲"。虽然以"纵贯纵讲"说明道德幸福的路数不无问题(详见下文)，但儒学意义的圆教，这一步是不能少的，否则无法彰显儒家学理的特色。

①　康德：《纯粹理性批判》，邓晓芒译、杨祖陶校，北京：人民出版社，2004年，第612页。

德主要是在经验主义意义上使用幸福这个概念的,这里所说的"爱好"主要取其经验的意义。这种经验意义的"爱好"大致相当于我们今天所说的物质欲望。每个人都有物质欲望,物欲一旦得到了满足,内心就会有一种满足感,这种满足感就是幸福。人除了物欲要求之外,还有认知要求。物欲要求得到满足引发的是物欲幸福(食色之乐),认知要求得到满足引发的是认知幸福(事功之乐)。更为重要的是,根据儒家的性善理论,除此之外,人还有道德要求。发现仁,创立仁的学说,是孔子的一大贡献。孟子继承孔子的思想,进一步创立了性善论,提出了良心的学说。自此之后,仁和良心便成了儒家学理不可或缺的组成部分。关于仁和良心的研究历来不断,解说各异,而在我看来,孔子和孟子提出这一学说最重要的意义是宣示了人天生是一个道德的存在这个重要道理。这里说的道德的存在意在表明,道德是人生而具有的一种性向,人天生就有道德的性质。既然人是天生的道德存在,那么如同人是天生的物欲存在有物欲的要求,是天生的认知存在有认知的要求,满足了这些要求可以享受到物欲幸福和事功幸福一样,良心本心是自己原本就有的,它也有自己的要求,自己的欲望,满足了这种要求和欲望,同样可以得到内心的愉悦。孟子"万物皆备于我矣。反身而诚,乐莫大焉"(《孟子·尽心上》)的著名论述,讲的就是这个道理。良心本心是道德的根据,人人都有,这就是"万物皆备于我"。但光有道德根据还不行,要成就道德还必须逆觉反求这个根据,这就是"反"。只做到反还不行,如果不老老实实听从它的指令,仍然不能成就道

德,所以还要进一步做到"诚"。果真如此,人们便会有一种
精神的快乐和满足,就会体会到一种巨大的快乐,这就是"乐
莫大焉"。①

　　特别有意义的是,在一般情况下,成就道德的愉悦得来比
较直接,但在一些特殊情况下,必须经过艰难险阻,克服重重
困难。这种幸福因为得来不易,十分珍贵,而这种幸福就是我
们通常所说的"孔颜乐处"。"饭疏食饮水,曲肱而枕之,乐亦
在其中矣"(《论语·述而》)是对这个道理的很好说明。粗粮
冷水,以臂作枕,不是人们希望的,但与"不义而富且贵"相
比,还是它有利于德,所以这种苦就转变为一种乐,仁人君子
乐在其中。颜回是一个典范。"颜子当乱世,居于陋巷,一箪
食,一瓢饮;人不堪其忧,颜子不改其乐,孔子贤之。"(《孟
子·离娄下》)住的不好,吃的不好,喝的不好,外人都说这是
苦,颜回却不改其乐。孔颜乐处说明,恶劣的条件、坎坷的路
途不是享受,但经过转折,也可以成为一种乐、一种幸福。因

----

　　① 赖柯助不同意我的这种理解。在他看来,"在道德行动完成的
当下,基于该道德行动是他身为'人'最基本而言'应当'尽的本分,通
常不会特别引生其它(例如愉悦或满足的)情感"(赖柯助:《误解与澄
清:论杨泽波诠释牟宗三之德行与幸福的合理性》,第 117 页)。我完
全不赞成这种看法。我们在日常生活中都做过善事,如做公益、做慈
善、救死扶伤等等。对于中国人而言,我们这样做并非首先是考虑我们
是自由的,必须服从理性为自己制定的道德律令,而是因为我们有良心
本心,良心本心遇事必然呈现,向我们提出要求,这种要求的力量大得
不得了,迫使我们必须照它的要求去做。如果听从了它的要求,满足了
它的要求,就可以成德成善,同时也可以享受内心巨大的愉悦,"乐莫
大焉"。道德行为"通常不会特别引生其它(例如愉悦或满足的)情感"
的说法,不客气地说,仍然是把儒学框死在康德的架构之中,是以西释
中的表现。

为这种幸福必须经过转折，绕个弯子才能得到，所以层次更高，价值更大。牟宗三写作《圆善论》，以"诡谲的即"说明儒家意义的幸福目的正在于此，而其核心说到底不过是孔颜乐处而已。以"满足说"解说孔颜乐处，以孔颜乐处解说儒家意义的道德幸福，是我研究牟宗三圆善思想的一个显著特色。

既有"赋予说"，又有"满足说"，二者相比，何者更为合理就成了一个问题。为此我从第一序还是第二序，直接还是间接，原有还是后来，简明还是曲折等四个方面作过比较，证明"满足说"较之"赋予说"更为基础，更为可取。① 祖汉兄不接受我的这种主张，提出了两个理由。其一，"满足说"概念不够清晰，容易与感性相混淆：

> 杨泽波把道德的幸福，理解为人在道德上的需要得到满足，按此说法也有问题。把道德视为人的一种需要，容易与人感性上的需要相混，感性上的需要让人不自由自主，很难摆脱，道德上的需要则是自由的表现，人自由自主的表现德性的意义，如按理所当然、无条件的律令而行，并非如天生的感性的需要，迫使人不得不为。用"需要"来说德性的要求恐怕很不恰当。②

---

① 杨泽波：《贡献与终结——牟宗三儒学思想研究》第四卷，第118—119页。

② 杨祖汉：《论杨泽波教授对牟宗三先生圆善论之批评》，第13页。

以是说，"满足说"容易引生误解，因为我们一般是在物欲的意义上讲要求的，如食色是一种要求等等，如果讲道德也是一种要求，那就容易与物欲的要求相混淆。这种担心其实并无太强的必要。如上所说，人有三种不同的要求，一是物欲的要求，二是认知的要求，三是道德的要求。物欲要求得到满足可以得到物欲幸福，认知要求得到满足可以得到事功幸福，道德要求得到满足可以得到道德幸福。我们在现实生活中很容易区分物欲的要求和认知的要求，一般不会造成混淆。道德要求与物欲要求的区别就更加明显了，它们分别属于完全不同的层面，一个是大体、天爵，是"求则得之，舍则失之，是求有益于得也"，一个是小体、人爵，是"求之有道，得之有命，是求无益于得也"。担心造成混淆，从而反对将道德幸福理解为人满足自身道德要求的结果，并不可取。

其二，"满足说"只停留在主观层面，脱离了现实生活：

> 所谓的"孔颜乐处"，也不能够只从内心的对德性的悦乐来理解。孔子"饭疏食饮水，曲肱而枕之，乐亦在其中矣"，他的乐是在疏食、饮水等的生活上表现，不能离开这些生活来说，才可以说是幸福。颜渊是"一箪食，一瓢饮，在陋巷。人不堪其忧，回也不改其乐"，他的乐，也是从一箪食、一瓢饮，居陋巷的情况上表现，这当然是圣贤修养才能表现的境界。但也要说，他们所处的环境，在这个时候成为他们享受的地方，离开了这些居住饮食的情况，也不能有这种愉悦与快乐。这就是一切法随心而

转。而如果只就内心的悦乐，或只就自己的践德的满意，则不必涵物处顺心之意，也没有表达圣德或圣心对于外物的决定。①

相对于前者，这一条更重要。祖汉兄认为，如果仅讲孔颜乐处，那么它就只是内心的一种感受，脱离了现实生活。而牟宗三讲圆善，一定涉及现实生活，我未考虑这一情况，有严重不足。其实这也是一个不小的误会。我以"满足说"论孔颜乐处进而阐发儒家圆善思想，从未抛开现实生活，只重个人内心的感受。现实生活包括个人的所有境遇，既有顺的，又有逆的（如箪食瓢饮居陋巷乃至牺牲个人的自然生命），而逆境的价值更高。顺的境遇加上逆的境遇，就是一切法。无论顺的境遇还是逆的境遇，有德之人都可以感受到成德之后内心的愉悦，逆的境遇带来的愉悦甚至比顺的境遇带来的愉悦还要大。孔颜乐处不可能离开现实生活，它就是现实生活的组成部分，离开现实生活不可能有孔颜乐处。因此，绝不能说孔颜乐处只关注内心的感受，而不涉及存在。

综上所述，我不否认牟宗三圆善思想极具开创性，意义重大，这与祖汉兄无异，但对一些关键问题的理解与其又有较大分歧，尤其是我不能接受牟宗三关于《圆善论》"始得到圆善问题之圆满而真实的解决"这一自我评价。我持这种主张，综括言之，"一是因为'诡谲的即'和'纵贯纵讲'这两个步骤

① 杨祖汉：《论杨泽波教授对牟宗三先生圆善论之批评》，第6页。

内部都有瑕疵,有待讨论,其中尤以'纵贯纵讲'为甚,二是因为通过这两个步骤所能达成的只是道德幸福,只是儒学历史上讲的'孔颜乐处',而不是康德提出圆善问题所要求的物质幸福"。① 因此,《圆善论》这部著作的学术地位可能是需要再议的,至少不像牟宗三自己期许的那样高。经过这么多年反复的争辩②,我相信,上述两个理据的若干细节当然还可以继续讨论,但关键环节已经基本澄清,松动的余地即使有也不会太大了。

---

① 参见本书第四章《再议"圆善"》第一节"为什么说'牟宗三未能解决康德意义的圆善问题'"。

② 在牟宗三研究中,圆善论相对而言是争议较多的,本文已是我写的第三篇关于圆善的争辩文字了,前两篇分别为《我们应该如何研究〈圆善论〉》(《现代哲学》2011年第3期,另收入《贡献与终结——牟宗三儒学思想研究》第四卷,见该书第182—210页),《再议"圆善"》(《哲学分析》2023年第5期),敬请相互参阅。

附录二：关于圆善问题的两封书信

徐波：

你好。首先谢谢你认真阅读了我的文章，并客观直率表达了你的意见。圆善涉及的问题十分具体，专业性很强。你这些年的精力主要集中在这个方面，才能提出这些学术含量很高的问题，换作他人是很难做到的。我总结了你提出的问题，觉得其重点可能在两个方面。

一是诡谲的即和非分别说的关系。我比较重视诡谲的即，你则更加重视非分别说。你的理由主要有两个：首先诡谲的即在前，非分别说在后；其次非分别说的内容更丰富，可以涵盖诡谲的即，诡谲的即则无法涵盖非分别说。关于前一个方面（诡谲的即在前，非分别说在后），我没有意见。你在《"圆教"之"各美其美"》一文所引的《才性与玄理》那段材料很重要，可以强化这一看法的力量。但后一个方面（非分别说的内容更丰富，可以涵盖诡谲的即，诡谲的即则无法涵盖非分别说），找则有一些不同看法。

　　牟宗三论诡谲的即，是沿着般若智慧谈的，核心是将无明与法性"相即"起来，无明即法性，法性即无明，即九法界而成佛。"分别说与非分别说"之附录进一步提出了非分别说的概念，以此解说这一智慧。我研究了牟宗三对非分别说的各种说明，觉得其内容并没有超出诡谲的即的范围。比如，他梳理了非分别说的三个特点，即"（一）它是消化层，无所建立故；（二）它是诡谲的方式，非分解的方式故；（三）它圆具一切成就一切是般若之作用的圆具与成就（即不坏不舍弃），而却对于一切法并无根源的说明，因为它无所建立，无分解的或非分解的说明故，因而这般若之作用的圆具并非一存有论的圆具"（《佛性与般若》，《牟宗三先生全集》第 4 卷，第 1210—1211 页）。根据我的理解，这三条同样适合诡谲的即，因为诡谲的即也是在消化层处理问题，其思想方式也是诡谲，这种诡谲也只涉及作用的圆具。正因如此，我一直认为诡谲的即与非分别说表达的是相同的意思，是属于同一层次的概念，甚至可以说是同一思想的不同说法。

　　但这样又会遇到如何解释你引用的《圆善论》序言中的那段话的问题。在那段话中，牟宗三指出：非分别说"有属于'无限智心之融通淘汰之作用（无）'者，又有属于'存有论的法之存在'者（纵贯纵讲者与纵贯横讲者）"（《圆善论》，《牟宗三先生全集》第 22 卷，序言第 15 页）。我猜测，你引用这段话似乎是想证明，非分别说包含着新的内容（"非分别说既有融通淘汰、作用的圆的部分[亦即诡谲的即的部分]，也必须有属于存有论的、负责万法之存在的部分[亦即存有论的圆的部分，或者存有圆具的基础]"），这个新内容就是"属于'存有论的法之存在'者"。我的看法略有不同。牟宗三此处所讲"存有论"是专就佛教式存有论而言的，指的是佛性问题。他反复强调，佛教圆教的基础离不开佛性，必须对佛性有清楚的交代，以说明一切法的根源，有了这样的基础，才能保证不离开九法界而成佛，而这就是"佛教式的存有论"（《中国哲学十九讲》，《牟宗三先生全集》第29卷，第365页）。《圆善论》中非分别说"属于'存有论的法之存在'者"，指的正是这种存有论。根据我的理解，这里的"属于"似宜解读为"涉及"，意思是说非分别说除关乎无明与法性彼此相即外，还要涉及佛性，涉及这方面的内容。我这样理解，一个重要理由是佛性和般若属于两个系统，佛性讲"存有论的圆"，般若讲诡谲的即，讲非分别说。如果将这里的"属于"解说为"包含"，意即非分别说已"包含"了佛性的内容，那么般若便直接跨到佛性里面去了，佛性与般若的界限也就破除了。这就好像儒家学理中既有本体又有方法（佛性相关于本体，般若相关于方法），二者各有自己的根据和自己的脉络，方法不能完全解决本体的问题，本体也不能完全解决方法的问题，二者虽有关联，但毕竟是两条线索，不能越俎代庖。

当然，我以诡谲的即概括非分别说，而不是相反，只是我当初读书时的感觉。现在回想起来，当时有这种感觉，可能是因为"诡谲"这个词太新鲜了，非常抓人，很难把握。你更加重视非分别说，有自己的根据，完全可以坚持自己的做法。

你提出的第二个问题涉及佛教圆教与儒学圆教的关系。你说你与我的理解有所不同,我是讲诡谲的即和纵贯纵讲,你则是讲非分别说与存有圆具。我大致明白你的想法,也知道多年来你一直是这样做的。但我觉得这里有一个问题似乎要加以区分,这就是佛儒两家圆教的区别。在牟宗三看来,佛教之圆教,既要由般若讲,又要从佛性讲。由般若讲,意在强调"烦恼即菩提""生死与涅槃",这是诡谲的即,是非分别说。由佛性讲,是"存有论的圆",是对一切众生的存在给出根源的说明,证明佛性是如来藏恒沙佛法佛性,保证一切众生皆可成佛。做到了这两条方可称为圆教,方可谈佛教意义的圆善。从这个角度看,你讲非分别说和存有圆具这两步有扎实的理据,我没有不同意见。

但我的出发点有所不同。我是着重讨论儒家之圆教的。儒家学理有其特殊性,只讲诡谲的即(即相当于儒家说的方法)和存有圆具(即相当于儒家说的本体)还不够,因为还它有一个道德创造的宗骨,这一宗骨有强烈的创生性,这是佛教所没有的,因此还必须再讲纵贯纵讲。也就是说,讲圆教,佛教只需要诡谲的即(非分别说)和存有圆具就够了,但儒学还必须再进一步,还要讲纵贯纵讲。

牟宗三思想的特色正在这里。纵贯纵讲的基础全在存有论。牟宗三明确讲过,他是把儒家意义的圆善"套于无执的存有论中来处理"(《圆善论》,《牟宗三先生全集》第22卷,序言第11页)。这一说法非常重要,清楚道破了这一关键点:牟宗三是以存有论来解决圆善问题,特别是用它来说明幸福来源的。另外，《圆善论》梳理儒学之圆教与圆善末尾，在分别讲述贤位教、圣位教、神位教之后，有这样一段文字："圆圣者体现圆善于天下者也。此为人极之极则矣。哲学思考到此而止。中间余义详见《现象与物自身》。"(《圆善论》，《牟宗三先生全集》第 22 卷，第 324 页) 这里"余义详见《现象与物自身》"不可小视。《现象与物自身》是牟宗三讨论存有论最为重要的著作。牟宗三在这里强调，要说明儒家之圆善，需要参阅《现象与物自身》，正说明他是以存有论来说明圆善问题的。从这个角度出发，上面所引"套于无执的存有论中来处理"这一表述也就不难理解了。

　　遗憾的是，牟宗三使用概念不够严格，既在佛家学理上讲存有，又在儒学学理上讲存有，而这是两种不同的存有。《佛性与般若》使用这个概念，乃至有"存有论的圆"的说法，以此讲佛性。《圆善论》使用这个概念主要是相对于西方的 ontology 来说的，以此讲道德存有。如果不划清这个界限，特别是对牟宗三存有论了解不多，只从佛教判教的角度出发，看到存有的说法很容易从"存有论的圆"来理解，将其限定在悲愿和佛性上，忽视了牟宗三借助无执存有论解决圆善问题的用心，不了解牟宗三以纵贯纵讲讲圆善实质就是以存有论讲圆善(这里暂且不谈这种做法是否合理，据我看来，这里的问题非常大，是牟宗三的一大败笔，而这也是我不赞成"赋予说"的主要理由)。据我观察，这个问题现在普遍存在(杨祖汉也在其列)。因为在牟宗三儒学思想中存有论难度最高，义理缠绕，概念复杂，论述晦涩，加上以存有论说幸福的思路非常怪异,人们很难明白牟宗三为什么要以存有来论圆善,而由此达成的幸福为什么又是"物自身层之自然",进而宣称"圆满而真实"地解决了康德的圆善问题,造成了极大的混乱。在牟宗三儒学思想的五个部分中,圆善论是除存有论外最难理解的部分,这是一个重要原因。

以上就是我对你提出的两个问题的初步想法,不一定成熟,仅供你参考。我用了近一周的时间又对稿子作了较大幅度的修改。文章千古事,马虎不得。但修改的几个要点已在信中说明,且文章很长(原计划写万把字,没想到最后已超过两万字了),很费精力,就不再发给你了。

祝好

杨泽波

2022.12.3

徐波:

看了你的回信,加上这几天的思考,一些基本要点已经比较清楚了。

第一,你强调诡谲的即并非只有天台讲,佛家其他门派也讲,可视为共法,因此佛家圆教不能只讲诡谲的即,还必须讲存有论的圆具,牟宗三的贡献正在于此。你想通过这种努力,阐明"牟宗三是重构了天台圆教",这是很有意义的。坚持这个方向或许可以打开一片新天地,我乐观其成。(只是有一点疑问:佛教关于佛性历来多有争议,重新从性具的角度诠释天台,在佛教史上能有多大意义呢? 牟宗三这样做,可能是受到了儒学的影响,是以儒学诠释佛学的一种表现。)

第二,诡谲的即与非分别说有相通之处,可以作为形容词修饰存有论的圆具。你提出"非分别说的存有圆具","诡谲说的存有圆具"两个偏正短语,可能就是为了说明这个问题。之前我主张诡谲的即与非分别说是同一层面的概念,可以作为同义词使用,也是此意。但你似乎把非分别说看得更高一些,认为它既包含诡谲的即,又包含存有论的圆,我则依旧持之前的理解,认为诡谲的即和非分别说是同等意义的概念,都是沿着般若的路线走的,都是讲的止观问题,而存有论的圆讲的是佛性问题。虽然般若与佛性不能截然分开,但重点毕竟不同。这有点像儒家讲工夫与本体,尽管二者不能截然分割,但毕竟不是一回事。如果说非分别说包含存有论的圆,对儒家而言大致就相当于说工夫包含本体,这恐怕就有问题了。另外,还应考虑到,既然诡谲的即与非分别说是同等意义的用论,至少可以作为形容词修饰存有论的圆,再将非分别说视为高一级的概念,认为其已包含存有论的圆,从概念种属划分看,自身就有矛盾了。反之,将诡谲的即和非分别说视为同等概念,此为纬,而存有论的讲的是佛性,此为经,牟宗三"以性具为经,以止观为纬"的断语也就变得十分清楚了。这是我一直对你的理解有所保留的主要原因。

第三,你强调判定佛教之圆教必须既讲诡谲的即,又讲存有论的圆具,也就是必须讲两步。我没有不同意见。因为如上所说,诡谲的即(非分别说)和存有论的圆具分别相当于儒学的工夫与本体,讲圆教二者当然就一个不能少了。牟宗三讲儒家圆教有所不同,可能是因为存有论的圆涉及的佛性对儒家而言本质上不构成一个问题,所以这方面的内容谈得少,而是多谈诡谲的即,特别是纵贯纵讲。纵贯纵讲的本质是赋予说,是以存有论说明道德幸福的原因。我用了很大气力证明这种做法毛病很多,一直持质疑态度,坚信我的满足说更有根本,更为合理,希望以满足说代而替之。但是,纵贯纵讲是儒家思想的特色,如果不讲这一步,儒家思想的特色就显现不出来了。如何处理这个问题,就成了非常麻烦的事情。

我现在觉得,这个问题似乎应该分两步走。第一步是说明以纵贯纵讲论圆善存在着根本性的问题,难以成立。第二步肯定纵贯纵讲的学理价值,但将其移入存有论的圆的范畴,从佛教的佛性和儒家的本体的不同来处理。佛家佛性讨论的成佛根据,是性具还是性起的问题,儒家的本体同样包含这方面的内容,但增加了一个内容,那就是道德存有。意思是说,儒家讲本体必须含有道德存有的内容，这是儒家学理的重要特征，也是其所长。但纵贯纵讲不能完全独立，它只是道德本体的一项重要内容，因此从整体上说，儒家之圆教与圆善，同样只有两个步骤，即工夫（诡谲的即）与本体（道德本心）。

于是，情况就比较清楚了，牟宗三以诡谲的即和纵贯纵讲解决儒家圆善问题，诡谲的即是工夫，纵贯纵讲是本体，说到底还是两步。我之前讲牟宗三解决圆善问题有两个步骤，一是诡谲的即，二是纵贯纵讲（上封信中有"讲圆教，佛教只需要诡谲的即［非分别说］和存有圆具就够了，但儒学还必须再进一步，还要讲纵贯纵讲"的说法），容易造成误解，似乎纵贯纵讲是完全独立的步骤，其实它只是道德本体的一个重要功能。由此看来，准确地说，儒家的圆教与圆善也只有两步，一步是工夫，即所谓诡谲的即（非分别说），它相当于佛家的般若系统，另一步是本体，它相当于牟宗三所说的"存有论的圆"，只不过儒家本体有一个特殊的功能，就是可以创生存有，由此而有纵贯纵讲（尽管不能用纵贯纵讲说明幸福，但纵贯纵讲作为本体的一大功能，不能不讲）。要而言之，纵贯纵讲虽有缺陷，但不能不讲，而讲也只能从道德本体功能的角度讲，强调它是道德本体分出去的枝杈，而不能单独讲。这可能是这次讨论的最大收获。

第四，因此必须划分佛教的存有与儒家的存有。这是用字相同，但含义完全不同的两个概念。佛教存有论的圆的"存有"是佛性问题，儒家道德存有论的"存有"则是 moral ontology。如果不能将它们区分开来，很容易将牟宗三的圆善思想因了悲情和佛性来理解,而无法准确掌握牟宗三以儒家道德存有论解决圆善问题的用心,从而无法发现这一用心内部隐藏的重大失误。据我观察,这是当前牟宗三圆善思想研究中普遍存在的一个缺陷。一些人(包括受牟宗三影响很大的学者)对存有论下得工夫不够,相关理解肤浅甚至完全不着调者时有所见。

第五,在佛儒两家圆教谁高谁低的问题上,我的理解与你略有不同。你认为佛家高,儒家低,因为天台建构了圆教的基本模型,儒家只是这个模型的具体展开,是一个分属的形态。我则认为,虽然圆教问题是由佛教引出来的,但这方面的内容儒家自己也有,而且它还多了天台圆教没有的内容,多了道德存有论,所以儒家圆教似乎更为圆满。我猜测,有这种不同,可能是因为你主要是从佛教立场出发的,而我则是从儒学立场出发的。两种立场各有基础,很难有一个绝对的标准,判定谁正确,谁不正确,当允许各持己见。你信中说,牟宗三明确说过"在处理圆善问题上天台教有超过儒家的地方,圆善问题的解决需要以天台圆教的方式来",我不知具体根据何在,如有这方面的原文,烦请告我。

祝好

杨泽波

22. 12. 11

图书在版编目（CIP）数据

焦点之再议:牟宗三儒学思想的几个有争议问题/
杨泽波著. --上海:华东师范大学出版社，2023

ISBN 978-7-5760-4502-4

Ⅰ.①焦… Ⅱ.①杨… Ⅲ.①牟宗三(1905—1995)—
儒学—哲学思想—研究 Ⅳ.①B261.5

中国国家版本馆 CIP 数据核字(2023)第 250375 号

华东师范大学出版社六点分社

企划人 倪为国

六点评论
焦点之再议:牟宗三儒学思想的几个有争议问题

著　　者　杨泽波
责任编辑　彭文曼
责任校对　古　冈
封面设计　吴元瑛

出版发行　华东师范大学出版社
社　　址　上海市中山北路 3663 号　邮编　200062
网　　址　www.ecnupress.com.cn
电　　话　021－60821666　行政传真　021－62572105
客服电话　021－62865537　门市(邮购)电话　021－62869887
地　　址　上海市中山北路 3663 号华东师范大学校内先锋路口
网　　店　http://hdsdcbs.tmall.com

印 刷 者　上海盛隆印务有限公司
开　　本　889×1194　1/32
印　　张　10
字　　数　170 千字
版　　次　2024 年 2 月第 1 版
印　　次　2024 年 2 月第 1 次
书　　号　ISBN 978-7-5760-4502-4
定　　价　68.00 元

出 版 人　王　焰